中国西部企业管理案例研究（第二辑）

爱菊模式的案例研究
变革与学习

张红芳　郭亚军◎主编
王佳蕾◎副主编

中国经济出版社
CHINA ECONOMIC PUBLISHING HOUSE
·北京·

图书在版编目（CIP）数据

爱菊模式的案例研究：变革与学习／张红芳，郭亚军主编. --北京：中国经济出版社，2021.10（2025.6 重印）

ISBN 978-7-5136-6677-0

Ⅰ.①爱… Ⅱ.①张… ②郭… Ⅲ.①粮油工业-工业企业管理-研究-西安 Ⅳ.①F426.826

中国版本图书馆 CIP 数据核字（2021）第 208201 号

责任编辑 杨元丽
责任印制 李 伟
封面设计 任燕飞设计

出版发行 中国经济出版社
印 刷 者 北京建宏印刷有限公司
经 销 者 各地新华书店
开　　本 710mm×1000mm 1/16
印　　张 17.5
字　　数 267 千字
版　　次 2021 年 10 月第 1 版
印　　次 2025 年 6 月第 4 次
定　　价 88.00 元
广告经营许可证 京西工商广字第 8179 号

中国经济出版社 **网址** www.economyph.com **社址** 北京市东城区安定门外大街 58 号 **邮编** 100011
本版图书如存在印装质量问题，请与本社销售中心联系调换（联系电话：010-57512564）

序一

西北大学经济管理学院（以下简称“学院”）的工商管理教育最早可以追溯至1912年西北大学商科正式设立时，经过百余年发展，学院已成为拥有工商管理一级博士学位授权点、一级硕士学位授权点、博士后流动站、首批国家级一流本科专业，集“本—硕—博—博士后”一体化的育人平台。学院自1996年开始工商管理硕士（MBA）招生，2009年获批开办高级管理人员工商管理硕士（EMBA），累计招收各类MBA学员万余名。在工商管理教育中，学院一直非常重视案例教学和案例研究。2011年举行了经济管理学院第一届研究生案例分析征文比赛，同年8月成立了“西北大学经济管理学院西部案例中心”（以下简称“案例中心”），聘请张红芳副教授担任案例中心主任，负责推动西部案例的研究。案例中心建设的宗旨是：总结西部企业管理的经验，推动西北大学工商管理的本科教学、研究生教学、MBA教学和EMBA教学。案例中心成立以来，共有11项案例入选全国百优案例，学院两次获得最佳组织奖。2012年，由张红芳副教授和齐捧虎教授担任主编的《中国西部企业管理案例研究》（第一辑）在中国经济出版社出版，时任学院院长任保平教授为案例集作序。

在案例建设的推进中，学院一直秉承深入西部实践、研究西部企业、献智西部企业成长的理念，长期关注陕西鼓风机（集团）有限公司（以下简称“陕鼓集团”）、西安爱菊粮油工业集团（以下简称“爱菊”“爱菊粮油”“爱菊粮油集团”或“爱菊集团”）等多家西部企业，并与其建立了共生发展关系。本辑案例所关注的爱菊粮油与西北大学经济管理学院建立了长期深厚的联系，从2011年开始，爱菊粮油集团与学院高培中心合作开办了两期青年管理骨干企业培训，并陆续派送企业中高层管理人员40余人次参加西北大学各类管理培训项目，一批中高层管理者在MBA项目中取得学位。在此基础上，学院的张红芳副教授、郭亚军副教授等长期追踪爱菊粮油集团的发展趋势，全程参与其战略转型、企业文化构建等管理体系的研究和论证，并以爱菊粮油集团为案例企业，从战略发展、企业管理、人才培养等维度，展开追踪调查和研究，撰写以爱菊粮油集团为研究对象的案例9篇。2020年，爱菊粮油集团与学院进一步深化合作关系，集团董事长贾合义同志受聘为学院兼职教授，学院在爱菊集团挂牌建立“大学生专业实践基地”和“大学生劳动实践基地”。双方还就合作开展案例开发、共建研究平台等达成多项共识。应该说，本辑案例是对10年来西北大学经济管理学院追踪一个目标企业、研究一个地方行业领军企业转型发展，服务目标企业走向世界、走向管理前沿的历程回顾与总结，也是学院深化案例品牌研究的一次重要尝试。

本辑案例以《爱菊模式的案例研究：变革与学习》为题，集合了10年来学院教师在研究爱菊粮油中形成的9篇案例，其中包括3篇入围全国百优案例的案例。这9篇案例全方位聚焦爱菊粮油集团改革发展的全过程，描绘了爱菊粮油集团从地方粮油企业发展为行业龙头和“一带一路”成功“拓荒者”的进程。本辑案例的特点如下：

第一，案例对象的聚焦性。不同于第一辑聚焦多个领域，选取多家西部典型企业进行研究，既有对成功案例经验的总结，也有对失败案例的反思，本辑以西安爱菊粮油工业集团为唯一研究对象，从企业发展定位、全产业链布局、企业文化建设、融于“一带一路”倡议等多个维度进行全景式总结，说深、说透了一个企业。

第二，案例研究的连续性。本辑选出的9篇案例是对同一家企业10年来追踪研究的结晶。案例之间具有很强的关联性，从不同层面讲述了爱菊粮油的改革故事，各案例之间既相互独立，又紧密衔接，横纵贯通，阐释了该企业改革发展的经历与经验。

第三，案例写作的规范性。从启动第一辑案例集的出版开始，学院就坚持高标准、严要求、精遴选、优组织的原则，由案例中心牵头全程组织，MBA/EMBA 教学指导委员会专门召开会议对案例研究者进行了培训，让研究者按照国际通用的规范方法进行案例研究。本辑案例在遴选中继承了已有做法，案例研究初步完成后，案例中心对其进行了多次讨论，作者又对其进行了细心的修改，全方位落实了规范性要求。

《中国西部企业管理案例研究》（第二辑）是我们建设西部特色案例的新起点，也是案例阵地建设的进一步尝试，希望案例建设能够成为强化西北大学经济管理学院工商管理学科建设新的动能，也希望这些案例建设能够对我们的工商管理教育起到积极的推动作用。真诚希望西北大学经济管理学院的案例研究在全国同仁的指导和支持下，不断地深入进行下去，办出特色，形成具有西部特色、西部气魄、全国影响力的案例。

受案例中心负责人的委托，是以为序。

西北大学副校长、西北大学经济管理学院院长、教授、博士生导师　吴振磊

2021 年 1 月于长安校区

序二

寻“道”：活着、坚守与发展

粮食关系国计民生。从大的方面说，从过去到现在，粮食已超越商品属性，成为“战略性物资”。从小的方面讲，粮食依然要基于市场经济发展。如何实现“政治与经济”的平衡与发展，是一个粮食企业一直在寻求的“道”。

爱菊集团始建于1934年，是一个老字号的粮食企业，也是唯一从新中国成立前存活到今天的中国粮食企业。经过多年的摸爬滚打，该企业实现了从“活着”向“发展”的艰难跨越。

现如今，爱菊享誉中外，构建了“一带一路”中外“三位一体”双循环粮食发展的跨国全产业链体系，成为国务院“20+20”部际联席会议成员，哈萨克斯坦首任总统纳扎尔巴耶夫曾乘专机到爱菊哈萨克斯坦园区考察。集团党委书记、董事长贾合义曾两次荣获“全国诚实守信道德模范（提名奖）”，受到习近平总书记的亲切接见。这一切得益于爱菊人的担当坚守，得益于多元化、全产业链的三链协同发展，得益于西北大学、西北农林科技大学“回炉再造”的理论学习、实践应用以及对管理模式的总结提升。

爱菊历经抗日战争、解放战争、计划经济、市场经济多个阶段，始终牢记“日常保供应、危难保应急”的社会使命，在非典型肺炎疫情、汶川地震、新冠肺炎疫情等事件中，都履行了一个粮食企业应有的职责。还记得，1993年粮食政策放开后，由于准入门槛较低，成百上千家粮食企业先后建成投产，在激烈的市场竞争中，“活下去”成为爱菊的首要任务，同时也在“活”下去中兼顾“使命与职责”。

企业“死法”千奇百怪，企业管理没有固定模式。众所周知，粮食行业经营利润微薄，但又关乎人民生活。同时，粮食行业经营从种植到销售，每多一个环节，每吨粮食生产费用相应增加300~400元。换言之，每多一个环节，企业利润就会随之减少。在激烈的市场竞争中，“活着”“坚守”“发展”一直是粮食企业的“新课题”，我们也一直在探索爱菊集团如何在“困境”中“活着”，如何在“坚守”中“发展”。

为了做“放心粮”，为了使企业更好地发展，爱菊集团跳出国界，在境外寻求“好粮源”，构建了从种到销的全产业链，并以此响应国家“一带一路”倡议；走出国门，在哈萨克斯坦建立了“企业+农场主+高校+银行”的“新型订单农业”种植基地，建成了境外爱菊农产品物流加工园区。

同时，爱菊集团大力推进主食产业化，努力研发成品与半成品，竭力开发“老年营养套餐”“学生营养套餐”“企事业单位团体餐”，以满足不同的市场需求，进而实现生产型企业向服务型企业的转型升级。

企业发展的任何阶段都离不开人才。多年来，爱菊集团始终坚持做好人才储备与培养工作，先后选送300多名中层干部、骨干员工走进高校“回炉再造”，并与西北大学、西北农林科技大学、哈萨克斯坦国立大学合作，建立了人才培养战略合作机制，共同提高企业人员水平。实现了高校以企业为实践基地培养高素质学生，企业以高校为理论中心重塑知识体系用以指导实践。

未来数十年，中国看发展，发展看创新。

爱菊还处于发展的上升阶段，一直在进行探索，正实践“农业研学+工业体验游”的新营销模式，正构建“中央厨房+餐超新型网络”的供应链模式，正努力打造“农产品产业集群”，努力实现从生产型企业向服务型企业的转变。期望“爱菊粮道”能够给我国中小型企业发展带来启迪，特别是为粮食企业发展做出贡献。

爱菊粮油集团董事长　贾合义

目 录

第一篇 爱菊粮油的“义”与“利”[①]

张红芳 黄婕 齐宏斌 乔齐

案例正文
AnLiZhengWen

摘要 本案例描述了爱菊粮油工业集团有限公司在不同的发展阶段，在“责任”和“利润”的选择困境中，走出了一条通过社会责任承担塑造企业差异化竞争优势的粮食行业民营企业发展新路径。根据爱菊粮油从生死存亡时期放弃添加剂、业务拓展时期积极维护行业竞争环境，到走出国门后在东道国主动承担“为耕者谋利”的社会责任的种种事例，分析企业如何通过承担价值链主导型社会责任、竞争环境主导型社会责任，或者价值链与竞争环境共同主导型社会责任，塑造企业的差异化竞争优势，实现企业价值和社会价值的共享。通过案例分析，促进学生理解企业和社会的相互依赖性，企业社会责任不是成本，而是塑造竞争优势的有效途径。

关键词 企业社会责任；价值链主导型社会问题；竞争环境主导型社会问题

① 出于企业保密的要求，笔者在本案例中对有关名称、数据等做了必要的掩饰性处理；本案例只供课堂讨论之用，并无意暗示或说明某种管理行为是否有效。

0 引言

2015年春，陕西西安春色正盛，位于该市新城区的爱菊集团三楼会议室里剑拔弩张，集团高层对于爱菊是不是要“走出去”的问题各执一词。一方认为，为了满足老百姓不断提升的对绿色食品、健康食品的消费需求，爱菊集团应该坚持把绿色健康、方便快捷的产品理念贯彻始终，提升产品品质，树立行业新标准，这就要求有更为优质的粮食来源，哈萨克斯坦是人类绿色、有机农产品的最后净土之一，是一个非常好的选择；另一方则认为，在集团长久的发展过程中，产品品质一直都是生产经营的重中之重，现有产品的品质在市场中已经有非常好的竞争优势，也广受消费者认可，何必大费周章，浪费大量的人力、财力、物力，跑到遥远的国外寻找粮源。一旦中亚政治局势有变，会给企业的生产经营带来极大的风险，我们好不容易积累的身家有可能都赔进去，还是不要冒进为好。

眼看双方对于“走出去”战略的讨论和争执愈演愈烈，贾合义一言不发，陷入了沉思……自从他上任以来，在每一次企业发展的重要关头，都会发生这样的冲突和争论，每一次的决策都是困难至极的选择：到底是将消费者的利益放在第一位？还是把企业的条件和利润放在第一位？作为粮食企业，不讲社会责任，能有长足的发展吗？会有未来吗？如果只讲社会责任，在粮食行业本身就利润微薄的前提下，万一给企业带来更高的成本、更大的风险，怎么办？

1 基本背景

1.1 粮食行业的发展背景

计划经济时期，粮食由国家统一调配，统购统销。1993年发布的《国务院关于加快粮食流通体制改革的通知》中提出积极稳妥地放开粮食价格和经营，自此，实行了40多年的统销制度被取消；1997年，粮食流通体制改革在全国范围内铺开，民营企业大量涌入粮食市场，粮食行业竞争极其激烈，利润大幅下降，极其微薄，大部分企业处于亏损边缘。

粮食行业是极其独特的，首先表现在其利润极其微薄。粮食行业面临极度激烈的同质化竞争，利润率只有不到6%①，每一个身处其中的企业，都面临生死存亡和竞争策略的选择。面对激烈的市场竞争，整个行业都极端困难，相当一部分企业为了提升产品销量，不惜以降低产品质量为代价降低生产成本，各种食品安全事故频频见诸报端，以次充好、陈面新卖、添加剂超标、面粉发霉等事故也给整个行业带来了极大的危机。

粮食行业的独特性还表现在，粮食不仅仅是国家战略物资，也是社会稳定的保障。对于普通百姓来说，粮食是维系一日三餐温饱和身心健康的基本条件，存在一定的普遍性；而对于整个国家来说，它是一种战略物资，位于维系国家生存与安全的三大支柱（粮食、军事和能源）之首。正是其特殊的民生属性和政治属性，使得粮食企业无论怎么发展都始终需要肩负稳定社会秩序、保障市场供应的职责。粮食行业的责任往往被定义为两个安全：抓好粮油产品“质的安全”和确保市场供应“量的安全”。粮食行业是政府宏观调控的一个重要载体，在日常应该履行保障市场供应、满足居民消费需求的义务，而在战时则需要肩负起稳定物价、平抑骚乱的责任。

低利润率的粮食行业具有民生属性和政治属性，要求企业承担社会责任，这似乎构成了一个悖论：坚守产品安全就很难保持较高的利润率，使企业难以长期生存；提高利润率就需要牺牲产品的安全和质量，但这只是饮鸩止渴。在微薄的利润之下，企业既要获得长足发展，又要保证产品质量安全，要利润还是要安全？很多企业都处在不断的生死抉择之中。

1.2 爱菊集团的发展

历经八十多年风雨的爱菊集团，每个阶段的发展都深深地打上了粮食行业变革的烙印。可以说，爱菊集团的发展史正是我国粮食行业发展变革的缩影。

爱菊集团是西北地区最早的面粉加工企业，其前身为诞生于1934年的华

① 资料来源：爱菊集团内部资料。

峰面粉有限公司。新中国成立后公私合营，1966 年更名为西安市群众面粉厂，后不断更新生产设备，提升保障供应能力，在统购统销的时代洪流中，成长为一个声誉卓著的老字号粮食企业。1993 年起，又更名为爱菊，取自诗人元稹的一句诗："不是花中偏爱菊，此花开尽更无花。"尽管爱菊集团当时有着美好的理想和愿景，但是当时国家粮食市场正在实行双轨制，作为一家传统国有企业，爱菊集团深受计划经济思维影响，管理滞后，面对激烈的市场竞争，有些束手无策，经营陷入困境。时任全面质量管理办公室主任和经营科科长的贾合义临危受命，出任面粉厂厂长。他上任后采取的第一项举措，便是推行严格的制度管理，肃清家企不分、自由散漫的歪风邪气，在一个月内整顿处理开除了 58 人，这些举措让已陷入困境的企业稍有好转。1997 年开始，国家实行粮食体制改革，一夜之间西安及周边市县涌现出大大小小 300 多家面粉厂，纷纷加入价格战行列，让爱菊一下子陷入了极度激烈的市场竞争中，举步维艰，岌岌可危。在当时国有企业改革"抓大放小"的背景下，爱菊抓住时机推行了股份合作制，全体员工入股买下了厂子，凝聚了人心，为未来的发展奠定了良好的基础。

尽管体制得到了改革，但是市场的挑战依然险峻。贾合义董事长坚信，爱菊在长久发展之中形成的为国为民的文化基因极其深厚，只要坚守"做粮食，就是做良心"这个根本，用过硬的产品品质打出品牌，一定能够闯出另一片广阔天地。这种坚信，只有经得起市场的检验，才能被称为一种承诺。

1998—2003 年，爱菊集团虽经历了极其困难的六年，但其始终坚守在粮食行业，坚持着"做粮食，就是做良心"的信念；从 2004 年起，企业开始好转，并拓展和延伸了业务种类；2008 年，爱菊集团正式建立粮油工业集团公司；2015 年，更是走出国门，把业务拓展到了哈萨克斯坦，成为我国首家进入哈萨克斯坦的农业加工企业。2009—2017 年，爱菊集团的利税总额年均增长率达到 12%，特别是 2017 年，利润总额相比 2016 年上升了 57%，工业增加值相比 2016 年上升了 14%（见图 1. 1）。爱菊集团已经从最初的单一面粉加工企业发展成为西北地区最大的集西安市"三大放心工程"（放心粮油、放心主食、放心豆制品）为一体，粮食储备、物流配送、资本运作、房产开发、物业管理等多领域协调发展的综合性集团公司。

事实上，爱菊集团，一个区域性的粮油加工企业，正是通过对消费者和国家的社会责任履行，在一个竞争极度激烈的市场上，在一个食品安全事件频发的行业中，义利并举，走出了自己独有的发展之路。

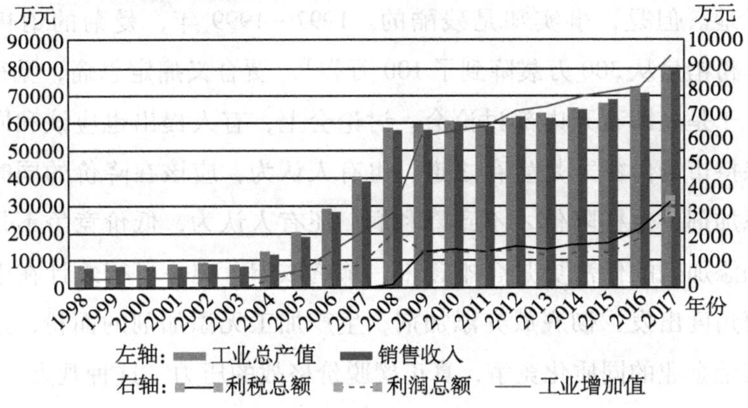

图 1.1　1998—2017 年爱菊集团经济指标增长情况

2　生死存亡阶段的选择：是否要放添加剂（1998—2003 年）

2.1　在激烈的行业竞争中艰难生存的爱菊

1997 年，我国粮食行业全面放开，众多民营中小企业进入市场，激烈的竞争导致粮食行业整体经营极其困难①。一夜之间，西安及其周边的面粉厂和各类面粉小作坊达 300 多家。为了在西安市场上立足，各面粉厂家竞相加大降价幅度，有些甚至达到了 50%，利润空间急剧压缩，25kg 面粉的毛利由7 ~10 元降至3 ~4 元②。价格的恶性竞争，让一批面粉厂家在盈亏平衡点上艰难挣扎。到 1998 年，几乎 90% 的面粉厂家在市场上消失，传统的国有面粉企业更是不堪一击。经过市场的快速洗牌之后，幸存的一些企业开始在面粉中加入增白剂和增筋剂等各类添加剂（国家标准为增白剂最大使用量 0.06g/kg③），以迎合消费者

---

① 叶继海，王宏．粮改终极是发展[J]．粮食问题研究，1998(7)：4 –8.

② 资料来源：爱菊集团内部资料。

③ 资料来源：《小麦粉国家质量标准(GB1355 –1986)》。

对面粉品相和口感的需求。这是一种既降低企业生产成本，又迎合市场的做法，极为有效地推进了面粉生产厂家低价格竞争策略的实施。

然而，此时的爱菊并未参加这场激烈的价格战，一直维持原有价格不变，他们认为靠自己的面粉品质和几十年来在西安老百姓心目中的信誉，也能闯出一片天地。但是，事实却是残酷的。1997—1999 年，爱菊的销售额锐减 60%，面粉销量从 300 万袋降到了 100 万袋[①]。贾合义痛定思痛，觉得企业必须要变，于是立即召开内部讨论会。讨论会上，有人提出也应该和同行一样降价，保持市场份额才是生存之道。也有人认为，应该在降价的同时在面粉中增加添加剂，这样降价才不致降利润。还有人认为，低价竞争不是长久之计，增加添加剂的做法更是舍本逐末，杀鸡取卵，唯一可行之计在于从老百姓的健康角度出发，彻底放弃添加剂，生产加工无添加剂的面粉，这样才能走出与其他企业的同质化竞争，真正摆脱价格战的压力。这种观点一经提出，立即遭到了大范围的反对："目前我们的面粉品质已经是最好的，销路仍不尽如人意，再放弃添加剂，成本又高，企业还怎么活啊！"财务科科长大声反对，其他高管也纷纷认同。各方各执一词，难以达成共识，只能暂时作罢。

2.2 "小数点"事件给了爱菊当头一棒

直到 2000 年，发生了一件令人意想不到的"乌龙"事件，成为爱菊发展史上的重要转折。当年央视"3·15"报道了一则关于《西安爱菊面粉增白剂超标十倍》的新闻，给了爱菊人当头一棒，备受西安市民认可的爱菊面粉，一下子成了众矢之的，经销商退货电话一时间打爆了售后热线，一位长者打来电话说："我吃了一辈子爱菊面粉了，难怪我最近肚子一直不舒服，肯定是你们面粉闹的，你们要赔偿我！"这让视产品质量为生命的爱菊人一时间无法接受，深感困惑：我们一直是"陕西省优秀粮食企业"，严格控制品质，内控的增白剂添加比例一直比国家标准还低 10% ~30%，怎么会超标？

经过多方调查，原来是主管部门在上报材料时由于疏忽，把小数点位置标错了。真相大白，长期以来所受的压力和委屈都在那一刻爆发，所有的人

---

① 资料来源：爱菊集团内部资料。

都痛痛快快地哭了一场！就在那一刻，所有爱菊人才真正从心底里清晰地意识到：粮食企业只有把产品质量和消费者的利益放在第一位，才能有未来，一点点的失误和摇摆，都可能给企业带来灭顶之灾。

很快，爱菊在内部达成取缔添加剂的共识和决定，成为陕西省粮食行业首家拒绝使用添加剂的企业，并联合全国65家粮食加工企业共同发出《关于禁止滥用面粉增白剂的呼吁书》，爱菊面粉从此彻底告别了添加剂。

2.3　爱菊社会责任行动的尝试和坚持

2.3.1　探索配方生产，引进配粉生产系统

拒绝使用添加剂后，爱菊做的第一件事情是探索配方生产，围绕着配方生产，对从采购到生产的全部流程做了一系列的改进。

第一，建立优质的小麦生产基地。面粉品质的优劣主要取决于原料，在取缔添加剂之后，爱菊需要进一步强化对原料的品质控制，改变原有面粉生产由单一小麦品种与添加剂共同调节色度的生产配方。为保持原有面粉色度，必须通过不同品种小麦组合搭配的方式替代人工添加，通过色度、小麦蛋白含量的科学配比，保持面粉成色与品质。因此，为了收购不同品种小麦，爱菊将原有的陕西省内粮源地扩展到了全国，在河南、山东、河北以及湖南、湖北等地均建立了优质的小麦生产基地。

第二，探索面粉的生产配方。面粉生产的配方决定了面粉成品的色泽与质量的稳定程度。由于不同产地的小麦由不同的生产者种植，小麦成色、小麦蛋白含量不尽相同，要保持面粉质量的稳定性和亮度不变，就需要不同品种小麦的互相配比组合。经过不断的探索研究，爱菊自行研发配方，根据不同小麦的蛋白质含量进行科学配比，用不同品种搭配和配比的组合方式提高面粉质量的稳定性与面粉成品的白度，以满足消费者对于面粉产品成色和品质的要求。

第三，引进配粉生产系统。爱菊先后投资5000多万元对企业粮油生产线进行升级改造，投资300多万元购置先进的质量检测设备。通过研发团队的不断攻关克难，以小麦色选、5道皮磨、10道细磨、长粉路、轻碾磨以及配

麦、配粉工艺、低温碾磨来确保面粉的品质，保留了小麦原有的色泽及浓郁的麦香味。用这种健康安全的配方生产出来的面粉与传统的添加增白剂的面粉相比色泽略逊一筹，但却保障了面粉质量的稳定，改进了原有的面粉生产工艺流程。

取缔添加剂带来的是巨大的成本。由于是首次探索研发，没有先进经验可以参照，爱菊从生产配方研制到设备选择采购，从寻找原料到生产线改造，都经过了大量的论证和试验，不断提高的研发成本也给爱菊的经营带来了难题。巨额的成本需要尽快从市场销量中得到抵消，如此一来销售策略的改变和销售渠道的搭建就变得尤为重要。

2.3.2 尝试自建粮站销售，从代销向直销转型

1998 年以前，爱菊主要通过代销进行产品销售。对于爱菊来说，在自身销售能力不强的情况下无须跟市场建立过多联系，为企业避免了产品销售的后顾之忧；但是，代销商销售的面粉品牌多样、质量良莠不齐，产品品质与销售利润相比，代销商更愿意选择后者，更倾向于销售进价低、利润高、周转快的低质面粉。由于价格偏高，爱菊集团的无添加面粉销售量直线下滑，给爱菊集团带来了巨大的市场压力。要想提升产品销量，收回巨额成本，爱菊就不得不寻求其他的销售渠道，于是，自建销售粮店就成了爱菊当时的必然选择。

经过研究，爱菊在西安市内东南西北四个区域分别试点建立了四家直营粮站，三个月过去了，粮站销售不畅。不到半年，三家粮站便宣告关停。爱菊人在反复分析调研幸存的那一家粮站后，得出了经验：第一，这家粮店距离社区居民很近，销售半径很短；第二，这家粮店经常会有爱菊的销售团队开展直销宣传活动，周边老百姓对爱菊产品的认知度比较高。所以，直销粮店的建立没有错，错在不会运营、宣传不到位。总结经验教训后，爱菊开始大力在西安市内铺设直销粮店。

2.3.3 开展“放心粮油”进社区活动，转变老百姓消费理念

直销粮店的建立为爱菊积累了宝贵经验，爱菊决定将直销宣传活动作为一项常规的销售宣传方式。每逢周末，爱菊员工就全体出动，深入西安市内

大大小小的社区，向消费者面对面宣传科学的食品营养知识、权威的面粉品质判别方法和健康的烹饪食用方式，使老百姓了解食品安全知识和添加剂的危害，摒弃原有的对雪白面粉的固有认知，改变旧有的消费理念和消费习惯，加深了对爱菊粮油产品的了解，提高了爱菊品牌的认知度，爱菊直销产品的销量自然节节攀升，直销粮店也在西安市内遍地开花。

从 2000 年试点的 1 家直销粮店，到 2004 年发展到 300 多家，爱菊的社区直销活动大大改变了老百姓的消费理念，增加了爱菊的品牌认知度，彻底告别了过去受制于代销商的销售模式。同时，自有渠道的建立也为爱菊产品品质的实时监控提供了便利。在这 4 年间，爱菊粮油的销量回升了 50%①，之后的产品销量也逐年提升。

3　业务拓展阶段的选择：行业环境的净化是否从我做起（2004—2014 年）

3.1　爱菊业务迅速拓展，但行业环境快速恶化

到了 2004 年，尽管爱菊经营形势依然比较艰难，但是已积累了一定程度的企业声誉和品牌资源，尤其是在国有面粉厂几乎全军覆没的情况下，爱菊得到了政府的支持和认可。从 2003 年起，在政府的支持下，爱菊先后对西安市 11 家破产企业进行了兼并重组，其中包括在陕西本地有一定影响力的拥有“秦龙”品牌的西安市油脂公司的油脂厂。爱菊保留并改造了油脂厂的核心业务，并将爱菊主营业务扩展为油脂和面粉两大业务种类。对于其他非粮食行业的业务，进行资产清理，并利用这些破产企业的土地资产开发房地产。在粮油行业极其艰难的时期，爱菊并没有把房地产开发当成主营业务，而是利用开发房地产的丰厚利润来反哺爱菊主营业务。2011 年，爱菊承接了西安市政府的“放心馒头”工程，以此工程为起点，爱菊开始探索主食产业化，主营业务从面粉、油脂加工向馒头、包子、面条、饺子等主食业务扩展，开始从粮油加工企业向主食产业一体化企业转型。

---

① 资料来源：爱菊粮油内部资料。

随着主营业务种类的扩展，爱菊成为一家以米面油综合发展为基础的主食产业化企业，同时也进入了一个更为复杂的行业环境。行业竞争的不规范成了制约爱菊以及其他所有规范经营的粮油食品企业的绊脚石。在当时乱象丛生的行业竞争环境中，市场“劣币驱逐良币”的规则，往往使合乎标准的企业难以生存和发展。一方面，地沟油、毒馒头等食品安全事件频发，各类食物谣言也充斥民间，面对五花八门的选择，老百姓感到难以判断，甚至谈“食”色变。另一方面，行业监管越来越明确，但是也越来越难以操作，各种不法厂商隐匿在粮油食品加工行业。无论是老百姓，还是企业、政府，都需要一个更为规范、洁净的行业竞争环境。因此，如何维护行业环境的健康成为爱菊发展过程中必须面对的问题。

3.2 从食用油包装做起，协助政府规范西安食用油市场

3.2.1 取消散装油，不断更新升级油品包装

千禧年以来，消费者越来越注重健康饮食，对每日必需的食用油的要求也随之提升，但市场上却充斥着大铁桶装的散装油，由于油桶可以重复利用，给一些不法商贩带来了可乘之机。他们偷偷装入低劣的散装油冒充爱菊品牌，或索性添加有毒有害物质，而监管部门和爱菊都难以对这种现象进行有效的监管和预防，给爱菊品牌造成了很大的负面影响。

2004 年，爱菊尝试改换食用油包装，推出白色塑料周转桶，然而这种包装也涉及重复使用导致污染的问题。爱菊只得抽调一个车间专门清洗空桶，经过一段时间后，发现这样反复清洗不仅耗费人力物力，也存在二次污染、清洗剂残留影响油脂品质的问题，产品的品质安全还是存在隐患。2008 年，在多次调研论证之后，爱菊决定推出一次性使用的透明 30kg 中包装食用油，而对于当时市场上依然流转的价值 300 多万元的 20 余万只白色周转桶，贾合义董事长认为必须集中粉碎销毁，以防再次流回市场给假冒伪劣油脂提供便利，影响市场竞争环境。

产品包装的不断升级换代，虽然耗资巨大，但是这种短期的阵痛也给爱菊带来了洁净的市场环境，促使其从接手油脂仓库时的年销量 2000 吨，发展

到现在每年的油脂产品销量至少 5 万多吨。

3.2.2 协助政府监管食用油行业，净化市场竞争环境

虽然市场上诞生了一次性中包装食用油，但还是有很多郊县农村家庭和小餐馆缺乏对产品品质的判断力，仍选择价格低廉、品质不够稳定的散装油，这就给地沟油、超标油、过期油带来了可乘之机，引发了一系列食用油安全事故。2003 年 1 月，西安市食品安全监督部门对全市粮油零售门店散装食用油的抽检结果显示合格率仅为 20%。2004 年，实行 QS 认证后，散装油抽检合格率仅为 44%①，而且散装食用油仍然占据很大的市场空间。虽然政府监管部门不断进行排查、检测、处罚，但小粮油店、小餐馆的散装油难以实时监控，给执法带来较大难度。

作为陕西省内第一家取缔散装油的企业，爱菊推出的一次性包装食用油进入了政府监管部门的视野，一次性包装可溯源、免污染、品质可控的特性，给了政府启示：这种包装可以帮助改善环境、易于监管。于是，政府监管部门根据爱菊在一次性包装上的调研成果以及推广经验，通过爱菊的协助，制定了西安市取缔散装油、推广一次性包装食用油的具体措施和制度。自 2005 年开始，政府对西安市场的散装油进行整治，决心彻底取缔散装油，禁止在商场、连锁店、超市、粮店、农贸市场、批发市场和各类代销点等场所批发零售散装食用油，统一采取一次性包装。

经过这次整治，食用油市场上的产品质量普遍得到了很大提升。由于制定了超前的包装灌装标准，以及协助政府制定管理措施与标准，爱菊油脂产品的品牌影响力获得了相当大的提升，一次性包装可溯源的特性，也增强了爱菊食用油产品的品质控制，使其真正做到了把产品品质把握在自己手中，为爱菊树立优质的品牌形象提供了源头上的保障。另外，一次性包装也间接净化了市场，让市场上那些劣质的散装油无法生存，维护了市场的竞争环境。

① 资料来源：西安市粮食局网站。

3.3 从“放心馒头”做起，形成未来无限可能

3.3.1 “放心馒头”不能不做，但可能是个“烫手山芋”

地沟油、“毒馒头”等食品安全事件的频频发生，一时间让老百姓人心惶惶。经过明察暗访，人们发现西安市场的馒头品质也令人担忧。为此，国务院下发文件要求西安市政府严查西安市场的“毒馒头”，西安市委决心下大力气开展“放心馒头”工程，保障老百姓日常食品安全，省内最大的面粉加工企业爱菊成了承接“放心馒头”工程的不二选择。

但这项任务在爱菊内部高层会议上下达之后，却遭到了一部分人的反对：“放心馒头”虽然是市委下达的一项民生任务，我们不能不做，但说实话爱菊从未做过馒头生产，国内目前的设备和工艺都不成熟，需要投入大量资金从头研发设备和生产工艺。馒头生产对车间现场管理和品质控制的要求也更高，利润微薄、保鲜期短、货损率高、配送效率要求高，对我们来说难度太大。本身我们的面粉和油脂就挣不了几个钱，难道要把好不容易赚来的钱都砸在“馒头”这块“烫手山芋”上吗？

尽管内部反对意见较多，但“放心馒头”作为政府主导的民生工程，还是不能不做，爱菊就这样以每年亏损500多万元的代价，研制出了国内第一条拥有自主知识产权的大型智能化馒头生产线，不断调整生产工艺，提升生产现场管理水平，建立高效配送渠道，真的就把“放心馒头”做了出来，并迅速在市场上站稳了脚跟。这项新业务的开展也给爱菊带来了全新的发展机遇。

3.3.2 “放心馒头”是企业的支点，会给爱菊的未来带来更多可能

“放心馒头”改变了老百姓的消费理念。由于爱菊生产的“放心馒头”以自己的无添加面粉做原料，“放心馒头”的颜色呈现健康的原麦颜色。老百姓过去都是买小作坊生产的雪白添加剂馒头，大家普遍的认知是“馒头越白越好”，但“放心馒头”的上市，使他们知道了原来好馒头的颜色会呈现略微发黄的健康色泽，口感也保留了小麦的香味。“放心馒头”改变了消费者的固有认知和消费理念，同时，也推广了爱菊无添加面粉，为爱菊品牌形象的进

一步提升打下了良好的群众基础。

“放心馒头”助推了爱菊销售渠道的拓展。随着“放心馒头”的成功推出，为解决销售问题，爱菊开始联合西安市政府大力拓展销售渠道，建立移动群众厨房销售亭，陆续在西安市内各地建立300多家销售亭，除“放心馒头”外，更是将爱菊传统的粮油产品一并上架，提升了爱菊粮油产品的销售额。由于移动销售亭不同于直销粮油店，很多销售亭都可以设立在社区内，大大缩短了爱菊产品的销售半径，为爱菊整体销售渠道的拓展添上了浓墨重彩的一笔。

“放心馒头”有助于净化市场环境。“放心馒头”的出现，改变了消费者的购买理念，使得原有一些小作坊生产的劣质馒头变得无人问津，一批竞争力低下的小作坊和小企业逐步被市场淘汰，净化了市场竞争环境，为爱菊未来走向主食产业化开辟了道路。同时，对于消费者健康饮食理念的引导，也为爱菊培养了一大批忠诚的顾客。

放心馒头给爱菊的未来带来更多可能。随着社会发展生活水平提高，老百姓对食品质量要求也在提升，由原来的吃饱吃好到吃出健康吃出便捷。消费者为节省烹饪时间，需要快捷方便、营养健康的成品、半成品。从市场需求角度来说，成品馒头正是老百姓需要的，我国主食产业的市场还是一片空白。因此，主食产业化的前景会越来越好，也给爱菊的未来发展带来了更多可能。

4 走出国门的选择：是否要承担更多的国家责任（2015年至今）

4.1 寻找高品质粮食原料

高品质的粮油产品取决于高品质的粮油原料。“优质的粮食源地”一直是爱菊关注的重点。随着产业的拓展和规模的提升，爱菊实现了由粮食的初加工到主食产业化深加工的产业规模转型。国家对粮食使用标准的明确规定、消费者的消费习惯和消费要求的提升以及健康、安全、稳定、低价的粮食原料供应，成为决定爱菊粮食生产质量和粮食产品加工的核心。原有的国内粮源生产基地已经不能满足爱菊对品质和数量的需求。一方面，随着土地集约化使用带来的耕地污染，国内的优质粮食原料越来越稀缺；土地的碎片化、田间管理水平不一，使得生产出的粮食原料质量不够稳定。另一方面，国家实施土地轮作休耕战略，也加剧了优质粮食原料的稀缺。据估计，每年西安市粮食缺口在10亿公斤以上①。爱菊需要寻找更高品质的粮源地。

从2010年开始，爱菊人从国内内蒙古呼伦贝尔地区、海拉尔地区，到国外巴西、哈萨克斯坦、加拿大、罗马尼亚、俄罗斯的新西伯利亚等国家和地区，广泛寻找优质粮源地，经过反复调研和多方考量，最终将哈萨克斯坦确定为新的粮源基地。哈萨克斯坦富含营养的黑土地深达1.5米，自然条件好，小麦亩产可达80～100公斤，远远低于美国和中国的亩产，是人类绿色、有机农产品的最后净土之一。但是这一决定在企业内部受到了很大的质疑。

有人认为，哈萨克斯坦是一个非常好的选择：工业发展滞后，土地没有污染，四年一轮耕，无论是粮源安全还是品质，都是世界上少有的。爱菊一直倡导做“良心粮”，为了老百姓的食用安全和健康，应该不惜代价，不遗余力，这也正是爱菊品牌竞争力的来源。也有相当一部分人认为：爱菊目前的产品质量一直都很好，选择遥远的哈萨克斯坦，存在一定的政治和经济风险，有可能让我们几十年的积累付之一炬。

尽管内部有反对声音，但是贾合义认为，行业竞争的规范化也带来了新一轮的同质化竞争，原料的同质化是最主要的体现。只有寻求差异化的高品质原料，才能进一步保障老百姓的利益，也能为爱菊在市场上带来新的差异化优势。因此，贾合义建议大家先去哈萨克斯坦试试看。

4.2 响应国家“一带一路”倡议，积极履行国家责任

从2015年起，爱菊开始进入哈萨克斯坦建立优质粮油原料基地，恰逢国家“一带一路”倡议的实施，爱菊成为第一家走出国门在哈萨克斯坦建厂的农业加工企业，也是我国进入哈萨克斯坦的20个部委与20家企业联席会成员之一。能否真正响应“一带一路”倡议，为哈萨克斯坦创造和带去价值，是爱菊进入哈萨克斯坦市场成功与否的决定因素。“为耕者谋利、为食者造

① 姜丹. 陕西爱菊粮油工业集团用诚信和质量赢得赞誉[N]. 中国质量报，2015－11－23.

福”是爱菊一贯的价值主张，这一主张也被带到了与哈萨克斯坦的合作中。

4.2.1 实施订单农业，为农民提供技术支持和培训

哈萨克斯坦土地亩产低，一方面是因为土地没有经过使用化肥、农药的集约化经营，是完全原生态的生长状态；另一方面是因为哈萨克斯坦土地广、人口少，对农产品的有效需求小，因此农业实行耕一年休三年的政策。农民没有足够的动力进行育种管理和田间管理，农业科学管理水平低，潜在生产力闲置。

爱菊进入哈萨克斯坦农村后，积极寻求从育种到田间管理的科学方法。积极与西北农林科技大学和哈萨克斯坦国立大学合作，联合成立育种实验室，根据哈萨克斯坦的土壤特性，科学培育粮食种子，研究适合于不同土壤类型的科学的田间管理方法。

与农民签订农业订单，提升农民种地和实行田间管理的积极性。爱菊将实验室的研究成果，以技术辅导的方式传授给农民，指导农民根据自己的土壤酸碱度进行选种、根据天气情况选择合适的播种时间、对粮食作物的生长过程进行科学的干预。随着农民的农业技术水平和管理水平提高，仅2017年一年，试验的9万亩小麦产量就翻了一番，当地农民的家庭年收入也随之翻番①，有效提升了当地老百姓的收入水平。

4.2.2 以全产业链运作模式赢得哈萨克斯坦政府和民间的欢迎

爱菊在哈萨克斯坦的运作，不仅局限于实行订单农业，从当地农民处收购农产品，引进哈萨克斯坦的优质牛羊肉、蜂蜜、乳制品等特色产品，同时还根据成熟的技术经验，在哈萨克斯坦建设农产品加工园区，建立了一个年加工量20万吨的小麦加工厂和年加工量16万吨的油脂加工厂。依托爱菊连锁网点开发经验，以哈萨克斯坦新建的连锁超市为依托出口爱菊特色产品，逐步形成了一种在国外种植粮油原料、在国内进行深加工的“种植—加工—供应—连锁销售”的全产业链模式。

尽管哈萨克斯坦拥有天然绿色的农业资源，价格也相对比较低廉，但是

① 资料来源：爱菊内部资料。

由于农产品进口配额关税为65%，加上其他各种成本，哈萨克斯坦的农产品进入国内之后，往往价格会翻两番左右，几乎全部高于我国国内面粉和油脂的价格。但是由于爱菊已经拥有700多家销售网点和自有渠道，而且拥有多年积累的优质品牌形象，没有打过价格战，在市场上的价格高于普通面粉价格（爱菊25kg面粉110元左右，而普通25kg面粉价格在85元左右）。价格优势和销售网点优势，使得爱菊在哈萨克斯坦的全产业链模式得以有效实现，使哈萨克斯坦在解决就业、出口创汇、提升农业技术水平、有效利用土地等方面取得了长足进展，同时也很好地改变了爱菊自身的产品结构，提升了产品的差异化竞争优势。

5 结语

从1997年的濒临破产、困难重重，到今天走出西安、走出国门，成为国家土地轮作休耕战略课题组成员、"一带一路"倡议的实践者，爱菊走出了一条以消费者利益为先、以产品品质为先，塑造品牌，赢得发展之路，被国家粮食局誉为"爱菊模式""西安模式"。"我们做的是粮食，也是良心。"这是贾合义的口头禅。可能这就是爱菊模式的内涵和精髓吧。

案例教学说明

AnLiJiaoXueShuoMing

一、教学目的与用途

1. 适用课程

企业伦理与企业社会责任、战略管理。

2. 适用对象

本案例主要内容为EMBA、MBA开发，适合具有一定工作经验的学员和管理者学习。本案例教学对象以具有一定战略管理和企业社会责任知识基础的同学为宜。实践经验较少的学生应加强课前对相关基础资料和管理理论知识的准备。

3. 教学目的

本案例以爱菊粮油发展中的企业社会责任承担带来的困境和发展机会为主线，对企业通过承担社会责任为自身和社会创造共同价值，从而赢得竞争优势的过程进行了深入分析和探讨，使学生掌握企业社会责任的基本概念和特性，同时培养学生在企业社会责任和企业战略间建立关联的基本能力，促进学生对企业社会责任战略模式的基本思考。具体而言，教学目标包括以下三个层次：

（1）知识传授点。

①核心知识点：企业社会责任；价值链主导型社会责任；竞争环境主导型社会责任。

②辅助知识点：利益相关者；价值链模型；钻石模型。

（2）核心训练点。

企业社会责任赢得竞争优势的途径。

（3）观念改变点。

①企业社会责任对企业来说，不是一项成本、一个约束条件或者一种慈善行为，而是孕育机会、创新和竞争优势的源泉。

②企业应当遵循“共享价值”的理念，主动从自身价值链和外部竞争环境中寻求企业和社会的交叉点，针对性定位应解决的社会问题。通过在价值链运营中引入社会责任，既为社会谋利，又提升企业的独特性竞争优势。重点关注投资与竞争中促进企业竞争力提高的社会因素，发挥企业与社会的共享价值。

二、启发思考题

设置启发思考题的目的在于帮助学生提前做好案例学习的准备工作。通过完成课前作业中的启发思考题，学生可以有较为充足的时间预习案例的内容及相关素材，在问题的引导下熟悉案例的故事情节，初步了解案例的背景及要点，主动思考并获取相关的理论与实践知识，有助于提高课堂学习案例的效率。本案例可以用于启发思考题的内容如下：

（1）20 世纪 90 年代末期，粮食行业全面放开给爱菊的发展带来了哪些挑战？爱菊是如何通过社会责任的承担克服这些挑战的？

（2）2004 年以来，粮食行业内外部环境发生了哪些变化？爱菊为行业环境的改善做出了哪些努力？作为一个微观企业，有没有必要承担行业环境改善的责任，为什么？

（3）2010 年，爱菊为什么要开始尝试“走出去”战略？在“走出去”的探索中，爱菊是如何将自身发展与“一带一路”倡议相融合，积极承担责任，使企业得到发展的？

（4）如果你是爱菊的老总，在每一次抉择中，你会如何决策？影响你决策的因素有哪些？

三、理论依据及分析

1. 企业社会责任

企业社会责任是指企业在创造利润、对股东和员工承担法律责任的同时，还要对消费者、社区和环境承担责任。企业的社会责任要求企业必须超越把利润作为唯一目标的传统理念，强调在生产过程中对人的价值的关注，强调对环境、消费者、社会的贡献。

关于企业社会责任，有两种观点：一种观点认为企业社会责任就是增加利润；另一种观点认为企业社会责任是整个社会希望其履行义务的总和。企业社会责任从社会角度可被分为经济责任、法律责任、伦理责任与资源责任；从利益相关者角度可被分为顾客责任、员工责任、股东责任、供应商责任、社区责任、环境责任等。

迈克尔·波特（Michael Porter）则将企业社会责任分为三种类型：一般社会责任、价值链主导型社会责任、竞争环境主导型社会责任。一般社会责任是企业对既不受企业运营影响，也不影响企业竞争力的社会问题的承担和解决。价值链主导型社会责任是指企业内部运营中价值链上的活动都会和外界相联系，带来积极或消极的社会影响；企业应投资和改造内部价值链，来消除和解决价值链对外部的社会影响。竞争环境主导型社会责任是指存在于企业外部运营环境中的问题，会对社会和企业竞争造成巨大的影响。企业应投资和改善外部竞争环境，来解决外部社会问题。

2. 利益相关者

利益相关者就是任何能够影响企业目标实现，或者受企业经营活动影响的集团和个人。企业经营者应对所有与企业有利害关系的人或股东的其他利害关系人负责。企业与雇员、供应商、社区、政府、消费者、投资者等都存在一定的利害关系，企业在做决策时应充分考虑其相互利益。

不同的利益相关者对企业的贡献与影响有所差异，因此在企业中的地位并非完全等同，企业应该对诸多利益相关者进行优先性排序。Frederick（1988）根据对企业产生影响方式的不同，将利益相关者分为直接和间接两种。根据米切尔评分法，利益相关者可被分为：①确定型利益相关者，同时拥有合法性、权力性和紧迫性，包括股东、雇员及消费者；②预期型利益相关者，拥有三种属性中的任意两种，如政府，同时拥有合法性和权力性；③潜在型利益相关者，只具备三种属性中的一种。

利益相关者理论回答了企业经营活动承担社会责任的对象问题，清晰地指明了企业社会责任管理的对象及相关责任，突破了股东利益至上的传统观念，为企业社会责任的实施提供了一个新的分析平台。

3. 企业价值链

“价值链”这一概念由迈克尔·波特于1985年提出，他将一个企业的经营活动分解为若干战略性相关的价值活动，每一种价值活动都会对企业的相对成本地位产生影响，并成为企业采取差异化战略的基础。

企业价值链是以企业内部价值活动为核心所形成的价值链体系。企业的价值活动可被分为两类，即基本活动和辅助活动，共包括九项一般的活动类型。基本活动是那些涉及产品实物形态的生产、营销和向买方的支付，以及产品支持和售后服务的各类活动。辅助活动指的是那些辅助基本活动并通过提供外购投人、技术、人力资源以及各种公司范围的职能以相互支持的活动。价值链模型中的点划线反映了这样的事实，即采购、技术开发和人力资源管理都与各种具体的基本活动相联系并支持着整个价值链。企业的基础设施虽并不与各种特别的基本活动相联系，但也支持着整个价值链。

4. 波特“钻石模型”

波特在《国家竞争优势》（2020）一书中提出了钻石模型，识别出了能够增强企业所在国家或地区竞争优势的决定因素。钻石模型的组成要素包括生产要素，需求条件，相关与支持性产业及企业战略、企业结构和同业竞争。

（1）生产要素。

波特将生产要素分为初级生产要素和高级生产要素。初级生产要素是指企业所在地区的地理位置、自然资源、劳动力等条件以及企业自身的资金。初级生产要素通过简单的投资就能获得，无法使企业产生竞争优势。高级生产要素是指企业所拥有的高级人才、科研机构、教育培训体系等，高级生产要素是不能通过初始投资获得的，能使企业产生竞争优势。

波特认为初级生产要素的重要性日益降低，随着经济全球化的发展，企业能够通过多种途径来弥补初级生产要素的缺陷。他还指出，企业某方面初级生产要素的适度不足，反而能够促使企业创新，例如，如果企业所在地区的廉价劳动力资源缺乏，企业就会通过技术创新的方式提高生产效率。高级生产要素是企业在发展过程中逐渐积累形成的，需要企业努力创造才能获取，所以企业应该更加注重高级生产要素的作用。

（2）需求条件。

需求条件是指企业所在地区的市场需求。波特认为如果企业所选择的细分市场中的顾客对产品的要求很高，就会对企业产生很大的压力，这样一来企业为了提升竞争力、获取市场份额便会努力满足这些顾客的要求，从而促进企业的创新。企业如果能够满足挑剔客户的要求，对于国外的顾客或其他不挑剔的顾客就会有很大的竞争力。波特指出，如果一个企业连本国市场消费者的要求都无法满足，在本国市场中毫无竞争力，那么盲目地实行国际化战略是行不通的。另外，如果企业能够发现市场的预期需求，便能抢先获取竞争优势。总之，企业对挑剔的或预期的需求条件的满足，不仅能使企业获得国内外的竞争优势，还能带动本国相关产业内企业的创新，共同提升地区的竞争力。

（3）相关与支持性产业。

波特认为，一个企业甚至是一个产业都很难单独地保持优势，只有上下游产业之间相互支持，形成的产业竞争优势才能持续。拥有具有竞争力的供应商，就可以为先进的、高质量的原材料和相关技术支持以及保持竞争优势提供可靠保障。同样，如果某一产业的下游顾客拥有较强的竞争优势，就会对上游产业提供的产品有更高的要求，从而促使本产业中的企业进行创新，注重产品质量。

（4）企业战略、企业结构和同业竞争。

波特认为，企业的战略、组织结构和对待同行业竞争对手的态度，往往与其所处的宏观环境和产业环境相关。一个企业必须根据所处地区的环境、当地历史文化、产业环境的特征来形成企业战略并设计企业的组织结构，这是企业形成竞争优势的关键条件。

四、分析思路

本案例可以组织学生从爱菊粮油贾合义的视角进行分析讨论，通过分组讨论和课堂集体讨论，对爱菊粮油进行的三次企业社会责任承担与抉择进行分析。具体来看，本案例的分析主要包括四个核心问题。可以依次按如下逻辑进行分析：

爱菊在“义”与“利”之间进行选择的本质是什么？

爱菊在第一次“义”与“利”的冲突抉择过程中，是如何做的，如何化“义”为“利”？

爱菊在第二次“义”与“利”的冲突抉择过程中，是如何做的，如何化“义”为“利”？

爱菊在第三次“义”与“利”的冲突抉择过程中，是如何做的，如何化“义”为“利”？

1. “义”与“利”选择的本质

（1）根据学生课前阅读情况对学生进行提问，让学生识别出爱菊面对“义”“利”冲突的次数，以及每一次冲突的时间、内容以及结果（见表1.1）。增进学生对公司背景知识及发展历程的了解，建立案例时间线，为深入分析案例做准备。

表 1.1 案例中“义”与“利”的冲突及选择

冲突次数	冲突的时间	冲突的内容	选择结果
第一次冲突	1998 年	是否放弃面粉添加剂	选择“义”，放弃
第二次冲突	2004 年	在推出一次性食用油包装时，是否彻底花巨资销毁原包装	选择“义”，销毁
	2011 年	是否承接政府“放心馒头”工程	选择“义”，承接
第三次冲突	2015 年	为了获取更好的粮油原料，是否有必要走出国门	选择“义”，走出

（2）向学生提问：爱菊在“义”与“利”的冲突和抉择中首先关注了谁的利益？为什么？

学生可能会回答：消费者。因为消费者的利益会决定企业的生死存亡等。随后教师给出利益相关者和企业社会责任的概念，总结出爱菊对“义”的选择，其实质是考虑消费者利益，承担以消费者为导向的社会责任。

利益相关者的概念：利益相关者就是任何能够影响企业目标实现，或者受企业经营活动影响的集团和个人。企业经营者应对所有与企业有利害关系的人或股东的其他利害关系人负责。企业与雇员、供应商、社区、政府、消费者、投资者等都存有一定利害关系，企业在做决策时应充分考虑其相互利益。

企业社会责任的概念：是指企业在创造利润、对股东和员工承担法律责任的同时，还要对消费者、社区和环境承担责任。企业的社会责任要求企业必须超越把利润作为唯一目标的传统理念，强调在生产过程中对人的价值的关注，强调对环境、消费者、社会的贡献。

（3）向学生提问：为什么很多企业不愿意承担社会责任？怎样才能让企业有动机承担社会责任？

学生可能会回答：企业社会责任是一种成本；企业规模太小；企业生存很艰难。

（4）教师在总结中，引出企业和社会关系的两种观点。

一种是企业与社会的对立关系。如果视为对立关系，社会责任就是成本。

另一种是企业与社会的依存关系。如果视为依存关系，社会责任可能就是企业的发展机会。

是对立关系还是依存关系，关键在于如何在企业价值和社会价值之间实现共享。如果企业能找到在为社会创造价值的同时，也能实现企业发展的方式，就有了承担社会责任的动机。

2. 第一次“义”与“利”冲突抉择过程

（1）这次冲突中，爱菊关注的利益相关者是谁？承担责任的方式是什么？

学生的回答可能会比较一致：消费者利益。承担责任的方式是内部运营流程的改造。

教师在总结中给出价值链主导型社会责任的概念。

价值链主导型社会责任的概念：企业内部运营中价值链上的活动都会与外界相联系，带来积极或消极的社会影响。企业应投资和改造内部价值链，来消除和解决价值链对外部的社会影响。

（2）“义”的体现：放弃添加剂。

①接着上面的讨论，向学生提问：企业价值链有哪些流程和环节？

引导学生回顾企业价值链的构成。企业价值链是以企业内部价值活动为核心所形成的价值链体系。企业的价值活动可被分为两类，即基本活动和辅助活动，共包括九项一般的活动类型，如图 1.2 所示。

②粮食企业价值链的哪些环节可能会对消费者的利益造成负面影响？

引导学生回答采购和运营流程是最容易引发食品安全事件、给消费者带来利益损害的环节。优质的粮食原料以及安全可控的生产过程，是保障产品安全的关键。购置劣质原料、增加添加剂，都会影响产品品质，损害消费者利益。

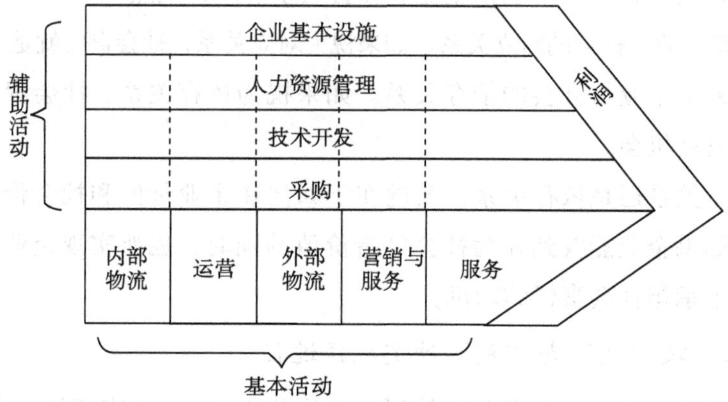

图 1.2　基本价值链

③进一步向学生提问，爱菊在生死存亡阶段，是否存在从价值链做起，承担社会责任的机会？

首先引导学生分析爱菊的内外部环境：

爱菊的内部环境：第一，企业积极寻求走出恶性竞争困境的出路；第二，企业依然保持了维护和保障消费者利益的价值观和传统；第三，面粉添加剂的比例在行业中较低；第四，没有参与恶性竞争，维持了市场上较高的价格。

爱菊的外部环境：第一，行业规模较小，企业间恶性竞争，普遍比较艰难，添加剂和增白剂是行业行规；第二，消费者没有形成较为成熟的消费意识，对产品质量缺乏成熟的判断标准；第三，行业监管较为缺乏。

其次引导学生在内部价值链和外部环境之间寻找交叉点：

恶性竞争和随意增加的添加剂，成为爱菊发展过程中必须面对的问题。爱菊粮油有可能通过改善产品品质来满足消费者利益诉求，进而通过产品的差异化，使企业摆脱恶性竞争、走出困境。

(3) “利”的损害：成本提高，销售额快速下降。

向学生提问：承担社会责任给爱菊带来了哪些负面影响？

学生按照案例材料回答：从原料采购到配方探索再到引进生产系统，成本全面提升；价格居高不下，不符合消费者的消费理念，销售额下降。

总结：由于缺乏行业监管，且消费者对产品质量缺乏成熟的判断标准，健康安全的产品品质缺乏成熟的产品信号传递。加之，在以价格为竞争策略的产品市场上，消费者责任的承担意味着更高的产品价格，从而导致产品在市场上缺乏竞争力。选择承担社会责任在短期内确实会提高成本，甚至降低销售额。

(4) 化“义”为“利”：通过社会责任塑造企业竞争优势。

接着提问：在这次冲突中，爱菊如何化“义”为“利”？

学生可能会按照案例材料中爱菊的行动来列举回答，如采购、研发、设备引进、生产、营销等。

教师要通过学生的列举，总结出社会责任承担与差异化战略的结合是塑造差异化竞争优势的关键。以明确定位的消费者人群为目标市场，以差异化为导向的 Product 战略；以消费者购买敏感度为基础的 Price 战略；以拉近企业与消费者距离为核心的 Place 战略，以沟通和理念宣传为导向的 Promotion 战略。上述四个战略的相互配合，可以使消费者责任从潜在的产品竞争力转化为消费者认可、愿意买单、有能力买单的真实竞争力。

通过生产运营流程的改造，塑造产品差异化的潜在竞争力。这一改造是承担消费者责任、确保消费者利益的核心环节，是实现社会效益的关键。

通过市场销售流程的改造，自建渠道，增强宣传与沟通，提升品牌竞争力，使产品的差异化优势得以实现。

3. 第二次“义”与“利”冲突的抉择

(1) 这次冲突中，爱菊关注的利益相关者是谁？

学生的回答可能是：消费者、政府、行业等。

教师在总结中引导学生认识到，爱菊关注的依然是消费者。但是无论是推出一次性包装，还是承接“放心馒头”工程，其承担责任的方式都是从外向内的，通过影响行业环境的变化来确保对消费者的承诺。

(2)“义”的体现：改善和净化行业环境。

①通过上面的讨论给出竞争环境主导型社会问题的概念。

竞争环境主导型社会问题的概念：存在于企业外部运营环境中的问题，会对社会和企业竞争造成巨大的影响。投资和改善外部竞争环境，可以解决外部社会问题。

②向学生提问：构成一个区域社会竞争环境的要素有哪些？

引导学生回顾竞争环境的构成要素。一个区域的竞争环境要素可分为四大块，如图 1.3 所示。一是生产要素（投入）条件，即企业能获得的高质量、专业化投入要素的数量和质量。二是企业所处的环境，包括竞争规则和激励机制，比如设计知识产权保护、政策透明、预防腐败和鼓励投资的政策。三是需求条件，即当地需求的规模和成熟程度，这会受产品的质量和安全标准、消费者权益和政府采购公平性等因素的影响。四是当地的配套行业，如设备制造商和服务提供商。

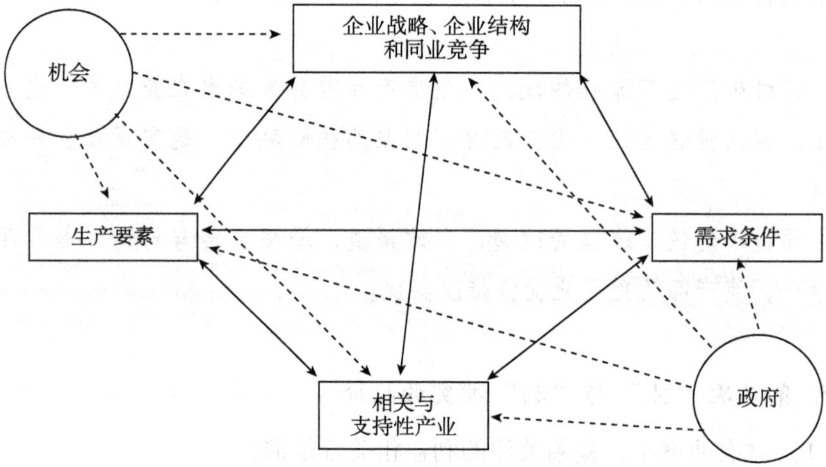

图 1.3　钻石模型

③向学生提问：区域竞争环境的改善是否蕴藏着企业承担社会责任的机会？会存在哪些企业承担社会责任的机会？

引导学生通过竞争环境和企业之间的联系，寻找四类企业对接社会责任的机会。

第一类，改善生产要素条件的社会责任机会。比如，保护自然资源以改善资源的可持续性，投入与支持高等教育和职业培训以提升可获得人才的素质和质量，与大学和研究院所合作，以提升技术发展的前瞻性和实用性，等等。

第二类，改善行业竞争规则的社会责任机会。比如消除贸易壁垒，以确保公平公开地进行本地竞争；抵御腐败以提升竞争的透明度；提高知识产权保护程度以确保法治的推行；等等。

第三类，改善需求条件的社会责任机会。比如培育和引导当地需求的成熟化，提高产品的质量和安全标准，实施更严格的监管标准，等等。

第四类，改善配套行业的社会责任机会等。比如支持当地供应商，与相关领域企业建立联系，发展产业集群，等等。

④进一步向学生提问：爱菊在业务拓展阶段面临着哪些承担社会责任的机会？

首先引导学生分析爱菊的内外部环境：

爱菊的内部环境：一是产业规模扩大和产品种类增加，业务线从面粉逐渐向米、面、油等多种粮油产品拓展，同时也逐步向馒头、面条、豆制品等主食熟食产品拓展；二是在各条业务线上开展研发、设备改造，执行了极为严格的健康安全标准；三是爱菊的各类产品价格在市场上都相对处于高位竞争。

爱菊的外部环境：一是爱菊长期以来坚守粮食产业，赢得了政府的支持和信任；二是随着食品安全事件频发，消费者越来越注重饮食的安全和健康；三是政府对食品行业制定明确而又严格的监管标准；四是尽管行业监管越来越严格，但是食品行业依然乱象丛生，转基因、地沟油、各种添加剂等，不仅为消费者饮食带来安全隐患，也因为市场“劣币驱逐良币”的规则，使得合乎标准的企业难以生存和发展。

其次引导学生在内部经营和外部环境之间找交叉点：

如何维护行业环境的健康成为爱菊发展中必须面对的问题。由此入手承担社会责任，无论对于爱菊还是对于当地粮食行业，都是很有价值的。第一，随着爱菊业务线的拓展，爱菊所面对的竞争将从单一产品市场竞争向多种产品市场竞争转变，竞争环境越来越复杂，竞争难度越来越大，行业竞争的规范性成为其发展的关键；第二，消费者逐步成熟，行业标准明确，开始对更为规范、洁净、完善的行业竞争市场产生需求；第三，爱菊自身在政府关系、产品品质、品牌影响力等方面都已经具备了一定的能力和基础。

(3)“利”的损害：成本提高，带来亏损。

向学生提问：承担社会责任，为什么爱菊内部会有冲突？

学生按照案例材料回答：粉碎旧的食用油包装带来成本；承担“放心馒头”工程带来亏损。

总结：承担“义”确实表面上会给企业带来成本甚至亏损。

(4) 化“义”为“利”：通过承担社会责任塑造企业竞争优势。

接着向学生提问：在这次冲突中，爱菊如何化“义”为“利”？

学生可能会按照案例材料中两个冲突事件的意义来列举回答。

教师要通过学生的列举，总结出承担改善行业环境的社会责任与实施差异化战略的结合，是塑造差异化竞争优势的关键。

更快速地利用环境优势，将其转化为产品差异化竞争力：通过竞争环境改进，比竞争对手更快更早地把握环境带来的机会，开发新的业务。

增强宣传与沟通，提升品牌竞争力，加速了差异化优势的累积：利用投资竞争环境优化的过程，优化了与消费者的沟通和宣传，提升了品牌影响力。

整合已有资源，扩大企业规模影响力，使差异化优势得以实现。

4. 第三次“义”与“利”冲突的抉择

(1) 这次责任承担中，爱菊关注的利益相关者是谁？

学生的回答可能是：消费者；政府；东道主国家及其农民等。

教师在总结中引导学生认识到，爱菊关注的起点依然是消费者。爱菊在满足消费者利益诉求的过程中，与更多的利益相关者建立了联系，从而承担了更多的责任。

(2)“义”的体现：确保消费者利益，承担国家责任。

①向学生提问：爱菊在走出国门的过程中承担了哪些责任？

学生根据案例材料一一列举。教师根据讨论，总结出可以承担的第三类社会责任，即企业价值链主导和竞争环境主导相结合的社会责任承担。

走出国门寻找更好的粮源的社会责任性质判定：一方面，通过改造采购流程解决中国优质粮源不足的问题，支持中国土地轮作休耕战略，这是一个价值链主导型的社会责任承担；另一方面，在东道国构建粮源基地，培训农民，构建和谐的政企关系，这是一个竞争环境主导型的社会责任承担。

②进一步向学生提问：爱菊在业务拓展阶段面临着哪些发起社会责任的机会?

首先引导学生分析爱菊的内外部环境：

爱菊的内部环境：一是积累了一定的资金和规模实力；二是爱菊的产品系列扩大，品牌影响力增大；三是构建广泛的销售网络；四是在区域市场上存在价格优势。

爱菊的外部环境：

国内环境：一是正逢国家"一带一路"倡议的推行；二是正逢国家土地轮作休耕战略的实施；三是行业竞争规范但同质化，主要表现在优质粮油的同质化；四是消费者理念的改变，健康理念深入人心。

哈萨克斯坦的环境：一是土地肥沃，农业资源丰富；二是国家加大力量招商引资；三是农业技术水平低。

其次引导学生在内部经营和外部环境之间找交叉点：

寻找优质粮源，并为我国和哈萨克斯坦承担一定的责任，成为爱菊的必然选择。由此入手发起社会责任，第一，在哈萨克斯坦建立粮食基地，拓展采购范围，为爱菊建立稳定的粮源基地，确保消费者利益，融入国家"一带一路"倡议，支持国家土地轮作休耕战略；第二，在哈萨克斯坦投资建厂，解决当地就业问题，拉动农业产业进步，为爱菊营造良好的哈萨克斯坦政企关系。

(3)"利"的损害：成本提高，带来亏损。

向学生提问：这次承担社会责任，为什么爱菊内部有冲突?

学生按照案例材料回答：投资风险，包括经营风险和他国政治风险。

总结：“义”的承担，也会给企业带来风险。

(4) 化“义”为“利”：通过承担社会责任，塑造企业竞争优势。

接着向学生提问：在这次冲突中，爱菊如何化“义”为“利”？

学生可能会按照案例材料一一列举回答。

教师要通过学生的列举总结出：改造价值链、投资外部社会环境与企业差异化战略的系统性整合，是塑造差异化竞争优势的关键。

☆内部价值链改造中，优质粮源的寻找，是爱菊新的产品差异化竞争力的来源。

☆对哈萨克斯坦政府及农民的责任承担，有助于建立良好的政企联系与沟通，优化了企业外部环境，为爱菊赢得了进入哈萨克斯坦市场的时间先导优势。

☆产品差异化优势与时间先导优势的加总，强化了企业的整体竞争优势。

五、背景信息

爱菊集团发展大事记（详见附件一）。

六、关键要点

(1) 案例分析中，要准确把握爱菊所关注的利益相关者主体，社会责任承担的导向与承担方式，其“义”与“利”冲突的缘由。

(2) 案例分析中，要深入理解为企业带来竞争优势的社会责任，有三种类型：一是承担由价值链主导的社会责任；二是承担由竞争环境主导的社会责任；三是承担由价值链和竞争环境共同主导的社会责任。

(3) 通过案例分析，要掌握将承担社会责任转变为竞争优势的方式，一是分析内外部环境，从价值链或者竞争环境中寻找企业与社会问题的交叉点，发起社会责任；二是将企业社会责任的承担与差异化战略相融合，在产品、品牌、社会关系等方面塑造竞争优势；三是通过各种资源的累积和整合，使竞争优势得以累积。

（4）通过案例分析，深刻理解承担社会责任对企业而言，不一定是成本，也可能是机会；企业是否具有履行社会责任的动机，与企业的规模、发展阶段、盈利能力等都没有关系，而是与能否将企业社会责任转化为竞争优势密切相关。

七、建议课堂计划

本案例可以作为专门的案例讨论课来进行，下面是按照时间进度提供的课堂计划建议。整个案例课分为两个课时，共90～100分钟。

1. 课前计划

提前发放案例，提出启发思考问题，学生据此熟悉案例内容并进行初步思考。

2. 课中计划

课中计划包括教师开场白、案例分组讨论、教师提问与学生回答以及教师点评等环节。

（1）教师开场白：5～10分钟，带领学生回顾案例，明确主题。

（2）小组讨论：15～20分钟，组织学生分组讨论启发思考题，特别要引出两种人力资源管理系统对企业战略的影响，理解案例内容和基本知识点。

（3）集体讨论：50～60分钟，由教师按照案例分析思路，结合板书设计，逐步引导学生在回答问题的过程中，完成案例分析和相关知识点引入。

（4）教师总结：5分钟，对知识点进行梳理与案例总结。

（5）问答：5分钟，回答学生的一些额外问题。

八、后续进展

目前，爱菊已经成为中国土地轮作休耕战略项目研究组的重要成员。

粮食战略关系到一国的国家稳定和安全问题。据联合国教科文组织

（UNESCO）和粮农组织（FAO）的不完全统计，中国人均耕地只有1.43亩，为世界人均耕地的27.7%，为美国的12.8%，为印度的45.5%，排在世界第67位。甚至一些省（市）人均耕地面积已低于联合国粮农组织确定的0.8亩警戒线。在全世界26个人口超过5000万的国家中，我国人均耕地量排在倒数第3位。7%~9%的口粮需要进口调剂，这对国家粮食安全是有一定压力的。因此，2017年中央一号文件明确国家土地轮作休耕战略，拨款100亿元用于支持土地轮作休耕2000多万亩。由于多年的耕地集约化利用，土地板结现象严重，加之地下水污染，粮食产品重金属和真菌含量等各项指标时有超标。藏粮于地的土地轮作休耕政策是保护耕地、可持续利用耕地的重要举措。

爱菊经过自己的探索和努力，在哈萨克斯坦建立了高品质的粮油原料基地，还在新疆阿拉山口建立了粮食贸易基地，实施粮食贸易。这些对于弥补我国优质粮源的不足、有效支持土地轮作休耕战略有着非常重要的意义。爱菊的粮食进口是配额进口，其所缴纳的关税（2017年全年上缴400万元左右）也降低了我国的土地轮作休耕期间的成本耗费。

九、参考文献

[1]叶继海,王宏．粮改终极是发展[J]．粮食问题研究,1998(7):4－8.

[2]小麦粉国家质量标准(GB1355－1986)[Z].

[3]西安市粮食局网站,http://xagrain.xa.gov.cn/ptl/index.html。

[4]姜丹．陕西爱菊粮油工业集团用诚信和质量赢得赞誉[N]．中国质量报,2015－11－23(003).

[5]郝瑞．爱菊粮油:阔步走在“一带一路”前沿[N]．粮油市报,2017－06－24(A02).

[6]牟春丽．凝心聚力抓质量,励精图治谋发展[N]．西安日报,2008－11－21(002).

第二篇　定位：随波逐流还是特立独行[①]

鲍璇　史烨　张红芳

案例正文
AnLiZhengWen

摘要　本案例描述了西安爱菊粮油工业集团如何运用定位策略在市场竞争中发展、壮大的故事，介绍了企业从决定选择定位策略到实施定位策略直至运用定位策略打造品牌形象、占领市场的过程，凸显了定位策略在企业成长、转型和变革过程中的重要作用。

关键词　定位理论；STP 理论；4P 理论；产品多样化理论

0 引言

西安爱菊粮油工业集团是西安市知名粮油企业，在西安粮油市场上占有率高达60%，自1934年成立至今，爱菊及其产品已经与古城西安血脉相融。如今，营销副总刘冬萌坐在办公室里感慨万千：从最初的濒临停厂倒闭，到现在发展成为陕西省乃至西北地区粮食行业的翘楚；从最初的微不足道，到现在成为西安市民心目中放心粮油的楷模，爱菊所付出的艰苦努力他再清楚不过。

“我理解的方向就是我们在西安老百姓心中的位置，也是我们坚守的位

① 出于企业保密的要求，笔者在本案例中对有关名称、数据等做了必要的掩饰性处理；本案例只供课堂讨论之用，并无意暗示或说明某种管理行为是否有效。

置。”爱菊营销副总刘冬萌如是说，言语里饱含坚定，还有些许难抑的自豪，“这么多年，我们经历了各种复杂的境况，赌着身家性命做了很多抉择，但只要沿着这个方向，就一定会有发展、有未来。”

1 价格是发展保障：退出价格战，寻找目标市场

1997 年，粮油市场全面放开走向市场经济，多元化粮食流通主体逐步形成，民营粮油企业如雨后春笋般涌现，仅西安市，粮食生产企业就有 400 家，竞争程度可见一斑。传统的国有粮食企业按指令性计划以保护价收购粮食，享有国家政策性补贴，业务以销售供应为主。置身市场后，则要同私商粮贩一样随行就市地从粮农手中收购粮食，并且不再享有补贴，同时还要考虑如何以合适的价格从粮农手中获取粮食，再快速地获得营收。

挑战是空前的。当时的面粉厂里，处处人心惶惶，人人忐忑不安。行政办公楼里，刘冬萌陷入了沉思：“如果保证高质粮源，没有补贴、消费者被分流，我们如何生存？如果放弃高质粮源，低价竞争、勉强维持盈亏平衡，我们如何发展？谈何竞争？”价格波动、消费行为不明、资金来源未知、企业竞争意识薄弱，这些问题相互联系、个个无解，重重地压在了刘冬萌的心头。

“咚咚咚！”敲门声响起。刘冬萌从思绪中抽离，清了清嗓子喊“进来”。推开门的是厂里资深的销售业务员丘民，平日里热情可亲、为人直爽，业务能力也是一等一，大家都亲切地喊他老丘。“怎么了老丘，找我有事儿？坐下来说，我给你倒杯茶。”说着刘冬萌便起身去倒茶。老丘面露难色整个人直直地挡了过来：“刘总您坐，不倒了，我有话想跟您说。”

老丘思忖良久，终于开口：“刘总，您对咱们厂的生产供应要求，我们都是知道的，质量第一。可您也知道，现在外头的市场行情，那私商粮贩子一个比一个鬼，也不知从哪里学来的花花样子，把自个儿的产品吹到了天上，价格还平实，那老百姓经不起忽悠都去买洋气。可咱们干这行多年，哪有那么多利润让他这么搞啊，这中间一定有掏头。”说到这儿，老丘顿了顿，又下定决心似的接着说：“刘总，其实他们都是往赖面粉里头加东西的，省下的成本就做了包装还能余出来，买面的人压根儿看不出来，迎着他们造出来的势

头还以为得了好东西。你看，我手头以前有很多大的采购客户，现在都被抢走了，说市场上的东西比咱的好，还比咱便宜。噢，不光是我，我们供销部的其他人也一样，说咱的定价太高了，手头上都没了单子。就这一年，咱们的销量从300多万袋一下降到了100多万袋，亏损了200多万元……这面粉卖不出去，大家日子都不好过，厂里人都说，厂子八成要倒了。”说到动情处，老丘头越来越低，像泄了气的皮球，完全没了往日的劲头。

“那依你看，这问题怎么解决？”刘冬萌起身扶他坐下，转头去倒水。

“依我看啊……”老丘接了水像是早有准备：“刘总，我打听过，外头市场上一是降低了粮源标准，好的粮价格高，稍微次一点的磨成粉也看不出来好赖。二是他们加了据说是国外最新研发的食品添加剂，面粉看起来又白又香，做面、蒸馒头还筋道。三是人家懂老百姓的心思，动不动编套故事，还很受用。您看，咱是不是也改一改？”

刘冬萌何尝不知道这市场的行情，他缓缓开口道：“老丘，大家的担心我都理解，但以次充好、启用并不清楚安全性的添加剂，哪个也不应该是国有企业的作为啊。再者说，市场已经开始跟风，大家都学一个样，咱们有啥让老百姓非买不可的理由呢？最为重要的是长期下去，万一吃出来什么问题，就像有个定时炸弹埋着，咱现在只是一时的销量下降，到时候出了问题可就是灭顶之灾了啊。”

送走老丘，刘冬萌脑海中一些模糊的思路开始清晰起来：首先，质量安全是粮油企业立身之根本，要坚持优质粮源不动摇；其次，企业生存问题迫在眉睫，必须快速瞄准对品质要求高但对价格不是很敏感的消费群体，抓住这些群体的心理，精准引导购买；最后，随着人民生活水平逐渐提高，饮食方面一定也会从吃饱向吃好发展，坚持高品质粮油，才有未来。

“无论多难，我们都不能忘记放心粮油是千万个家庭所需，做粮油就是做良心！我们要咬紧牙关、勒紧裤带，坚持质量第一，总有一天市民会争着买爱菊产品，我们一定会走出困境！”这个有着久远历史的老厂在生死关头选择了关注家庭市场，以质量求生存，以品质求发展，在全国率先提出做“放心粮油产品”的口号，各种艰难不言，终是坚持了下来。

2 产品是营销基石：提升品质、丰富品类，给家庭更多选择的理由

2.1 产品质量意识的崛起

时间来到2000年，“放心面粉”已经在西安市民心中形成了高品质的形象，无论是国家层面的宣传还是行业层面的监管，爱菊粮油总是标杆企业。但“3.15国际消费者权益日”当天，爱菊被推到了风口浪尖。当天下午，爱菊粮油集团董事长贾合义正在批阅文件，纪委祝书记忽然神色慌张地闯了进来：“贾总！爱菊被中央电视台12点的《午间新闻》报道了!”贾合义抬头一脸喜悦，虽然一向以质量和信誉著称的爱菊集团曾多次受到多家媒体好评，但这次能受到中央电视台的报道，意义非凡。“那好啊！你慌什么!”“不是的，贾总!”祝书记喘了口气继续说：“厂里打来电话，中央电视台对咱们是负面报道，说咱们的面粉食品添加剂超标近10倍！客户、市民纷纷打来电话询问，甚至要求退货！这不可能啊，贾总！这怎么办?”震惊之余，贾合义立即带人下厂调查此事。经过了焦灼的三天，最终查明是主管部门在上报材料时由于疏忽，把小数点位置标错了。厂里立刻召开大会，要求各级管理干部与员工骨干参加，讨论处理方案。会议开始，贾合义眉头紧皱、表情凝重，这段时间笼罩在厂里的紧张气氛仍未散去。公关部刘经理率先开口：“不管怎么说，这个事情总算是水落石出，还了咱们爱菊的清白，防疫站也已经申明录入失误，之后应该不会再出现这样的问题了。”刘经理话音刚落，又有几位管理层分别谈了自己的处理建议，氛围似乎松快了一些。待大家都发表完意见，贾合义缓缓开口：“同志们，爱菊走到今天靠的是什么大家都清楚，是千万个家庭对我们的放心，但这个放心大家看到，是多么不堪一击！即便这几天我们反复解释，大量的市民和客户仍然认为受到了欺骗，认为我们配不上‘放心粮油’的称号。大家想想这是为什么？如果我们给了消费者十个放心的理由，就不会因为这一个添加剂的数据统计错误给我们带来如此巨大的损失。各个部门的经理回去都想一个优化解决方案，这个事情绝不能反思到外部原

因上去，要从自身找问题！”

风波过后，爱菊粮油痛定思痛，定下了产品“出厂合格率100%”的铁律，除了制定措施健全质量管理体系、严格落实质量管理制度外，还设置了内部质量的标杆：一是从源头抓起，通过“订单+农户”的方式，在优质原料产区建立种植基地，抓好原粮入口关；二是引进了多条世界一流的生产线，完善粮油加工设备，提升产品生产工艺，控制产品生产关；三是成立现代化的检测中心，实施标准化质量体系，严把产品出口关。2001年，更是率先提出取缔“增白剂”“增筋剂”，和全国65家粮食加工企业共同发出《关于禁止滥用面粉增白剂的呼吁书》。经过种种努力，爱菊粮油成为全市首家通过ISO9001国际质量体系认证的企业，爱菊面粉在全市居民消费份额中占到70%以上，成为古城西安粮食行业安全健康的代名词。

2.2　主食工业化的成功

食品安全不断受到各方关注，市场中“毒馒头”的出现成为众矢之的，生产厂家的原料质量极差且存在烹调作料二次利用现象，最根本的问题是馒头生产质量标准缺失，各类色素、防腐剂、甜味剂等项目检测也无明确法律规定，使得这些厂家有恃无恐。“毒馒头事件”被爆出后，西安市政府与省粮食局开展了一场全面的市场馒头调查，发现本地市场馒头不合格率竟高达60%。于是，西安市政府号召开展“放心粮油工程”，以遏制有毒初级粮油产品的市场蔓延。

食品安全问题大家都看在眼里，但大规模的馒头生产供应在国内也没有先例，上海的统购统销也是基于散点式作坊，西安本地粮油企业更是对其未知万一。于是，在市政府组织的“放心粮油工程”研讨会上，各粮油单位代表都默不作声，因为能预见的生产困难、投资压力与市政府的压力在此时的背景下像山一样大，谁也不愿意接这块“烫手山芋”。

周一早晨刚上班，贾合义在厂门口看到了来回踱步的刘冬萌，他看到贾合义就焦急地开口道：“董事长，我听说您毛遂自荐答应了市长由咱们单位供应放心馒头？可是咱们现在没有生产线啊，我之前跟您汇报过考察情况，现在国内大点的设备就河南有，还容易坏，也是小作坊式生产线，达不到那么大的供应量啊！董事长，您是不是想到别的解决办法了？”贾合义抬手压了压刘冬萌的肩头：“不是有句话说嘛，困难的时候没有条件，创造条件也要上。别的不说，咱们经常把关心家庭供应放在嘴上，可真的需要咱们了，咱们怎么能退缩？那么艰难的时候是千万个家庭信任我们，帮我们渡过难关，现在是我们努力的时候了。别人不能做、不会做，才是我们的机遇！”

国内的设备质量不稳定，爱菊一次性购买了两条生产线，一条坏了，就开启备用生产线继续生产。由于爱菊良好的品牌效应，馒头产品一经推出，便大受欢迎，供不应求。为了满足市场，200 个员工在春节期间三班倒，一刻不停歇，但生产线一天只能消耗 200 袋面粉，产量有限。更为致命的是，忙碌的生产供应下，设备车间脏乱差的问题无法解决，员工也疲惫不堪。年没过完，贾合义就带着生产技术骨干去全国、全世界跑设备，最后在法国找到了一套面包设备，基本满足改造基础，便毫不犹豫花重金购回。接下来的日子，贾合义有了一个“贾朝北”的称号。爱菊的厂门向南开，每到下班时间，员工纷纷朝南走下班回家，而此时的贾合义结束了日常工作后就埋头朝北走，去放着法国面包设备的厂房里搞研发。画图、配件修改、环节改造、整体衔接，历经 280 多名员工 240 多个日夜的连续奋战，全国第一台日消化面粉 1000 袋的、全国最大的馒头自动化生产线在爱菊的厂房里研制完成了。自此，爱菊实现了对生产线各个环节的严格把关，保质保量，生产的一袋袋“放心馒头”源源不断地走向市民的餐桌。“从‘群众厨房’① 里买来的馒头没有增白剂和增筋剂，我们吃着放心。”在全市任何一家“群众厨房”销售点，问到的顾客都会这样说。

馒头生产线的成功，给爱菊的主食工业化探索带来了无比的信心，紧接着“无添加剂豆芽”研发成功，放心豆制品工程基地在北郊建成，保障了千万个家庭绿色无公害豆制品的供应。“馒头生产线是爱菊首创，豆芽标准是爱菊制定的，我们一直坚持要做好标准，引领行业发展。”一年以后的刘冬萌，再谈起这件事时，已是字字笃定。

---

① “群众厨房”为爱菊的线下销售网点名称。

2.3 产品多样化的探索

爱菊产品系列研发的定位已经基本明确，仍是坚持“定位家庭”。刘冬萌组织团队进行了一项关于目标市场分析的调研，发现在传统米面油产品、馒头豆腐等初级产品的销售中，爱菊的客户主要是中老年群体，年轻人的购买频率极低。问题来了，中老年的家庭厨房需要我们基本满足了，但年轻人组成的新生家庭到底需要什么呢？

刘冬萌认为，年轻家庭一定是未来市场的主力，掌握了年轻人的需求才能掌握未来市场的主动权，所以爱菊必须了解年轻家庭的需求。仔细研究后，团队发现，在中老年消费者所代表的家庭中，总有厨艺娴熟的家庭成员愿意并能够承担烹饪的角色分工，也相对有较多的时间可以分配给厨房。相比较而言，80 后、90 后组成的新生家庭，缺乏烹饪技能，更多的是不愿意将时间和精力花费在繁杂的厨房事务中。是不是新生家庭不关注饮食健康？不愿意在家吃饭呢？调研结果显著地否定了这个假设，近 85% 的年轻受访者比中老年人更加关注膳食搭配与食品安全，且更愿意在家享受传统早餐、晚餐，唯一的问题是时间成本太高。既然便利、健康、美味是年轻家庭的需求，那我们为什么不试一试呢？

这一试就拉开了爱菊厨房的大幕。身处三秦大地，首先，爱菊研发了“biangbiang 面”。秉承传统手工工艺，融合现代工业技术，爱菊让“biangbiang”面变得更加营养、更加方便，甚至七八岁的孩子都能扯出“陕西八大怪之一”的裤带面，既带给年轻家庭极具趣味的烹饪体验，也在很大程度上压缩了烹饪时间，煮好面，浇上爱菊搭配的口味酱料，简单美味。其次，解决早餐的问题。包子、豆浆是西安市民热衷的早餐品类，爱菊豆制品基地完全能够延伸产品线供应豆浆，可是包子市场已经很成熟，怎么能够让大家觉得爱菊的包子更好呢？于是公司推出了全老酵发面、用豆浆和面的生产与营销思路，配以新鲜肉类、时令蔬菜，皮薄馅大，馅含量高达 50%。包子产品分为生制和熟制两种，生包子有生鲜蔬菜包、粉条大肉包、鲜肉包三种，经过熟化过程的包子有白糖豆沙包、蔬菜包、粉条大肉包、鲜肉包和地软包子，其中地软包子是陕西的特色包子，每个包子独立包装，根据规格、馅料不同确定不同的售价。

再后来，爱菊又推出了速冻蒸饺、豆腐脑、年夜饭等各类产品。“在产品品类多样化的道路上，我们选择便利家庭，谨慎跨界，做好行业标准。”刘冬萌如是说。

3 全方位的渠道建设：找到走进万家的路

3.1 直销+代理商模式

1997年以前，粮食主要是通过粮店销售，1998年销售渠道放开后，各粮食企业开始自建销售渠道。当时，大部分粮油企业都通过进大卖场来销售，但进大卖场自己没有定价权，爱菊为了掌握定价权，在产品销售的初期主要靠经销商、代理商来售卖产品。

但爱菊产品的销售业绩一直不高，这让刘冬萌很是头痛，“这么好的产品，销量却一直没有起色，到底是哪里出了问题?”

为了找到产品销量不佳的原因，刘冬萌连续三个月在市场上没日没夜地东奔西跑，调研市场竞争者和产品，走访消费者和经销商。功夫不负有心人，通过不断地调研和分析，刘冬萌终于找到了原因。他立即找到贾合义，向贾合义汇报了这一情况：“贾总，这是最近三个月的市场分析报告，主要的几个原因我分析了，想向您汇报一下。”

刘冬萌说道：“第一，在西安市粮油市场内我们的产品定价偏高。消费者选择米、面等产品时，在同等品牌、同等规格的条件下，很有可能会优先选择价格较为低廉的花生油产品，而目前我们生产的产品定价相对较高，给我们产品的销售带来了不利的影响。第二，消费者对我们产品的认知度不高。我们的产品虽好，但消费者对我们的产品并不了解，不知道我们的产品和其他的产品相比到底好在哪儿。第三，经销商关注的是利润，他们更倾向于销售销量高、利润大的产品，我们的产品定价高，消费者选择得少，导致经销商和代理商对销售我们产品的积极性也不高，我们的产品就很难卖到消费者手中。”

“以降低产品质量为代价，打价格战，我们是坚决不会这样做的。”贾合义陷入了沉思。“怎么样才能让老百姓了解我们的产品，更愿意接受我们的产品呢?”

经过慎重的思考，贾合义做出了一个重要的决定：成立爱菊自己的销售点，自己去推销自己的产品。这样一来，爱菊产品销售的灵活性就会大大提高，不仅能够摆脱经销商对产品的控制，减少销售中间环节，增加产品利润，而且可以加快信息的反馈速度，更加贴近老百姓，真正做到以老百姓的需求为导向。

贾合义立即召集公司的管理层，向大家宣布了这一重要决定。会上，其他管理层提出了反对意见：“自建销售渠道并不是一件容易的事情，首先，需要投入相当大的成本，存在较大的经济风险；其次，自建渠道需要有专业的人去选址、管理、销售。我们既没有销售的经验也没有相关人脉，自建销售渠道难于上青天。”

可是贾合义仔细分析了自建渠道对爱菊的优劣势，心一横，决定开辟这条路。他立刻组织了 3 名业务骨干，制定了与西安市各街道合作开设便民服务站的方案。

方案制定后，贾合义拿着方案亲自跑到西安市政府，与相关部门联系，寻求政府的帮助和支持。同时，贾合义命刘冬萌立刻开始筹备，一边组织业务骨干去西安市各个居民聚集区或街道踩点、选址，一边立即组织培训相关销售人员。

经过紧锣密鼓的筹备，1998 年 7 月，爱菊的第一家粮店在西安市南小巷顺利开张，开启了西安市粮食企业办连锁店的先河。经过初步尝试，爱菊的直销粮店获得了成功。随后爱菊就在西安市的主要街道和社区、人流量大的位置开起了一家又一家专卖店，为辖区内居民提供满意、放心、优质的服务。

直销粮店的建立让消费者更加了解了爱菊，让爱菊的放心食品被越来越多的西安市民接受、认可，并口口相传。爱菊直销产品的销量也随之节节攀升，爱菊的直销粮店在西安市内遍地开花，爱菊的产品被深深烙进了每一个西安市民的心中，在老百姓心目中树立起了良好的口碑及形象。

经过多年的发展，截至2019年，爱菊共有连锁店600多家，遍布西安市大街小巷。爱菊的直销粮店大大改变了老百姓的消费理念，增强了爱菊的品牌认知度使爱菊，使爱菊彻底告别了过去受制于代销商的销售模式，自有渠道的建立也为爱菊产品品质的实时监控提供了便利，使产品销量逐年提升。

除此之外，爱菊经销商和代理商渠道也并没有被终止。在西安市的周边郊县、陕西省内的其他市区等，爱菊目前没有办法直接配送的地区，依然主要依靠经销商和代理商的渠道进行销售，以便将产品延伸至更多地区。目前，爱菊在陕西各县市设立了一级代理商70多个、二级经销商近2000家。自建专营店与经销商、代理商销售相结合的渠道模式，使爱菊的销售网络成为西北地区粮食行业规模最大的连锁网络。

3.2 “线上 + 线下”电商营销新模式

已初具规模的渠道网络让爱菊在西安粮油市场上站稳了脚跟。然而，随着粮油市场现代化程度的不断提高，传统的粮油产品销售渠道已无法适应新的形势和要求：以天猫、京东为主的电商渠道开始大肆瓜分传统市场的销售份额，直接威胁到了传统市场的利润；80后、90后等新生代消费群体主力军，对消费体验、购物的便利性等都有着非常高的要求。

在此背景下，爱菊的直销模式受到了广泛的冲击。为了顺应时代潮流，保持与市场和消费者的粘连，爱菊又开始了电商渠道的探索。

贾合义把这一艰巨的任务交给了副总刘冬萌，刘冬萌接到这个任务后，对贾合义说：“贾总，其实我们之前也做过调研，从消费者的消费习惯来讲，一旦有消费需求，就会习惯性地打开京东或者淘宝，所以进驻淘宝和京东，是大势所趋。况且进驻电商成本低，收益快，我们必须要做。”

经过多方努力，2014年，爱菊召开了“政府放心工程暨爱菊产品进社区电商全面启动”新闻发布会，正式进军电商行业。

由于使用微信的客户较多，爱菊首先将微信作为产品的推广平台。爱菊在微信上注册了公众账号“爱菊厨房”，使关注公众号的消费者和客户能够及时获取爱菊集团的信息。爱菊指定专人负责微信公众号的维护，定时推送微信信息，这些信息包括走进爱菊、爱菊动态、基地展示、企业文化，还包括各种食用油科学知识以及科学饮食常识、菜谱等。此外，公众号还作为一个在线购油平台，采取“预约订货、就近取货、验货付款、买退自由”的全新营销模式，让消费者在全国范围内都可以通过在线的方式购买爱菊的粮油、熟食品、豆芽和豆制品、副食品、进口小食品等，从而全面提升消费者的购物体验。

与传统营销手段相比，微信电商大有益处。首先，微信营销运营成本低、效率高，能够有效促进爱菊对优质粮油和放心食品的宣传推广。其次，爱菊可以通过电商平台强大的数据存储及分析能力，记录消费者的浏览和消费轨迹，为专业的数据分析提供原始数据，为大数据时代的市场营销提供依据。

近年来，爱菊先后进驻了京东、淘宝，就连西安市内盒马鲜生的各个门店，也可以购买到爱菊的放心产品。

截至 2019 年，爱菊线上、线下渠道已经基本形成协同，具备了非常完善的连锁网络体系，建成了西北地区最大的粮食销售网络。同时，爱菊还在积极探索和推广更为便捷的销售模式。

4　选择促销策略：去接近家庭，再近一些

粮油市场竞争激烈，各大品牌都在争相用各种手段去营销，要么进超市，通过促销员推广或促销活动来营销；要么通过各种媒体打广告来促进销售。爱菊作为地区性的粮油企业，利润微薄，不愿意也无力把钱花在巨额的进场费或广告费上。如何让更多的老百姓了解爱菊的放心产品，便成了摆在爱菊面前的一道现实难题。

4.1　社区营销

老百姓购买粮油产品，最先考虑的也是最需要考虑的便是产品的安全性以及购买产品的便捷性。随着爱菊主食产业化工作的开展，随着馒头、biang-biang 面等产品的推出，粮店已经不能满足爱菊贴近老百姓的定位了。为了更接近居民社区，服务于家庭，2009 年，爱菊决定将粮店开进社区，开始在西安市内各社区建设社区粮店。该活动获得了政府的大力支持，截至 2009 年底，爱菊在西安市城六区区域内建立了 289 个爱菊厨房销售亭，让爱菊产品

走进了千家万户。

销售人员主要来自社区的下岗职工、社会加盟，还有一部分爱菊自己的职工，每逢周末，这些销售人员就自发地深入西安市内大大小小的社区，向消费者面对面宣传科学的食品营养知识、权威的面粉品质判别方法和健康的烹饪食用方式，使老百姓深入浅出地了解食品安全知识和添加剂的危害，并邀请小区居民免费品尝爱菊的产品，改变了他们的消费理念和消费习惯。

此外，爱菊还在西安市区和周边（如咸阳、户县等地）以及渭南、富平、榆林等较远地区，分批开展了600多次直销宣传活动，为消费者讲解米面油的生产制作工艺和流程，提高了消费者对米面油的认知能力和对爱菊品牌的认知。参与活动的消费者达5000多人次，受众消费者达100万人次。

下一步，爱菊计划在西安市500～1000米内均设立爱菊社区服务站（订货取货点），真正方便于民，从根本上解决百姓反映的买不到放心食品的问题。

4.2　爱菊放心产品体验游

爱菊产品的销量越来越高了，这是因为爱菊一直以来秉承的健康、放心的产品定位与消费者对食品品质的追求越来越契合。但是，也有一些质疑的声音传到了贾合义的耳朵里："你说你的产品没加添加剂，我们怎么知道到底有没有添加剂？"

贾合义心想，爱菊的产品虽好，但单靠现在我们开直销门店以及走进社区、走进家庭的方式，消费者对爱菊放心产品的了解确实还远远不够。之前也有员工建议在电视上打广告宣传爱菊的产品，但广告费高昂不说，也不一定能收到效果。

经过反复的思量，贾合义心一横："百闻不如一见，干脆把老百姓请到我们的工厂来参观，让大家真切地感受一下我们的产品。"

萌生了这个想法后，贾合义兴奋不已，他又在网上查找了相关的资料，更加肯定了自己的想法，既然我们可以走近老百姓、走进家庭，为什么不能把大家请进来，让他们对我们的产品有更加深刻的认识呢？

2014年底，爱菊举办了第一次具有粮食特色的食品工业体验游，免费邀请广大市民走进爱菊。对大多数市民来说，走进粮食工厂，近距离了解食品制作加工的流程和工艺，是破天荒的头一次。该活动一经发布，就受到了社区居民、中小学生、媒体等各方人士的广泛关注，收到了非常强烈的反响。

“这个活动真好！第一次亲眼看见馒头是怎么生产的，第一次看到这么干净整洁的生产车间，还品尝到了爱菊放心食品，以后家里的米面油，就认准爱菊了！”

初见成效之后，贾合义认为，作为一家有社会责任感的粮食企业，爱菊不仅要宣传自己的产品，更要让大家了解粮食的相关文化，学习健康的饮食方式。于是，贾合义决定投资近500万元，在爱菊的港务区基地和豆业基地的走廊上、车间里建立爱菊展厅和粮食文化馆。随后，爱菊邀请区县、各局老干部、爱菊网点1000米内居民等11万多人分批次走进爱菊，现场参观爱菊展厅、粮食文化馆和主食产业化生产车间，参观粮油食品和豆制品加工全过程、体验爱菊放心产品加工工艺，增强爱粮节粮意识。

通过一系列丰富的活动，爱菊的产品受到越来越多市民的关注和认可。除了家庭之外，也有一些企事业单位开始找爱菊购买产品用于发放员工福利。这一切都得益于爱菊过硬的产品质量和巧妙的品牌营销。

4.3　团购及大客户营销

一天，销售经理小李接到了一个陌生的电话，一位自称是西安市某大型国有企业工会主席的人打来电话咨询，她说：“我自己家里吃的一直都是你们爱菊的产品，马上过年了，我们也想给单位的员工发点好的米面油，怎么才能团购你们的产品？”

挂了电话后，小李很是欣喜，自己一直将消费者定位为对价格不敏感，对品质要求较高的家庭人群，却忽视了企事业单位对员工发放福利这一块大蛋糕。这类单位也是对产品品质要求较高的，而对价格相对较为不敏感的。

这个电话启发了小李，小李决定成立专门的大客户营销部，专门拜访各个企事业单位。先把爱菊的产品免费赠送给企事业单位的领导和员工，让他们先品尝，再向相关人员详细介绍爱菊产品的质量，这样一来他们一定会选择爱菊的产品。

这个做法果然有效。经过几次推广，爱菊的产品得到了西安市很多企事业单位、大中院校的认可，给爱菊带来大量的大订单。团购成为爱菊产品销售中非常重要的一部分，占到了爱菊每年 1/4 ~ 1/3 的销量。

5 结语

在当今市场竞争激烈、大品牌不断抢占市场的情况下，爱菊一直在精准匹配消费者不同的需求，然后运用自己的方式不断传递爱菊的品牌理念，带领成千上万的消费者享受更加健康、放心的销售体验。

爱菊坚信，好的营销是捷径，好产品才是打动消费者的关键。爱菊在 80 多年的发展历程中，一直秉承“为耕者谋利，为食者造福”的经营宗旨，坚持为老百姓提供放心的米、面、油产品。除此之外，爱菊还开拓了丰富的产品品类，例如放心馒头、放心豆制品等，让老百姓在家里就能吃到既优质健康又快捷方便的食品。然而，爱菊深知，市场竞争激烈、消费者需求多样化，还有更多待开拓的潜在市场，爱菊只有理性分析其所处的内外局势，才能在激烈的竞争中脱颖而出。

案例教学说明

AnLiJiaoXueShuoMing

一、教学目的与用途

1. 适用课程

本案例主要适用于营销战略、市场营销学等课程。

2. 适用对象

本案例适用对象为工商管理本科生、研究生、MBA 等学员。

3. 教学目的

本案例通过对爱菊粮油发展过程中的产品定位及营销策略的分析，启发案例使用者如何结合产品定位，做出符合公司发展的营销决策，为企业发展赢得市场。具体而言，教学目标包括以下三个层次：

（1）理解知识。学习并理解营销战略、市场营销学等基础知识，掌握营销的定位、4P 等相关理论。

（2）运用知识。理解产品定位理论、4P 理论。学习运用相关理论知识分析品牌营销对于企业发展的影响，并陈述如何运用这些营销理论改善品牌营销的状况。

（3）拓展知识。提高学员的洞察力，进行宏观环境分析，考察学员在当下社会环境中如何进行产品定位及品牌营销。

二、启发思考题

设置启发思考题的目的在于帮助学生提前做好案例学习的准备工作。通过完成课前作业中的启发思考题，学生可以有较为充足的时间预习案例的内容及相关素材，在问题的引导下熟悉案例的故事情节，初步了解案例的背景及要点，主动思考并获取相关的理论与实践知识，以提高课堂学习案例的效率。本案例可以用于启发思考题的内容如下：

（1）爱菊的产品定位是什么？

（2）定价的影响因素有哪些？爱菊在销量受限的情况下，为什么要进行高价定位？

（3）爱菊为什么要追求产品的高品质？主食工业化的浪潮中，爱菊是如何进行产品研发的？

（4）一般粮油企业的销售渠道有哪些？爱菊为什么要选择直销模式？

（5）爱菊的促销方案有哪些独特之处？

（6）结合整篇案例，分析爱菊的各营销策略之间是如何达成协同一致的。

三、分析思路

案例内容—思考问题—教学目标。案例分析思路见图 2.1。

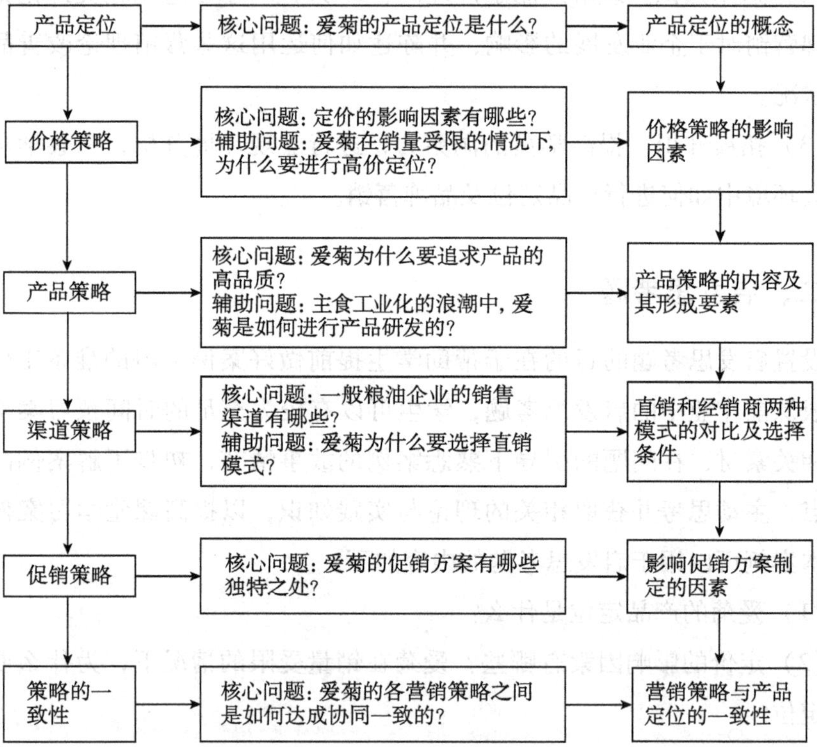

图 2.1　案例分析思路

四、理论依据及分析

（一）试分析爱菊的产品定位是什么

1. 理论依据：市场定位

市场定位是指为使产品在目标消费者心目中相对于竞争产品而言占据清晰、特别理想的位置而进行的安排。因此，营销人员设计的位置必须使他们的产品有别于竞争品牌，并在目标市场中取得最大战略优势。市场定位是由美国营销学家艾·里斯和杰克·特劳特于 1972 年提出的，其含义是企业根据竞争者现有产品在市场上所处的位置，针对顾客对该类产品的某些特征或属性的重视程度，为本企业产品塑造与众不同的、令人印象鲜明的形象，并将这种形象生动地传递给顾客，从而为该产品在市场上确定适当的位置。

市场定位的关键是企业要设法在自己的产品上找出比竞争者更具有竞争优势的特性。竞争优势一般有两种基本类型：一是价格竞争优势，就是在同样的条件下比竞争者定出更低的价格。这就要求企业通过努力来降低单位成本。二是偏好竞争优势，即能提供确定的特色来满足顾客的特定偏好。这就要求企业在产品特色上下功夫。因此，企业市场定位的全过程可以通过以下三大步骤来完成：

（1）识别潜在竞争优势。

这一步骤的核心任务是回答以下三个问题：一是竞争对手产品定位如何？二是目标市场上顾客欲望满足程度如何？确实还需要什么？三是针对竞争者的市场定位和潜在顾客的真正需要的利益要求，企业能够做什么？

要回答上述三个问题，企业市场营销人员必须通过一切调研手段，系统地设计、搜索、分析并报告有关上述问题的资料和研究结果。

通过回答上述三个问题，企业就可以从中把握和确定自己的潜在竞争优势在哪里。

（2）核心竞争优势定位。

竞争优势是企业能够胜过竞争对手的能力。这种能力既可以是现有的，也可以是潜在的。选择竞争优势实际上就是一个企业与竞争者各方面实力相比较的过程。应建立一个完整的指标体系，只有这样，才能准确地选择相对竞争优势。通常的方法是分析、比较企业与竞争者在经营管理、技术开发、采购、生产、市场营销、财务和产品等七个方面究竟哪些是强项，哪些是弱项。借此选出最适合本企业的优势项目，以初步确定企业在目标市场上所处的位置。

（3）战略制定。

这一步骤的主要任务是企业要通过一系列的宣传促销活动，将其独特的竞争优势准确传播给潜在顾客，并在顾客心目中留下深刻印象。

首先，应使目标顾客了解、知道、熟悉、认同、喜欢和偏爱本企业的市场定位，在顾客心目中树立与该定位相一致的形象。

其次，企业通过各种努力强化目标顾客形象，保持目标顾客对企业的了解，稳定目标顾客的态度并加深与目标顾客的感情，以巩固与市场相一致的形象。

最后，企业应注意目标顾客对其市场定位理解出现的偏差或企业市场定位宣传上的失误造成的目标顾客模糊、混乱和误会，及时纠正与市场定位不一致的形象。即使企业的产品在市场上定位很恰当，但在下列情况下，也应考虑重新定位：①竞争者推出的新产品定位于本企业产品附近，侵占了本企业产品的部分市场，使本企业产品的市场占有率下降。②消费者的需求或偏好发生了变化，使本企业产品销售量骤减。

2. 案例分析

引导学生通过以下三个步骤对爱菊的定位进行分析：

（1）识别潜在竞争优势。

在爱菊进入市场的时候，竞争对手是全国各大粮食企业，当时的各大粮食企业正在进行激烈的价格战，以低价策略来获取市场份额，而目标市场上的顾客需求是买到质量过硬、品质较高的粮油产品。针对竞争者的市场定位和潜在顾客的真正利益需求，爱菊选择了保证品质，做放心粮油，不打价格战的产品定位。

（2）核心竞争优势定位。

通过市场调研和分析，爱菊将自己的核心竞争优势定位为：以质量求生存，以品质求发展，在全国率先提出做“放心粮油产品”的口号。

（3）战略制定。

爱菊紧紧围绕自身的核心竞争优势，集中力量于老百姓、家庭这一目标市场，通过一系列的促销活动，精准引导目标客户群体购买，加深了老百姓对放心粮油和爱菊产品的认知，使爱菊成为西安市民心目中粮油企业的翘楚。

（二）定价的影响因素有哪些？爱菊在销量受限的情况下，为什么要进行高价定位？

1. 理论依据

（1）定价策略。

定价策略是市场营销组合中一个十分关键的部分。价格通常是影响交易成败的重要因素，同时又是市场营销组合中最难以确定的因素。企业定价的目标是促进销售，获取利润。这要求企业既要考虑成本的补偿，又要考虑消费者对价格的接受能力，从而使定价策略具有买卖双方双向决策的特征。此外，价格还是市场营销组合中最灵活的因素，它可以对市场做出灵敏的反应。

（2）定价的影响因素。

定价的影响因素有内部因素和外部因素。内部因素有企业的营销目标、营销组合、产品成本、定价目标等，外部因素有市场结构、市场需求的价格弹性、竞争者的产品和价格、国家政策法规、其他外部环境因素等。

（3）定价的基本方法。

①成本导向定价法。

成本导向定价法就是以产品的成本为中心来制定价格，是按卖方意图定价的方法。其主要理论依据是：在定价时，要考虑收回企业在营销中投入的全部成本，再考虑获得一定的利润。

②需求导向定价法。

需求导向定价法是以需求为中心的定价方法。它依据顾客对产品价值的理解和需求强度来制定价格，而不是依据产品的成本来定价。

③竞争导向定价法。

在竞争十分激烈的市场上，企业通过研究竞争对手的生产条件、服务状况、价格水平等因素，依据自身的竞争实力，参考成本和供求状况来制定有利于在市场竞争中获胜的产品价格。这种定价方法就是通常所说的竞争导向定价法。

2. 案例分析

（1）向学生提问：定价的影响因素有哪些？

学生可能会从以下几个方面回答：产品成本、市场行情、竞争者的产品和价格等。教师要对学生的回答进行总结，总结出定价的影响因素。

（2）接着向学生提问：爱菊在销量受限的情况下，为什么要进行高价定位？

学生可能会按照案例材料来分析回答。

教师要通过学生的分析，总结：爱菊在销量受限的情况下，依然采取高价的定位，是爱菊在对定价的内外部影响因素进行分析后，选择差异化定价的结果。从成本的角度来讲，爱菊坚持优质粮源不动摇，成本较高，因此采取高价定位；从需求的角度来讲，爱菊认为老百姓对粮油产品的需求以质量为关键，需要优质的产品，对价格不是太敏感，因此采取高价策略；从竞争者的角度来讲，竞争者为了压低价格，存在以次充好、添加食品添加剂等情况，而爱菊将质量安全视为企业的立身之本，因此爱菊产品的价格较高。

（三）爱菊为什么要追求产品的高品质？主食工业化的浪潮中，爱菊是如何进行产品研发的？

1. 理论依据：产品策略

产品策略是市场营销4P组合的核心，是价格策略、分销策略和促销策略的基础。从社会经济发展的角度看，产品的交换是社会分工的必要前提，企业生产与社会需要的统一是通过产品来实现的，企业与市场也主要是通过产品或服务来联系的，对企业而言，产品是企业生产活动的中心。因此，产品策略是企业市场营销活动的支柱和基石。

产品策略即企业制定经营战略时，首先要明确企业能提供什么样的产品和服务去满足消费者的要求，也就是要解决产品策略问题。它是市场营销组合策略的基础，从一定意义上讲，企业成功与发展的关键在于产品满足消费者需求的程度以及产品策略正确与否。产品策略包括产品组合、新产品开发及产品包装等。

2. 案例分析

向学生提问：爱菊为什么要追求产品的高品质？

爱菊追求产品的高品质是爱菊的经营战略决定的，是爱菊为了生存和发展所做的必然选择。

接着向学生提问：主食工业化的浪潮中，爱菊是如何进行产品研发的？

爱菊的产品研发主要是以生产优质、放心产品为基础进行一系列的产品升级及产业链延伸。

一是爱菊的产品升级。爱菊开展了主食工业化的探索，通过不断地研发和改造设备，首创全国放心馒头生产线，制定豆芽标准，引领行业发展。

二是爱菊的产品多样化。结合当前消费需求，年轻消费者及家庭的需要从吃饱吃好转变为吃放心吃便捷，爱菊的产品也从米、面、油逐步向馒头、面条、豆制品等主食熟食产品拓展，还研发出了速冻蒸饺、豆腐脑、年夜饭等品类丰富的成品或半成品，以满足消费者需求。

（四）一般粮油企业的销售渠道有哪些？爱菊为什么要选择直销模式？

1. 理论依据

（1）渠道。

渠道即商品的流通路线，指将企业的商品通过不同的代理商或者社会网络销售到不同的区域，为经典营销理论中重要的一部分。在市场竞争日趋激烈的环境下，掌握渠道控制权的商家可以牢牢占据市场份额。随着网购平台的崛起，越来越多的商家认识到电子商务平台的便利性和高效性，线上市场成为许多企业和零售商扩大市场份额的重要阵地。

（2）渠道模式。

①直销模式。

直销模式就是通过去掉中间商，降低产品的流通环节成本并满足顾客利益最大化需求的一种高效率的营销方式。简言之，就是生产商不经过中间商而是直接把商品销售到顾客手中的、减少中间环节和销售成本的一种销售模式。

②经销商模式。

经销是企业或者个人为另一个企业或个人按照双方所签订的经济合同销售商品的经济行为。经销单位对经销商品按进货处理，享受一定的倒扣率，获取一定的经销差价，作为经销单位获取利润的基础。

2. 案例分析

（1）向学生提问：一般粮油企业的销售渠道有哪些？

学生的回答可能会比较一致：商超、电商、经销商等。

（2）接着上面的讨论，向学生提问：爱菊为什么要选择直销模式？

引导学生回顾爱菊销售模式的构成，分析直销模式与经销商模式的利弊。

爱菊的销售模式是直销＋经销商＋电商组合销售的模式，这是各方面因素综合作用的结果。其选择直销模式是因为传统的经销商模式存在弊端：爱菊没有定价权，销售受到限制，离消费者较远。相比之下，直销模式存在很多优势：第一，减少了销售的中间环节和成本；第二，离消费者更近，便于了解和贴近消费者的需求；第三，有利于爱菊品牌的传播。同时，爱菊还在传统销售渠道的基础上，完善了网络营销渠道建设，满足时代化的消费方式的需求。

（五）分析爱菊的促销方案有哪些独特之处

1. 理论依据：促销策略

促销策略是市场营销组合的基本策略之一，是指企业通过人员推销、广告、公共关系和营销推广等促销手段，向消费者传递产品信息，引起他们的注意和兴趣，激发他们的购买欲望和购买行为，以达到扩大销售目的的活动。一个好的促销策略，往往能起到多方面作用，如提供客户信息，及时引导采购；激发购买欲望，扩大产品需求；突出产品特点，建立产品形象；维持市场份额，巩固市场地位；等等。

促销的分类有以下五种：

优惠型促销：采取降价、让利等方式，旨在给顾客以实惠。

联谊型促销：采取情感诉求等方式，旨在联系和增进与顾客的情感。

沟通型促销：采取有效的双向沟通等方式，旨在提高顾客的认知程度。

服务型促销：通过服务进行促销，旨在提高顾客的满意度。

激活型促销：采取富有吸引力的新奇方式，旨在提高知名度和推动销售增长。

2. 案例分析

爱菊的促销方案是紧紧围绕着爱菊的定位开展的。爱菊的定位是生产优质产品，贴近老百姓，在产品销售过程中，通过各种促销方式的结合，与老百姓建立紧密的联系，获得良好的口碑和销售业绩。

爱菊的促销运用了优惠型促销、联谊型促销、激活型促销等多种促销相结合的方式。爱菊的社区营销是优惠型促销和联谊型促销的结合，通过与老百姓沟通、交流、建立情感联系并让利于老百姓的方式进行促销；爱菊组织的放心产品体验游是激活型促销，通过富有吸引力的新奇方式，提高了产品和品牌的知名度，推动了爱菊产品销量的增长。

（六）结合整篇案例，分析爱菊的各营销策略之间是如何达成协同一致的

1. 理论依据：4P 理论

1960 年，美国营销学学者杰罗姆·麦卡锡教授提出了著名的 4P 组合。麦卡锡认为，企业从事市场营销活动，一方面要考虑企业的各种外部环境，另一方面要制定市场营销组合策略，通过实施策略，适应环境，满足目标市场的需要，实现企业的目标。麦卡锡绘制了一幅市场营销组合模式图，其中心是某个消费群，即目标市场，中间一圈是四个可控要素：产品（Product）、渠道（Place）、价格（Price）、促销（Promotion），即 4P 组合。

产品是企业提供给目标市场的产品和服务的结合，价格是顾客获得产品要支付的价钱，渠道包括公司将产品提供给目标消费者的一切活动，促销是指宣传产品的优点并说服目标顾客购买的活动。4P 策划是企业增强市场竞争力的客观需要。

4P 组合的可控性、多层次性与动态性，可以适应市场竞争的需要。例如，生产什么样的产品，如何确定产品的品质、功能、花色品种、品牌、包

装与附加服务，如何选择定价方法与策略，如何促销等，企业均可根据市场需要进行自主经营决策，以实现最优组合，获取最佳经济效益。当市场条件发生变化时，企业可以随机调整营销变量及其组合，使 4P 组合能够与不断变化的市场环境及潜在的顾客需求在动态中实现相互协调。

2. 案例分析

教师要通过学生的分析，着重启发学生思考各种销售策略如何与定位保持一致性。

爱菊自成立以来，一直把食品安全作为重中之重，将目标顾客定位为老百姓。爱菊从产品组合到定价再到渠道建设和促销活动，都是围绕着目标顾客进行设计的。

在产品组合方面，爱菊选择了放心、高品质产品，开办放心工厂，产出的放心馒头、放心豆制品及更贴近年轻消费人群的半成品，都实现了精准定位，服务于老百姓和家庭。

在定价方面，爱菊采取了差异化定价策略，产品定价较高，保证了产品的品质。因为老百姓对价格较为不敏感，有大量目标消费人群愿意并且有能力为爱菊的产品买单。

在渠道建设方面，爱菊采取建立直营店和经销商、分销商相结合的方式，在西安市内采取以直营店为主，在西安市周边各县、地区以经销商和分销商为主。同时还开拓了电商渠道，都是为了更加贴近老百姓。

在促销方面，爱菊并没有大量地投放广告，也没有搞声势浩大的营销活动，主要通过建立社区粮店、开展工业旅游体验活动来推广产品，同时销售也主要依靠实体店铺内导购人员的推销和顾客之间的口碑传播，也都是采取离老百姓更近的方式。

五、背景信息

爱菊集团发展大事记（详见附件一）。

六、关键要点

爱菊产品销售的过程，是爱菊的定位策略与4P策略相结合的过程。爱菊产品定位的每一步，都是紧紧围绕着竞争策略进行的。教师在教学过程中，应关注竞争策略与4P的结合，而不是单独从4P的角度理解爱菊的营销策略。

七、建议课堂计划

本案例可以作为专门的案例讨论课来进行，如下是按照时间进度提供的课堂计划建议。整个案例课分为两个课时，共90～100分钟。

1. 课前计划

提前发放案例，提出启发思考问题，学生据此熟悉案例内容并进行初步思考。

2. 课中计划

课中计划包括教师开场白、案例分组讨论、教师提问与学生回答以及教师点评等环节。

（1）教师开场白：5～10分钟，带领学生回顾案例，明确主题。

（2）小组讨论：15～20分钟，组织学生分组讨论启发思考题，理解案例内容和基本知识点。

（3）集体讨论：50～60分钟，由教师按照案例分析思路，逐步引导学生在回答问题的过程中，完成案例分析和相关知识点引入。

（4）教师总结：5分钟，对知识点进行梳理与案例总结。

（5）问答：5分钟，回答学生的一些额外问题。

八、参考文献

[1]叶峰．企业竞争战略中“舍与得”[J]．经理人，2012(8)：26－27.

[2]刘杰克．中国食用油市场简析[J]．江西食品工业，2014(2)：43－44.

[3]屈云波，郑宏，张平淡．营销方法[M]．北京：企业管理出版社，2012：30－31.

[4]王荣耀．销售渠道价格管理[M].北京:企业管理出版社,2010:66.

[5]陈昌魁．食用油迎来品牌营销时代[N].中国食品质量报,2013-03-03.

[6]刘忠柚．当前国内外油料与食用油市场形势分析[J].粮食与油脂,2011(6):18-29.

[7]叶继海,王宏．粮改终极是发展[J].粮食问题研究,1998(7):4-8.

[8]姜丹．陕西爱菊粮油工业集团用诚信和质量赢得赞誉[N].中国质量报,2015-11-23(003).

第三篇　股权改革：爱菊的涅槃重生①

郭亚军　张丹妍　张红芳

案例正文
AnLiZhengWen

摘要　西安爱菊粮油工业集团有限公司是全国国有粮油系统首家实行股份制改革的粮油企业。经过1998年和2008年两次艰难的股权改革，爱菊的管理效率和经营效益都得到了较大的提升。编写本案例的主要目的是引导学生理解企业如何通过股权改革脱离经营管理困境、熟悉股权改革的基本模式、掌握企业治理结构与股权设计的关系，启发学生思考不同股权激励方案的利弊。为此，本案例以时间为线索，描述了爱菊两次股权改革的背景、面临的困难、股权改革方案的设计，重点阐述如何通过动态的股权改革解决组织赋能和员工赋能的问题。

关键词　股份制改革；治理结构；全员持股

0　引言

2016年3月26日10点35分，随着一声响亮而又悠长的汽笛声响过，中欧专列“长安号”顺利抵达西安港，随之而起的是经久不息的掌声。这是

① 出于企业保密的要求，在本案例中对有关名称、数据等做了必要的掩饰性处理；本案例只供课堂讨论之用，并无意暗示或说明某种管理行为是否有效。

“长安号”的首次载货返程，在4800公里的“丝绸之路”上，满载着2000吨哈萨克斯坦优质油脂的“长安号”经过7天6夜的奔驰，将绿色无污染的油脂油料带回了西安。[①] 人群中的爱菊集团董事长贾合义尤为激动，从萌生进口哈萨克斯坦粮油的想法到优质油脂搭乘“长安号”首次载货返程，历经了整整10个月。

2015年5月21日，贾合义参加了在阿拉木图召开的第十三届哈萨克斯坦—中国商品展览会。正是在阿拉木图的那次出差途中，他看到了突破爱菊集团发展瓶颈的机会。贾合义发现，哈萨克斯坦农业种植生产加工水平虽相对原始落后，但这恰恰保障了其油脂油料绿色、无污染、非转基因的好品质，而这正符合爱菊集团追求高品质原料的要求，同时也符合当前国人健康消费的理念。他觉得：“这么好的粮油，应该让国内人民也品尝到。”但是国际贸易并不是简单的付钱提货，不仅涉及海关、检验检疫，还由于中国与哈萨克斯坦铁路轨距不同，涉及转轨换装等复杂事项的沟通。爱菊可谓一路过五关斩六将，经过积极与政府、海关、出入境检验检疫部门、铁路部门、运输公司沟通合作，推进了第一列专列的返程。

事实上，爱菊作为一家地方民营粮油企业，在“走出去”的过程中并非天然占有政策及资源优势。在响应国家“一带一路”倡议过程中，陕西省各级政府、社会群体组织了多次去往“一带一路”沿线国家的考察团，爱菊并不是第一家考察哈萨克斯坦的企业，也并不是唯一一家独具慧眼看到哈萨克斯坦优质粮油原料的企业，但是，爱菊是最快速做出决策、最积极主动探索并解决问题的企业。比如建在哈萨克斯坦的年加工30万吨油脂的油脂厂，从2016年5月31日正式开建到2016年12月6日投产运行，仅仅用了6个月的时间，其速度为同行所震惊。爱菊“走出去”战略的快速实施，除了得益于爱菊核心管理层富有远见的战略眼光外，关键还在于爱菊股权改革带来的高效决策机制。

① 《陕西日报》。

1 探索：1998年全员持股，所有权改革

1.1 突围：爱菊改制前的发展历程

西安爱菊粮油工业集团有限公司前身为1934年成立的私营的华峰面粉公司，1955年华峰面粉公司由私营转变为公私合营，归地方工业局领导，1956年被划归粮食局管理，并改企业性质为国营，1966年华峰面粉公司正式更名为西安市群众面粉厂，1993年出于商标注册原因，又更名为爱菊，取自诗人元稹的一句诗："不是花中偏爱菊，此花开尽更无花。"彰显了爱菊人坚守食品安全的品质。

20世纪80年代到90年代初期，国家粮食市场实行双轨制，爱菊作为老牌国营企业，受计划经济思维影响，管理体制僵化、内部管理粗放。当时爱菊的内部管理漏洞百出，外部正经历着从计划经济迈向社会主义市场经济的市场变革，灵活运作的民营面粉厂纷纷成立，竞争激烈，真正是内忧外患。在企业生死存亡的危难时刻，时任全面质量管理办公室主任和经营科科长的贾合义被上级选中接手这个烂摊子。由此，贾合义展开了对爱菊"地动山摇"般的各种变革。贾合义上任后下的第一个指令就是把企业的后门关了。当时的境况是爱菊生产什么，员工家里就有什么，员工下班了都要"顺点"东西带回家。厂区内、车间里，经常有人"冒泡"（抽大烟）、有人打架。贾合义下狠手开展了两个阶段的专项整顿，第一阶段治理整顿开展了3个月，开除了30余人，开除名单贴满了一整面墙。第二阶段重点调整组织机构和人事，科室从17个精简到11个，所有中层都换了。通过治理整顿和人事调整，贾合义彻底肃清了爱菊当时的歪风邪气，也树立了自己的威望，内忧得到了解决。1997年粮食市场正式放开，西安周边一下子成立了300多家小面粉厂，市场竞争激烈，各个面粉厂家竞相加大降价幅度，甚至有些达到50%，利润空间急剧压缩，25kg面粉的毛利由7~10元降至3~4元①。价格恶战之下，为了维持利润空间，一时间假冒伪劣产品盛行，超量使用增白剂、增筋剂等

① 资料来源：爱菊集团内部资料。

添加剂成为行业公开的秘密，坚持食品安全第一、品质第一的爱菊在市场上根本没有价格竞争力，销售量一下子从300万袋降到100万袋。但爱菊并没有走价格战的道路，当其他面粉企业都在抓成本的时候，爱菊坚持抓质量、建网络、搞全员直销。通过建立自有销售渠道，更加贴近消费者、了解消费者，进而开创了面粉及食用油小包装等行业先例，逐渐在消费者中建立了高质量的品牌认知。经过市场的洗牌，大批面粉厂倒闭，爱菊却获得了消费者的认可，建立了自己的品牌。爱菊的面粉虽然没有那么白，价格比其他面粉高，但西安的老百姓都知道爱菊的面粉吃着放心。

1.2 牵制：萌生改制的想法

企业的发展离不开员工的付出，贾合义非常重视人才的培养和激励。但是爱菊的国营背景使其在人才管理方面受到较多牵制。有一年，爱菊经营效益好，企业给每位员工发了800元，当时的粮食局局长打电话给贾合义："听说你给大家发钱了，咱们系统内的其他企业工资都发不出去，你还发奖金，不合适吧。"1993年开始，爱菊内部有了"发红包"的不成文规定，贾合义给中层发，中层给下面发。1993年贾合义给中层每人发了1万元。这样的"发红包"制度是不公开、不上会的，激励了大批的爱菊员工，但管理层却承担着巨大的风险。企业不仅在人才激励上受到制约，在经营决策方案、决策时效性上也会受到影响。在激烈的市场竞争中，爱菊独辟蹊径不打价格战，就意味着在研发、质量管理方面进行更大的投入，这样的决策通常在短期内会让爱菊效益受到影响，通常在上报粮食局时会有一番艰苦的沟通过程。这时的贾合义深深感觉到企业管理受到的行政干预过多。

1997—1998年，国有体制尾大不掉，工作效率低下，市场竞争无力的问题越发突出，很多国有企业一直靠国家的补贴苟延残喘，改革势在必行。从国务院到事业单位，从中央企业到地方国企，改革的力度空前。这时的贾合义拿到了两份文件，一份是国家经贸委《关于1997年国有企业改革与发展工作意见的通知》（国发〔1997〕19号），另一份是《国务院关于进一步深化粮食流通体制改革的决定》（国发〔1998〕15号）。文件指出：各地要从实际出发，因地制宜，采取改组、联合、兼并、股份合作制、租赁、承包经营、出售和破产等形式，进一步放活国有小企业，加快国有小企业改革与发展的步伐。贾合义眼前一亮，“国家的政策这么好，这不正是爱菊需要的吗？爱菊必须放活，建立起现代企业管理制度，才能激活人才、高效应对市场变化”。

根据企业内外部要求，改制势在必行。贾合义立即组织管理层开会，拟定改制报告并上报到粮食局。第一次并未获批，因为毕竟不是上面拟定的改制试点，政策和方向都不明确，谁也不敢承担这个风险。为了推进爱菊改制工作，贾合义两年内前后召集职工开了10次大会，以保证爱菊内部就改制形成一致意见，并不断完善改制方案。贾合义多次在参加市政府的有关会议时呼吁让爱菊改制，给爱菊“松绑”，但由于粮油系统没有类似的先例，没有领导敢点头允诺。经过与有关各方多次马拉松式的沟通、说服、请示，改制有了获批的迹象。当时的主管市领导私下说：“只要主管部门批准你们改制，我就批，支持你们成为第一个吃螃蟹的企业！”于是，贾合义再一次正式向粮食局提交了改制报告。已有了万全准备和破釜沉舟决心的贾合义，在粮食局召开的会议上陈述完报告后，半开玩笑地说：“不批准我们改制我就不干了。”在贾合义的不懈努力下，粮食局出了会议纪要，说原则上同意改制，但要上报市政府批准。后来，市政府常务会议也批准了这个改制方案。

1.3 赋能：改制带来发展动力

爱菊的股改方案为全员持股购买国有资产，国有企业变为全员所有的股份制企业。所有制形式的改变实现了企业赋能，给爱菊带来了不竭的发展动力。具体方案是：资产评估后共设置600万股，企业职工按照“按份持有，同股同利，利益共享，风险共担”的原则全员入股，每股价值为1元，入股数额为厂级领导18万~28万股，中层干部6万~10万股，职工0.3万~4万股。对入股者发给股权证，并明确不得退股，因退休、辞职、死亡或被企业辞退的，可依照公司章程由企业回购其所持有股份。

在改制推进过程中，由于贾合义在企业内部的各种会议上已经反复向员工讲述了国家的政策、国有企业改革的大环境以及改制对爱菊发展的重要意义，爱菊员工对改制方案的认可度很高。再加上改制前几年，爱菊的经营有了较大的起色，贾合义坚持“有钱大家挣”的原则，员工们尝到了“分红包”的甜头。另外，在整个粮油行业由计划转向市场的过程中，以贾合义为首的爱菊管理层的数次决策都被证明是成功的，获得了广大员工发自内心的信任。基于以上原因，爱菊员工支持并期待改制方案的实施。1998 年 5 月，爱菊改组成立了股份制企业并召开首次股东大会，以无记名投票方式选举了 91 名股东代表、7 名董事会成员、5 名监事会成员，贾合义被选举为董事长，爱菊成为当时国有粮食系统首家实行股份合作制的企业。

爱菊改制后，初步建立起现代企业制度，形成了新的治理结构。企业实行股东会议制度，股东大会是企业最高权力机构，体现投资者的意愿和利益。股东大会选举产生股东代表大会、董事会和监事会。董事长由董事会选举产生，是企业法人代表。董事会负责任免企业厂长经理，厂长经理执行董事会决议，享有独立自主的经营管理权和人事、用工、分配权，并对董事会负责。监事会是股东大会派出的监督机构，监督董事会和厂长经理的经营行为，维护全体股东在本企业的合法权益。此外，通过改制，爱菊员工的主人翁精神和凝聚力得到了进一步加强。讲节约、抓管理的人多了，不讲效率、不算成本的人少了；关心生产、经营、销售，提供市场信息的人多了，各自为政、官僚主义的人少了；讲质量、重品牌、珍惜企业声誉的人多了，推诿扯皮、不关注细节的人少了。可以说，爱菊全体员工都精打细算地在自己的岗位上全身心地投入工作。工厂销售人员、库房保管员、发货开票人员周六、周日放弃休息，加班加点为客户服务。在一次股东大会上，职工一共提了 48 条建议，没有一条是要求增加工资福利的，全都是关于企业下一步经营发展的意见和建议；改制后几年，爱菊按股分红，90% 以上的股东主动放弃现金分配，要求将股红转化为股份。

分工负责、责任明确、相互激励、相互制约的企业法人治理结构和高效敬业的员工队伍，是爱菊改制后业务不断发展的动力和保障，它改变了传统粮油企业生产单一产品的模式，形成了粮食深加工、多元发展的格局。首先，爱菊加大投入力度，强化品牌意识，构建多元化产业。改制后爱菊相继投资 2000 多万元，新建华峰粮食仓库、爱菊挂面厂、食品公司、米业油脂公司等多元化的场所、车间。过去爱菊产品单一，只有几十年一贯制的“老三样”

(特一粉、特二粉、标准粉)。改制后，为满足市场需求，爱菊加快产品结构调整，形成了“爱菊”系列专用粉，多达 12 个品种，还经营粳米、特粳米、精炼食用油、花生油、菜油、挂面、馒头、面包、酥饼、各类西式糕点等 100 多个品种和规格的产品。爱菊重点塑造“爱菊”品牌，为确保产品质量，投资 200 万元建立了检测化验中心，引进德国布拉本德粉质仪、拉伸仪、菌落数值仪、试验磨等先进的检测设备，全面检测小麦、面粉、米、油等产品的品质、理化指标。同时，爱菊顺利通过了 ISO9000 国际质量体系认证。其次，爱菊将产业链向后端延伸，积极建立优质粮油产品基地，从源头保证了产品品质。改制后，爱菊在周边郊县推广优质小麦种植，建立企业的原粮基地，并在农村建立了爱菊粮油兑换连锁店，通过优质面粉和工业品下乡，开展了产品兑换原粮业务，采取“粮食银行”的方式，代储代存，减少农户在储粮过程中的鼠咬霉变损失。最后，爱菊将产业向前端延伸，建立健全营销网络，强化客户服务。传统粮油企业一般不自建销售网点，而是依靠经销商销售产品。爱菊在改制后，确立了“打质量品牌、建企业信誉、设连锁网点”的新思路，重点在方便群众和售后服务方面采取了有力措施。爱菊在省、市城区郊县及周边地区设立了 150 多家爱菊专营粮油连锁店，统一标识、统一配送、统一管理、电话预约、送货上门。还在市内、居民小区设立了 60 多家爱菊厨房、熟食店，方便市民生活。爱菊也因此建成了西北地区粮食行业最大的连锁网络。

爱菊对市场的快速响应、业务的创新发展、业务规模的不断扩大，得益于改制带来的组织赋能和员工赋能，表现在高效科学的决策机制、灵活的管理模式和士气高昂的员工队伍。改制后企业经济效益稳步提升，员工人均年收入比改制前翻了一番。

2 新问题：全员持股 = 新大锅饭

2.1 反对：一次股东会上的争执

2007 年开春，爱菊粮油集团的 2007 年度第一次股东大会刚刚结束，贾合义一脸疲惫地回到办公室，看着办公桌上从市场上、展销会上搜集过来的各类主食包装袋，脑中回想着刚才股东大会上几位股东的发言。“馒头、面条规模化生产，这些爱菊从来没做过，设备从哪里来？生产工艺是怎么样的？生产现场管理怎么做？贸然进入新的领域，风险太大。”“我们现在面粉和油脂业务发展得很好，应该集中精力、集中资源做好主业。”“咱陕西人自己会蒸馒头、会扯面，工厂生产出来的馒头、面条会有市场吗?”

关于爱菊主食产业化的战略调整，贾合义已经思考了一段时间。随着居民生活方式的改变和消费水平的提高，主食产业化存在巨大的市场。这次在股东大会上提出主食产业化发展思路会遭到反对也在他的意料之中，而且他深信，会上直接表达出反对意见的只是持反对想法的一小部分。“小富即安”是大部分人的生活态度，从艰难困苦中走过来的爱菊人特别珍惜当下企业取得的成绩，也安于爱菊当下的发展现状。因此，面对投资、产业调整这些重大决策，他们更多地担心投资打水漂了怎么办，并不能给予决策更多科学、理性的建议。贾合义并不畏惧去说服股东，爱菊的历次兼并投资决策，都遭到了股东的反对，但最终都有理有据地通过了股东大会决策。但沟通过程长、决策过程慢让贾合义及核心管理层头痛不已，甚至让企业错失良机。

2.2　反思：全员持股带来的问题

贾合义在经历数次股东代表大会关于重大决策的艰难沟通后，有了对全员持股的企业所有权制度进行改革的意图。某一天，办公室王主任敲门进来了。“贾总，有一个事向您汇报一下。今年我们去做工商年审登记的时候，工商局明确指出，作为非上市的股份公司，股东人数不能超过 200 人。”2005 年，《中华人民共和国公司法》第三次修订时，明确了有限责任公司由 50 个以下股东出资成立，股份有限公司应当有二人以上二百人以下作为发起人①。爱菊的全员持股制下有 400 多位股东，显然是与新公司法不符的。“好的，我知道了。咱们公司的全员持股制有其特殊历史背景，又是粮食系统企业改制的典范，我会跟工商局专门沟通汇报。但是，王主任，国家公司法的

① 《中华人民共和国公司法》(2005 年版)。

修订，必定有其深刻意义。股东人数过多、股权过于分散，确实不利于公司经营决策，我们需要重新思考全员持股的利弊，你牵头组织一下股份制改革的事情。”

跟王主任交代了一些工作细节，贾合义放下手头的工作，出了办公室来到经营副总刘总的办公室。刘总是贾合义一路提拔上来的，年轻、思维活、能够快速理解贾合义的战略意图，且做事情亲力亲为，爱菊近几年来的重大改革都是刘总在全力推动。“刘总，工商年审指出我们股东人数过多。这个问题你怎么看？”贾合义开门见山向刘总提出问题。刘总若有所思，一边招呼贾合义坐下，一边说道：“贾总，您先听我向您汇报另外一个事。经营科的小张提出辞职，先被我稳住了。”贾合义脸上闪过一丝诧异，“小张？他干得很好呀，公司非常重视人才，他在爱菊一定会大有发展前途的。”贾合义非常关注年轻人的发展，平时工作经常深入一线，全公司上下几百人，不敢说了解每一个，但基本上能关注到80%～90%的员工。贾合义对小张印象还是很深刻的，小张是公司3年前新招聘的大学生，有闯劲、有想法，在产品包装创新、自销渠道构建等方面提出了很多新想法并积极实践，今年刚刚被提拔为副科长。“全员持股制的利弊我做过一些思考，”刘总接着说道，“在实行全员持股最初，确实激励了全厂400号人，大家铆足劲干。但在当时国有企业改制的背景下，我们提出来的全员持股说到底还是留有大锅饭的思想，按照管理层次来分配股份，并没有向优秀员工倾斜。随着这几年公司发展稳定了，员工收入提高了，老员工中确实有一部分安于现状，不好好干活的，后续新进的员工难免心里不平衡。”“我认为这还不是最大的问题，我们可以给年轻人平台，给优秀的人提高待遇来削减这种不平衡。更大的弊端是这种股权模式会制约爱菊的可持续发展。企业的发展离不开人，随着爱菊业务的发展，人才是需要持续更新的，不仅是人的流动和更新，还有人的思维的提升和更新。我们都知道，从传统粮食企业过来的老员工确实存在学历层次低、思维方式固化的问题。这几年的几项重大决策您也看到了老员工的反对之声，毕竟发展与改革是需要投入的，他们看不到那么长远。”贾合义从沙发上站起来，“刘总，你的想法我了解了。不管怎样，咱们要尽力留住小张这样的人才。”

刘总深深地点了下头，“贾总，我明白。另外，《公司法》对股东人数的限制，我觉得给了我们一个很好的契机。”

从刘总办公室出来，贾合义又去了党委副书记、工会主席汪书记的办公室。汪书记也是爱菊的老领导了，跟着贾合义一路走来，为品牌宣传、凝聚人心做了大量贡献，是贾合义开创事业的坚强后盾。“贾总，您来了，我刚好想去找您汇报一个工作。”一进门，汪书记就笑着迎上来，“报社来电话想做一个关于爱菊取缔散装油的专访。”“这事没问题，我听你安排，我今天来是想跟你商量另一个事。”贾合义招呼汪书记一起坐下，“我想做股份制改革，减少股东数量。”说完此话，贾合义看着汪书记不再多说。汪书记慎重地思考了几十秒，开口说道：“贾总，首先，您的决定我一定支持，但是，我们在做具体方案的时候一定要考虑到 400 多名老员工股东的利益。实话实说，我也看到了这几年全员持股的问题。但我们不能忘了，在市场竞争最激烈的那几年，是我们的员工几个月不拿一分钱的工资还跟着我们干；非典时期，是我们的员工加班到深夜 2 点以保证供应；汶川大地震，是我们的员工跟着我们义无反顾地拉着粮食第一批到达灾区。这些，我们真的不能忘。”说到动情处，贾合义和汪书记都泛起泪光。“汪书记，这些我老贾不会忘，爱菊不会忘。”“不管怎样，贾总，企业的健康发展是对员工最大的保障。一旦公司定了方案，您放心，我一定全力支持，做好员工思想工作。”

拜访完汪书记，贾合义又陆续和几位经营班子的成员做了深入沟通，关于股份制改革的想法逐渐清晰。

3 再出发：股份制的第二次改革

2008 年 2 月，经过近一年的准备，爱菊粮油集团成立并召开了股东代表大会，109 名股东代表参加，23 名中层干部列席。大会选举产生了 18 名出资人代表，代表全体股东的利益。出资人代表主要是爱菊的核心管理层及部分员工代表，其中最大的股东为贾合义，占 66.82% 的股份。为保障老员工股东的利益，爱菊没有采取公司股权回购的方式，而是采取了出资人代表方式，即不改变 1998 年全员持股员工的股份比例，通过代持的方式实现股东数量的精减，18 名股东具有相应份额的投票权，但收益权归原股东。

核心管理层通过反复沟通达成了一致意见，对于老员工股东来讲，新的股份制改革方案不影响其分红权益，因此，新的方案股东大会顺利通过。经过股份制改革后，贾合义的投票权从原来的 3% 提高到了 66.82%，大大提高了决策效率。

爱菊在第二次股份制改革后，快速推动了几件大事。

第一件大事是推动主食产业化。贾合义深信主食产业化是粮食行业未来发展的趋势，但一直未获得实质推进。2009 年 10 月 5 日，一个契机到来了。下午 4 点多，市长秘书打电话给贾合义说市长要到他家吃面。贾合义明白，市长肯定是有事情安排。当晚，市长带着财政局局长、卫生测绘中心主任到了贾合义的家里，吃饭过程中市长表达了要让爱菊做“放心馒头”的意图。时值“毒馒头事件”在全国引起巨大信任危机，做馒头是政府下达的民生任务，也是爱菊产业布局调整的方向，不得不做，也必须要做。“馒头的批量生产爱菊从来没做过，国内目前从设备到工艺都没有成形的，需要投入大量资金从头研发设备和生产工艺，馒头生产对车间现场管理和品质控制的要求也更高，利润微薄、保鲜期短、货损率高、配送效率要求高。但是，主食产业化是粮油行业未来的发展趋势，我们必须抓住这次政府的‘放心馒头’工程，提前布局、提前投入，这既是爱菊作为粮油企业的应担道义，也是爱菊自身发展的必然选择。”在股东会上，贾合义慷慨激昂地说。

2009 年，爱菊集团全面实施“放心馒头”工程，投资 3000 万元，新建 12000 平方米的现代化食品车间，自制开发全国最大的机械化、智能化专用馒头生产线，可日产馒头 100 万个。

2011 年，爱菊集团全面实施放心豆制品工程，新建 180 亩的爱菊豆业基地，引进了全国先进的豆制品生产线和豆芽生产设备，自行研发出真正“无任何添加剂”的全国首例放心豆芽，填补了我国规模化无添加剂豆芽生产技术的空白。

2012 年，爱菊集团开发了包子、速冻面条系列产品，购置了包子机、馄饨机，建设了速冻车间，能够生产馒头、烤饼、糕点、面条、包子、馄饨和速冻产品等近50个小类产品。

2014年，爱菊集团召开“政府放心工程暨爱菊产品进社区电商全面启动”会，建立了“店商+电商”的营销模式，解决了主食产业“最后一公里”的问题。爱菊现拥有各类网点和各地县代理商700余个，配备专业化物流配送车150多辆。

第二件大事就是打通粮食进口的陆路大通道，打造有效海外粮仓。最早爱菊到哈萨克斯坦只是为了寻找优质的粮油原料，但经过系统考察和深思熟虑后，爱菊迅速做出了一系列投资决策。短短3年间，爱菊在哈萨克斯坦、阿拉山口、西安国际港务区分别投资，构建起“北哈州—阿拉山口—西安”三位一体的“关键枢纽体系”，铸就中亚及周边国家粮食进出口陆路大通道，打造有效海外粮仓，促进了爱菊全产业链的布局。

哈萨克斯坦爱菊农产品物流加工区目前拥有年加工量30万吨的油脂厂，拥有两条铁路专用线，已于2016年12月6日投产运行，为哈萨克斯坦最大的油脂厂。同时，爱菊在哈萨克斯坦收购改建了两个仓容量为5万吨的粮库，拥有四条铁路专用线，并新建两个日处理量达1000吨的烘干塔。哈萨克斯坦爱菊农产品物流加工园区将被建设为境外粮油枢纽中心，成为中哈贸易的重要物流节点。

2017年5月8日，阿拉山口爱菊农产品物流加工园区开建，同年12月31日年加工能力可达10万吨的面粉厂投产，园区目前配备5万吨筒仓，2000平方米仓库。阿拉山口爱菊农产品物流加工园区位于阿拉山口综合保税区，将建设成为连接中外的加工中转分拨中心。

位于西安国家港务区的爱菊农产品物流加工园区目前正在建设中，规划为西北粮油及其深加工集散中心。拟打造西北地区最大的集爱粮节粮教育、粮食历史展示、亲子食品DIY体验等为一体的农耕文化展示体验馆；拟打造机械化、智能化、规模化的主食产业化加工基地。

自2016年3月26日“长安号”首次满载2000吨油脂回程，短短3年间，爱菊紧紧抓住了“一带一路”国家战略机遇，快速响应、积极布局，响应了国家战略并抢占了获取粮食进口陆路通道及优质中亚粮食资源的先机。

4　尾声

随着爱菊“北哈州—阿拉山口—西安”三位一体的“关键枢纽体系”的构建，爱菊实现了涅槃重生，运营管理日新月异。国内，爱菊成为全国粮食行业的一面旗帜；国外，爱菊打造海外粮仓，促进我国土地“内休外耕”，独树一帜。但是，在骄人的光环和成绩背后，贾合义还是时时刻刻居安思危，一个又一个新问题萦绕在他心头：2008 年股改是一个折中的方案，解决了决策速度问题，但没有解决核心员工激励问题。老员工退出后，原有股份由谁回购？自己一股独大的弊端如何解决？如何在爱菊投资的子公司进行股权期权激励？如何进一步优化股权结构形成类似于上市公司的治理结构？

贾合义又陷入了深深的沉思……

案例教学说明
AnLiJiaoXueShuoMing

一、教学目的与用途

1. 适用课程及对象

本案例主要适用于 MBA、EMBA、高层管理者培训与发展项目（EDP）等学员学习企业管理、人力资源管理等有关课程。

2. 教学目的

本案例旨在训练学员有关（国有）企业改制、股权激励方案设计与应用的能力，以及正确分析公司适应环境变化设计、实施、完善激励体系的能力。

讲授该案例之前，学生首先要了解我国国有企业历史、现状以及面临的问题，掌握股权激励计划必要的理论知识，包括股权激励计划的概念、种类、动机、内容等。

二、启发思考题

（1）爱菊第一次股份制改革面临哪些困难？解决了哪些关键问题？

（2）爱菊为什么要进行第二次股份制改革？

（3）第二次股份制改革并没有改变第一次股份制改革的所有权形式，但却产生了积极的结果，试从公司治理结构的角度分析其原因。

（4）所有权改革改变了爱菊的企业性质，也发挥了股权激励的一些作用，但与完整意义上的股权激励相比，还缺乏哪些改进的手段？

三、分析思路

教师可以根据自己的教学目标来灵活使用本案例。这里提出的本案例的分析思路，仅供参考。

第一，分析爱菊集团实施的第一次股份制改革的前因后果，使学员了解传统国企发展历史、经营管理障碍、激励困局等，培养学生分析实际问题的能力。理解在我国经济改革的进程中，爱菊集团的“能人”贾合义如何克服困难实现全员持股、实现股份制改造。

第二，引导学生触类旁通，在分析爱菊第一次股改带来的积极影响和潜在问题的基础上，学习企业股改的各种模式，掌握实施的关键点。

第三，研究第一次股改带来的弊端，学习公司治理的基本原理。理解为什么要进行第二次股改。明白如何通过董事会、总经理和监事会来平衡与股东、董事会、经理层有关的所有权、收益权、决策权，从而理解企业治理与股权设计的关系。

第四，让学生对比分析爱菊集团两次股改的战略意图，思考两者在方案设计思路、操作及目标上的差异，提高学生基于理论面向实践的分析能力。

第五，引导学生总结案例，让学生分析后续可能存在的问题，例如，贾合义董事长“一股独大”会不会产生另一种决策风险？如果爱菊集团没有了“能人”贾合义会有什么问题产生？等等。从而形成学生针对企业股份制改革、治理体系的归纳和演绎能力。案例分析逻辑（课堂启发角度）见图 3.1。

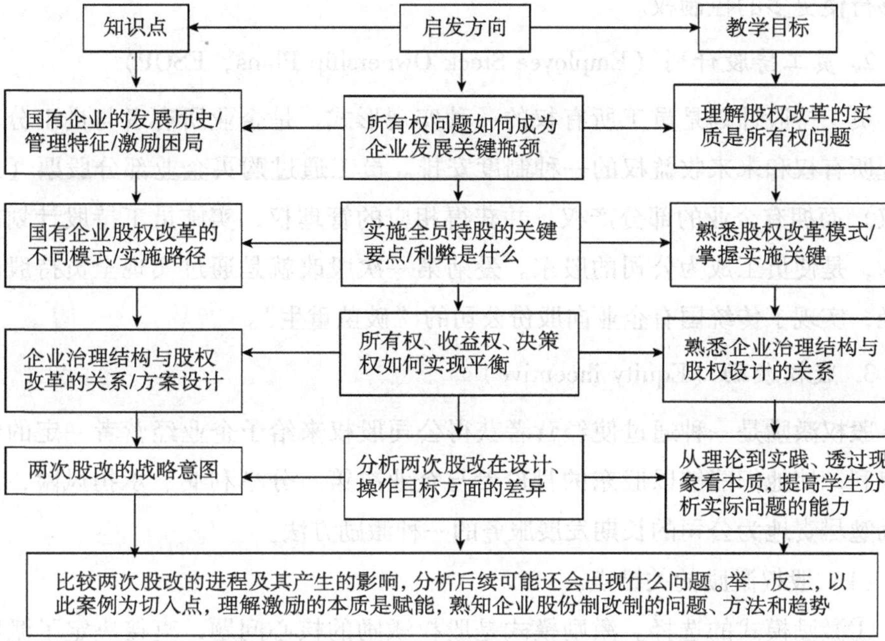

图 3.1　案例分析逻辑（课堂启发角度）

四、理论依据与分析

（一）理论依据

1. 赋能授权[①]（Empowerment）

赋能授权是近年来应用最多的商业语汇之一。赋能授权的意思就是授权给企业员工——赋予他们更多额外的权力。从逻辑上来说，这样做意味着为了追求企业的整体利益而给予员工更多参与决策的权力。理论上，赋能授权是为了消除妨碍员工们更有效工作的种种障碍，其思想出发点是企业由上而下地释放权力——尤其是员工自主工作的权力，使员工在从事自己的工作时

① 赋能授权运动的起源可以追溯到 20 世纪 20 年代，系现代管理学理论预言家玛丽·帕克·弗莱特的研究成果。弗莱特严厉地批判等级森严的企业组织结构，她憎恶“命令与控制”型的领导作风，提倡结合更多民主因素的企业管理方式。

能够行使更多的控制权。

2. 员工持股计划（Employee Stock Ownership Plans，ESOP）

员工持股计划是员工所有权的一种实现形式，是企业所有者与员工分享企业所有权和未来收益权的一种制度安排。员工通过购买企业部分股票（或股权）而拥有企业的部分产权，并获得相应的管理权；实施员工持股计划的目的，是使员工成为公司的股东。爱菊第一次股改就是通过实现全员持股的路径，实现了传统国有企业向股份公司的“破茧重生”。

3. 股权激励（Equity incentive）

股权激励是一种通过使经营者获得公司股权来给予企业经营者一定的经济权利，使他们能够以股东的身份参与企业决策、分享利润、承担风险，从而勤勉尽责地为公司的长期发展服务的一种激励方法。

（1）股权激励的关键点。

①激励模式的选择。激励模式是股权激励的核心问题，直接决定了激励的效用。

②激励对象的确定。股权激励是为了激励员工，平衡企业的长期目标和短期目标，特别是关注企业的长期发展和战略目标的实现。因此，确定激励对象必须以企业战略目标为导向，即选择对企业战略最具有价值的人员。

③购股资金的来源。鼓励对象是自然人，因而资金的来源是整个计划过程的一个关键点。

④考核指标设计。股权激励的行权条件一定与业绩挂钩，其中一个指标是企业的整体业绩，另一个指标是个人业绩考核指标。

（2）股权激励模式①。

最常见的模式主要包括三大类：

①虚拟股权激励模式。该类股权只有分红权（有的还带有净资产增值权），此类股权激励不涉及公司股权结构的实质性变化。所以，此类股份也称其为岗位股

① 对于上市公司来说，股权激励的模式有八种：业绩股票、股票期权、虚拟股票、股票增值权、限制性股票、延期支付、经营者/员工持股、管理层/员工收购，激励对象所获收益受公司股票价格的影响。而账面价值增值权与证券市场无关的股权激励模式的激励对象所获收益仅与公司的每股净资产值有关。

份（历史上的晋商企业也称其为身股）。如虚拟股票激励、股票期权模式等。

②实际股权激励模式。该类股权具有全部的以上4种权能，此类股权激励不仅涉及公司股权结构的实质性变化，而且会直接完善公司治理结构。所以，此类股份也叫实股（历史上的晋商企业也曾称其为银股）。如员工持股计划、管理层融资收购（MBO）模式等。

③虚实结合的股份激励模式。规定在一定期限内实施虚拟股票激励模式，到期时再按实股激励模式将相应虚拟股票转为应认购的实际股票。如管理者期股模式、限制性股票计划模式等。

4. 非上市企业股权改革的优点

对非上市公司的一般企业来说，股权改革有利于缓解公司面临的薪酬压力。中小型企业普遍面临资金短缺的问题，因此，通过股权改革的方式，公司能够适当地降低经营成本。与此同时，也可以提高公司经营业绩，留住绩效高、能力强的核心人才。

对原有股东来讲，实行股权激励有利于降低职业经理人的“道德风险”，从而实现所有权与经营权的分离。非上市公司往往存在“一股独大”的现象，公司的所有权与经营权高度统一，导致公司的“三会”制度等在很多情况下形同虚设。随着企业的发展、壮大，公司的经营权将逐渐向职业经理人转移。由于股东和经理人追求的目标不一致，他们之间有可能存在“道德风险”，需要通过激励和约束机制来引导和限制经理人行为。

对公司员工来讲，实行股权改革尤其是全员持股有利于激发员工的积极性，实现自身价值。中小企业面临的最大问题之一就是激励不足和人才流动问题。实践证明，实施股权改革后，由于员工的长期价值能够通过股权激励得到体现，员工的工作积极性会大幅提高。同时，由于股权激励的约束作用，员工对公司的忠诚度也会有所增强。

（二）案例分析

海尔张瑞敏倡导的“人单合一”、稻盛和夫提出的“阿米巴经营管理”模式、丹娜·左哈（Danah Zohar）倡导的“量子管理”，其本质不就是从个人赋能入手从而实现组织赋能吗?[①] 爱菊的涅槃重生其实就是通过两次股份制改革实现了组织赋能和个人赋能的良性互动。案例分析思维导图（问题分析角度）见图3.2。

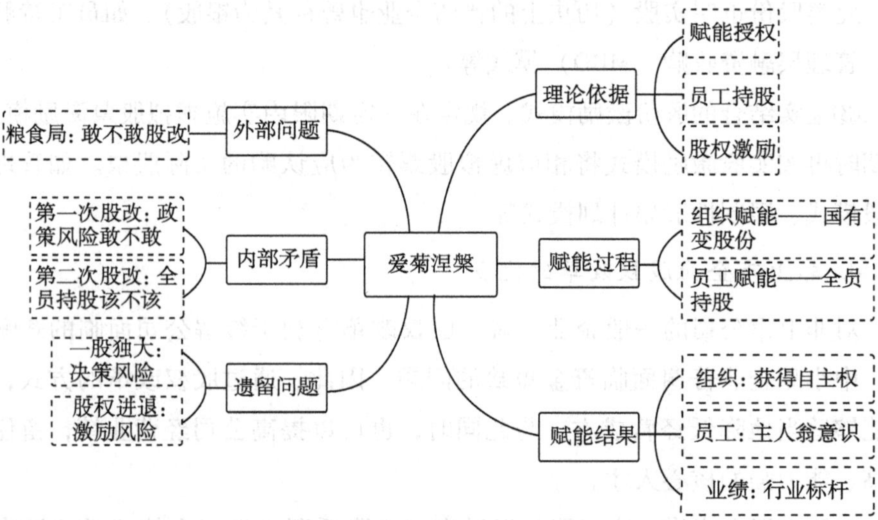

图3.2　案例分析思维导图（问题分析角度）

1. *爱菊两次股权激励方案比较*

第一次股权改革面临的困难以及解决的关键问题：生存形势所逼，率先吃“螃蟹”。20世纪80年代至90年代初期，爱菊站在了生死存亡的十字路口。企业外部：国家粮食市场实行双轨制，粮食生产企业鱼龙混杂，私营企业如鱼得水，国有企业哀鸿遍野。企业内部：受计划经济思维影响、管理体制僵化、内部管理粗放。贾合义对外要“恳求”上级政府管理部门放手，通过股份制“脱掉”国有企业的“帽子”。彼时，这样的改革没有先例，主管领导不愿意冒风险。贾合义向粮食局反复请示、软磨硬泡，同时借助当时刚刚发布的《国务院关于进一步深化粮食流通体制改革的决定》（国发〔1998〕15号）文件，脱了国有的“帽子”，成为当时同行业中第一个“吃螃蟹”的企业。对内要“说服”思想僵化的员工。贾合义通过各种大会、小会向员工

① 郭亚军. BiMBA是一种方向更是一种情怀[J]. 中外管理,2018(6).

讲述了国家的政策、国有企业改革的大环境，以及改制对爱菊发展的重要意义，消除了对股改政策风险的顾虑。再加上改制前几年，爱菊的经营有了较大的起色，员工尝到了“分红包”的甜头，消除了对股改利益损失的顾虑。第一次股权改革的结果是改变了爱菊所有权，由国有企业转变为股份制企业，实现了组织赋能。随后的几年，通过贾合义铁面无私、紧锣密鼓的内部管理整治，实现了员工的赋能。这次股改解决了生存问题。

第二次股权改革的动因及解决的问题：管理变革所逼，痛下决心。第一次股改通过全员持股解决了所有权问题，也实现了组织赋能，但由此带来的“大锅饭”问题仍困扰着企业的进一步发展。2007 年，贾合义看到了这一弊病，开始和公司高层充分沟通并试图说服他们进行第二次股权改革。矛盾的焦点集中在：员工层面——全员持股该不该？企业层面——企业变革要不要？前者要考虑老员工股权退出的感情问题，后者要考虑股权适度集中后的治理效率问题。此次股改的有利外部环境是 2005 年《中华人民共和国公司法》第三次修订时，明确了有限责任公司由 50 个以下股东出资成立，股份有限公司应当有二人以上二百人以下作为发起人。爱菊的全员持股制下有 400 多位股东，显然是与新公司法不符的。于是，2008 年爱菊由全员持股变革为 18 名股东，主要是爱菊的核心管理层及部分员工代表，其中最大的股东为贾合义（占 66.82%）。这次股权改革解决了发展问题。

2. 基于企业治理角度的模式比较

（1）与上市公司的股权激励途径不同。

爱菊是非上市公司，两次股权改革是一种企业内部基于心理契约的虚拟股票形式，与上市公司的股权改革不同（有八种方式，见上文）。前者的激励途径更多的是对领导“人”的信任：第一次是粮食局领导对积极作为、能说会道的贾合义的信任；第二次是员工对说到做到、有能力有本事的贾合义的信任。后者则是源于各方对透明市场和市场机制的信任。前者的风险大于后者。

（2）实施目的不同。

爱菊的两次股权改革都有其特殊的企业发展背景。第一次是为了获得“自由身”，从国有企业变为全员持股的股份制企业，获得了在竞争激烈的米面油市场中的主动经营权，同时，持股是给员工戴上“金手铐”，既体现对风险承担的责任，又彰显员工个人价值；第二次是为了解决全员持股带来的新型“大锅饭”以及决策效率低下的问题，采取管理层和技术骨干持股方式，有利于稳固公司核心团队，激活企业发展内生动力。从企业治理结构的层面实现了企业发展的第二次效率提升。

与其他股权改革模式相比，爱菊的两次股权改革更多地体现出企业治理变革的痕迹，而上市公司的八种股权模式都是基于经济收益的激励方案设计。与国内非上市公司的“四通模式”“大众模式”“深圳泰然模式”“绍兴百大模式”① 相比，爱菊的实施目的与深圳泰然模式最为相似。

（3）激励效果不同。

爱菊股权改革是一家濒临倒闭的国企的“绝地求生”。股权改革更多地体现在精神激励层面，加之员工对贾合义的认可与拥护，最终形成爱菊内部同患难共呼吸的凝聚力。相比上市公司的员工持股计划，普通员工和核心管理层通过业绩股票、股票期权、虚拟股票、股票增值权、限制性股票、延期支付、经营者/员工持股、管理层/员工收购等方式，都能从股票市场赚得盆满钵满，但是一般很难形成“胜则举杯相庆，败则拼死相救”的局面，员工更多地将公司视为赚钱的工具，很难全身心投入公司日常生产经营。

3. 遗留问题及可能的解决方案

爱菊通过两次股权改革实现了“凤凰涅槃”，从20世纪国有面粉厂的集体死亡中成功逃生。但是，遗留问题依然存在，这些问题是爱菊壮大过程中的“烦恼”，例如，2008年股改是一个折中的方案，解决了决策速度问题，但并没有解决核心员工激励问题。老员工退出后，原有股份由谁回购？贾合义“一股独大”的弊端如何解决？如何在爱菊投资的子公司中进行股权期权激励？如何进一步优化股权结构，形成类似于上市公司的治理结构？要引导学生进一步思考解决的方法。包括但不限于如下方案：

---

① 参见附件三。

（1）筹划上市。

通过上市的途径使爱菊成为公众公司，除了具有可以提升品牌影响力、改善企业的财政状况等优点以外，通过科学的公司治理方案，建立一套规范的管理体制和财务体制，还能够解决或者部分解决“一股独大”、核心员工激励、老员工退出后股份回购等问题，进一步提升公司的管理水平。

（2）实行股票期权。

爱菊高层可以事先授予激励对象股票期权，事先设定激励对象可以购买爱菊股票（虚拟股票）的条件（通常称为行权条件），只有行权条件成立时激励对象才有权购买股票（即行权），把期权变为实在的、可以分红的股权。

（3）启动股权账面价值增值权。

账面价值增值权分为购买型和虚拟型两种。购买型是指在一开始激励对象按每股净资产值购买一定数量的股份（相当于爱菊第一次股改的全员持股），在后期再按每股净资产期末值回售给公司（有别于分红）。虚拟型是指激励对象在初期不需支出资金，公司授予激励对象一定数量的名义股份，在后期根据公司每股净资产的增量和名义股份的数量来计算激励对象的收益。购买型可以从财务角度解决爱菊新老员工股权“买”和“退”的问题；虚拟型可以解决对核心员工的激励问题。但这个方案要求爱菊有较好的财务状况且现金流量充足。

五、背景信息

爱菊集团发展大事记（详见附件一）。

爱菊股权改革大事记（详见附件二）。

六、关键要点

1. 案例分析关键点

根据爱菊集团实施的两次股权激励方案，比较分析两者在设计、操作上的差异，讨论探究两次股权激励对企业和员工的影响。

2. 关键知识点

股权激励的概念、全员持股的利弊、企业治理结构、赋能理论等。

3. 能力点

从国有企业改革的角度理解所有权改革的意义、两次股权激励方案实施目的以及股权激励的后续实施效果，提高综合分析能力、批判性思维能力和解决实际问题的能力。

七、建议课堂计划

本案例可以作为专门的案例讨论课来进行，也可以穿插在人力资源管理、企业战略管理等课程中进行讨论，如下是按照时间进度提供的课堂计划建议，仅供参考。整个案例课的课堂时间控制在90分钟，具体计划见表3.1。

表3.1 课堂计划建议

主题安排	用时	主要内容
课前预习	学生自由掌握	课前将案例正文发给学生并要求查阅学习相关知识点
案例背景介绍	15分钟	由学生或者教师进行案例背景介绍。同时可以向学生提问相关知识点
分组讨论	20分钟	根据学生人数，随机分组，但一般每组不超过8人。将案例说明中的问题发给学生，限定20分钟进行自由讨论，然后由小组推选的代表发言陈述
代表发言	10分钟	陈述解决问题的思路和具体方法，教师不做好坏评价
自由发言辩论	20分钟	此时，要启发学生质疑小组代表发言的内容，教师可以率先对一些发言进行质疑，引导学生自由辩论，引导学生进行多角度、更深入的思考
教师点评	25分钟	教师梳理案例的逻辑关系，指出案例的关键节点、理论依据、分析思路，评价各小组或者自由发言内容（一般不做是非的判断，只从可行性、合理性角度判断），进行后续问题的展望
课后安排	学生自由掌握	要求学生以小组为单位，每组提交一份案例分析报告。学生可以寻找类似企业进行实地考察，也可以前往爱菊集团参观座谈
总用时	45分钟+45分钟=90分钟	

八、后续进展

在第二次股份改革的基础上，爱菊集团又在走向国际（哈萨克斯坦）的背景下深化股权改革，吸收新的股份构成，充实原有的股份结构。但是，如何既保证在贾合义董事长集中统一领导下实现爱菊持续发展的目标，又防止他“一股独大”（占66.82%）带来的“能人管理”的决策风险和存续风险，是一个现实且难以解决的问题。

贾合义的初步想法是在哈萨克斯坦组建股份公司，同步考虑管理层及骨干员工持股。那位想辞职的经营科的小张，最终没有离开爱菊，并且成为爱菊派驻到哈萨克斯坦筹备油脂厂建设的首批员工，已经成为爱菊开拓新战场的中流砥柱，其薪酬待遇、发展平台都得到了大大的提升。公司发展壮大，区域、行业范围都在不断扩张，急需能够独当一面的经营型人才。相比2008年，现阶段推行更进一步的股权改革虽然晚了十年，但是，在国家粮食安全战略实施、市场逐步进入品质消费时代、营商环境改善等背景下，现在或许是最好的时机。

九、相关附件

员工持股计划的几种典型模式（详见附件三）。

十、参考文献

[1]陆雄文．管理学大辞典[M].上海:上海辞书出版社,2013.
[2]员工持股改革需走出三重“阴影”[N].经济参考报,2014-06-24.
[3]王俊强．企业小更要注重长期激励[J].中国劳动,2010(5):35-36.
[4]薛中行．中国式股权激励[M].北京:中国工商出版社,2014.

第四篇　揭开变革领导力的神秘面纱[①]

张丹妍　张红芳　郭亚军　王佳蕾

案例正文
AnLiZhengWen

摘要　本案例以爱菊粮油工业集团在企业发展过程中的四次变革事件为背景，描述了爱菊的领导者贾合义在变革过程中如何描述变革的愿景和目标，如何制订计划、促进实施，如何面对变革的阻力，最终带领爱菊员工成功推进组织变革，让企业一次次获得更好的发展。通过本案例的学习，帮助学生理解变革型领导的特质，学会应用组织变革的理性方法分析领导者在推动组织变革过程中应具有哪些能力，也有助于学生提升自身变革领导力。

关键词　领导力；变革型领导；组织变革的理性方法

0　引言

20 世纪 90 年代以后的世界将不属于“管理者”，或者那些玩弄数字的人；世界将属于充满激情、驱动力极强的领导者，他们不仅有无穷无尽的精力，也能激发他们领导的人群。

——杰克·韦尔奇

① 出于企业保密的要求，在本案例中对有关名称、数据等做了必要的掩饰性处理；本案例只供课堂讨论之用，并无意暗示或说明某种管理行为是否有效。

在西安，人人都知道爱菊，它和老百姓的生活息息相关。西安爱菊粮油集团是一家具有80多年历史的老企业，是国家级农业产业化重点龙头企业、全国主食加工业重点示范企业。而在1993年，36岁的贾合义接任西安市群众面粉厂（西安爱菊粮油集团前身）厂长时，其还是一个管理混乱、经营效益差的面粉厂，是当时西安三大面粉厂中发展最不好的一个。

在带领爱菊发展的二十几年间，贾合义抓住了一次次变革的机会，推动爱菊不断发展、不断创新，形成了行业内争相学习的“爱菊模式”。他坚持产品品质，坚持不打价格战，在整个陕西省面粉行业第一个取缔增白剂；他主导销毁价值几百万元的油脂周转桶，在全国首创10kg、15kg一次性中包装油品以拒绝地沟油、劣质油；他不畏个人得失，不惧仕途风险，主动推进企业股份制改革，激活企业管理活力；他勇于担起政府“放心馒头”和“放心豆制品”工程的实施任务，亲自带队考察调研、投巨资研发生产线，掀起主食产业化革命；他积极响应“一带一路”倡议，布局爱菊全产业链，使爱菊成为第一个在“一带一路”沿线国家哈萨克斯坦投资的粮油企业。

在一次次的变革抉择中，一开始总有人说贾合义疯了，贾合义在作秀。但时间和事实一次次证明他的选择是正确的，爱菊的业务得到不断开拓，企业经营效益不断提升，爱菊在行业中的地位得到了充分的认可。“贾总抓住了每次腾飞的要害，大事就像窗户纸，事后看起来简单，但贾总就是第一个捅破窗户纸的。”一位在爱菊工作了20年的员工这样评价他。时势造英雄？还是英雄造时势？或许，我们能从爱菊发展过程中的几次变革事件中找到问题的答案。

1　改革一定会有阻力

如果一项变革遭遇了极大的阻力，那么说明它要么是极好的，要么是极糟糕的。

——乔治·伦纳德《如何把事情做到最好》

1.1 来自员工大会上的挑衅

1993年5月，贾合义接手西安市群众面粉厂，正值计划经济向市场经济转型，面粉厂经营面临种种困难。贾合义上任后的第一次员工大会在面粉厂的仓库召开，员工们坐在石条凳上，贾合义做就职演说，提到企业存在的问题以及应该怎么改。演说慷慨激昂，下面的员工各怀心思。管理混乱、风气不正……这些问题存在也不是一年半载了，管理干部占着重要的位置，为自己牟利，侵害企业利益；厂区与家属区就隔了一道门，员工下班都习惯顺点东西回家，厂区有什么，员工家里就有什么；员工上班期间聊天、串岗，甚至还有赌博、打架的。一小部分占着重要位置的老员工，以及若干地痞流氓式的人物对贾合义的就职演说嗤之以鼻，“一个小年轻，能整出什么花来!”大部分员工对贾合义的改革想法也持反对意见，他们只关心是否会影响自己从厂里顺点日用品。还有一小部分员工看不惯其他人的行为，为企业的发展担忧，但对贾合义能否改变现状持怀疑态度。

贾合义雷厉风行，第一道指令就是关闭通往家属区的后门，杜绝员工下班顺东西回家。接下来，贾合义开展全厂工作作风治理整顿，开除了30多个地痞流氓。治理整顿过程中，有一次还是在仓库开会，已经被开除的几个人混了进来，放狠话道：“你等着瞧，我让你白刀子进红刀子出!”贾合义面不改色，当着全体员工的面说道：“我就说两点，第一，因为这事我牺牲了就是为公；第二，咱俩单练还不知道谁打得过谁!”通过此事，那一小撮地痞流氓被清理了，企业风气变了，员工也知道了贾合义要改变企业现状的决心，慢慢试着去接受贾合义的一系列改革措施。

1.2 两次打人事件

通过开除30多个寻衅滋事之人，厂里上下表面上都开始支持贾合义工作，但内心各有想法，特别是中层干部。一部分反对贾合义的中层干部担心自己的位置不保；一部分中层干部习惯了过去的工作方式，担心自己跟不上新领导的思路；有一部分有闯劲的干部跃跃欲试，欲一展身手……贾合义趁此时机进行了大刀阔斧的人事调整，科室从原来的17个减到了11个，所有中层重新上岗，基本上换了一遍。

在这个过程中，发生了两次打人事件。第一次打人事件发生在王东和张华之间。王东原来是厂办主任，在人事调整过程中被降为副主任，用陕西话讲，此人特别"皮干"[①]，上至中央、下至员工谁的闲话都说。后来因为琐事得罪了张华，张华直接在办公室就打了王东。张华虽是普通员工，但为人豪爽，也一向支持贾合义工作。贾合义知道这件事后，组织相关部门给出了处理意见：让张华交5000元保证金，写下不再打架的保证书贴到厂门口，并要求张华夫妻亲自去看望被打人王东。处理意见一出，张华直接找到了贾合义办公室，又气愤又委屈："贾总，王东到处说你坏话，我是给你出头，你还罚我！""张华，我知道你一向支持我。但企业要管好必须讲规则、讲制度，你打人就是违反厂纪厂规。且不说王东就是说我几句闲话，没有犯什么错误，就算犯错误了也要依章处分，打架能解决问题吗？"张华虽知理亏，但还是觉得委屈，"钱都罚了，你让我道歉我不去！""张华，我这是保护你，打人事情可大可小。"最终，张华去看望了被打的王东，这件事情让原来反对贾合义的一些干部放下了心里的石头，也让全体员工认识到了制度的刚性。

第二次打人事件性质有点严重，发生在两批人之间。张小锁是民工队的队长，因为生产科没做好工作上的一些事情，影响了不少民工的利益，生产科科长李民还拒不承认。张小锁直接召集了30多个民工，去找李民理论，慌乱之中把李民打了，李民伤得还不轻。生产科不干了，也召集了100多人，双方对峙。所幸，打架事件没有升级为群殴事件，除了李民外再无人受伤。但李民因为受伤较重，坚持要把张小锁告到派出所。贾合义为这事愁得几天没吃下饭，张小锁和李民都是贾合义上任后新提的干部，这次打架是为了工作起的冲突，其中并没有私心，张小锁确实打伤了人，但又是李民有错在先。贾合义希望能较圆满地处理这件事。这次贾合义没有着急出处理意见，先亲自到医院去看了李民，李民除了坚决要告张小锁外，其他的什么都不听。贾

---

① 陕西方言，意为多事、挑衅、插手不该管的事或者言语等。

合义天天去看望李民，还安排了所有中层天天去看望，也让张小锁天天去看望，不管李民反应如何，大家都坚持每天去医院看望。一个星期后，李民出院回到工作岗位，他上班的第二天，贾合义在中层干部会议上宣布了处理决定："现在决定因打架斗殴开除张小锁。"其他人一片沉默，李民却说道："贾总，其实这件事错在我，能不能算了，不要开除了。""那你不告张小锁了?"贾合义反问。李民知道自己也有错，当初坚持要告也是一时难以平息心头之气，经过一个星期大家的看望和张小锁的赔礼道歉，他心里也平静了许多。"不告了。唉，大家都是为了工作，双方脾气都大了点。""好，可以不开除，但这件事一定要按公司规矩重罚。"贾合义心里也舒了一口气，这是他最希望看到的结果，他不希望自己的员工因为工作惹上官司。

两次打人事件，完全不同的处理方式，在厂里产生了很大的影响。员工都知道了贾合义公正无私、重视制度和规则，也真心为员工考虑。此后，大部分员工，特别是中层，都真心实意要跟着贾合义做好企业。谁不想企业发展得好，谁不想过上好日子，过去企业风气太差，大部分人也只能随波逐流。

1.3 要发展，就要先转变思想、提高能力

大家虽愿意真心实意跟着贾合义做好企业，但实际工作中却力不从心。传统粮食行业的人员特点是学历低，厂里的员工，包括中层干部，大部分是中小学毕业，基础文化知识较差，更别说经过系统的管理理论和专业知识学习了。

企业要发展必须依靠人才能力的提升。1994 年，贾合义聘请西安交大管理学院教授来厂举办为期一年的中层及以上管理人员管理培训班，给管理层全面"扫盲"。随着管理人员思想的转变，管理理论和方法的学习，爱菊工作风气逐渐向上，管理水平逐步提升。1996 年，爱菊成为全省第一家通过会计电算化、计算机代替手工记账的企业。同年，爱菊开始全面实施 ISO9000 系列质量管理认证工作。

2　一切变革源于对现实的不满

改革是积极的，保守是消极的，前者以真理为目标，后者以安宁为目标。

——（美国作家）爱默生

1997年，贾合义萌生了改制的想法，但改制的内外部环境并不明确。当时虽然整个大环境在倡导国有企业改革，但粮食是特殊产品，粮食行业涉及民生根本，粮食局明确提出不建议改革。此外，随着粮食市场的放开，坚持不打价格战、坚持做高品质产品、积极建设自有销售渠道、积极搞全员销售的爱菊，在异常激烈的市场竞争下，虽销售一度从300万袋降到100万袋，但仍保持了生产经营的稳定。爱菊的员工一方面满足于爱菊当前的发展，另一方面对粮食行业未来发展感到迷茫，缺乏改制的动力。

2.1　激发员工改制动力

贾合义第一次在公司内部会上提出改制的想法时，员工在底下炸开了锅。“个人还能掏钱把国有企业买了？不可能吧。”“那不就成私营企业了，我们就不再是公家身份了。”

“我手上拿的是国家经贸委《关于1997年国有企业改革与发展工作意见的通知》以及《国务院关于进一步深化粮食流通体制改革的决定》。全国上下都在试点国有企业改革。”贾合义在会上解读了国家的相关改革政策。

“你看外面的私营面粉厂，倒闭了一大半。咱们爱菊不管经营得好坏，还有粮食局管着，国家财政兜着。”“是呀，这几年厂子发展得还算稳定，还是不要冒险的好。”员工依旧在下面议论纷纷。爱菊的员工经过几十年的计划经济和国有体制，留有深深的“铁饭碗”思想。在第一次关于爱菊改制的内部讨论中，大部分员工提出反对的意见。

第二次在会上讨论企业改制问题时，贾合义先讲了爱菊改制的意义，接着话锋一转，“大家还记得去年年终给所有员工发800元年终红包的事吗？”

下面的员工一脸疑惑，这是爱菊近年来的惯例，贾合义问这个干什么？“去年，粮食局因为这件事批评了我。说粮食系统很多企业都发不出工资，爱菊还发年终奖，影响不好。”贾合义接着说道。

“粮食局连这都要管?”有员工小声嘀咕。

“你们知不知道西安已经有企业推行了股份制改革。西安第一印刷厂1996年推行股份制，1997年利润比上一年度增长了4倍多，员工工资收入增长28%多，此外，职工还分了红利50.3%。”贾合义又向大家介绍了西安第一印刷厂的改制过程。

员工再次炸了锅。“我们发800元奖金都有人有意见，他们直接分红50.3%!”“我有个亲戚在第一印刷厂，所有员工都入股了，大家工作可有劲了!”①

“爱菊在市场、渠道建设方面提出了很多新想法，但对市场反应没有那些民营面粉厂快。”负责市场工作的一位中层如是说。

第二次关于爱菊内部改制的讨论在员工中激起了不满于现实的情绪。工作积极性不够、内部部门沟通不足、工作效率低，这些是当时员工经常讨论的话题。

……

前前后后，贾合义就企业改制在内部开会讨论不下10次，就股份制改革的思路及大方向和员工进行了充分的沟通。这一切使员工对企业改制充满期待。

2.2 主动争取改制

内部促需求，外部争政策。贾合义在内部通过反复沟通讨论，赢得了员工对改制的支持，但是粮食局这一关并不好过。关于改制的报告第一次报到粮食局就直接被否定了。“老贾，现在搞改制的，都是自上而下选定的试点企业。你们凑什么热闹!”粮食局局长说。爱菊毕竟不是上面拟定的改制试点，政策和方向都不明确，谁也不敢承担这个风险。为了争取政策，贾合义还专门跑到了北京。贾合义第二次打报告到局里，已有了万全的准备和破釜沉舟的决

① 西安第一印刷厂是列入西安市八家改制企业中的四家重点企业之一，于1996年10月推行股份合作制改革。霍钜．西安第一印刷厂实行股份合作制——国有企业改制新尝试[J]．今日印刷，1998(2):52-54.

心。在粮食局召开的会议上，贾合义陈述完报告后，半开玩笑地说："不批准我们改制我就不干了。"至此，局里说原则上同意改制，上报市政府审批。

1998 年 10 月 5 日，爱菊正式改组为股份制企业，入股职工占 98%。

3　领导就是让大家看到方向

愿景和使命碰在一起，会像化学反应一样，激发很多有意思的东西出来。他只有把自己点燃了，觉得做这件东西有意义，才会努力做下去。

——马云

3.1　主食产业化是发展方向

"民以食为天，随着人民生活水平的提高，消费者在经过了'吃得饱'的阶段后，正在追求'吃得安全'和'吃得健康'。我们爱菊要做主食产业化的创新引领者。"这是 2008 年始，贾合义在大会小会上说得最多的话，他坚信主食产业化是粮油企业未来发展的方向。

这种认知源于他和身边年轻人的沟通。陕西人爱吃面食，贾合义这一代人基本上都会自己和面、扯面、蒸馒头、做包子，但到了 80 后、90 后，会做面食的寥寥无几。一是不会做，二是没时间做。单位有一对年轻夫妻，要不在外面吃，要不就下个速冻饺子，基本上不在家里开灶。另外，近几年"毒馒头事件"频出、对非转基因食品的争议不断，老百姓对"吃"的品质要求越来越高。贾合义敏锐地感觉到饮食和粮油行业正在发生快速的变化。一方面，生活水平提高，老百姓的需求正从"吃得饱""吃得好"向"吃得健康"转变；另一方面，越来越多的上班族年轻人忙于工作，从"粮"到"食"，是粮油行业未来发展的必然趋势。此外，政府推行"放心工程"，而其他企业不愿意接受，这恰恰说明了主食生产这一趋势和"吃得健康"这一趋势在行业中才刚刚开始，对爱菊来说，这也是一次机会。

3.2　各部门配合按计划全力推进

主食产业化指用机械化、标准化、规模化生产，代替散乱的手工和半手工加工馒头、面条等主食。爱菊原来只做面粉和食用油，现在要做主食的规模化加工，从工艺、生产到销售都是全新的尝试。

首先，要抓紧研发生产工艺。其次，基于原来面粉销售自有网点的建设布局主食产品的销售渠道网络，在社区营销、网络营销等方面开始宣传健康安全主食，做好消费者引导。围绕主食产业化，贾合义对研发、生产、质量、销售、市场、宣传等各个业务口制定了详细的计划和措施，并亲自带领团队执行。

贾合义亲自带队先后多次前往杭州、上海等地进行考察调研。只要一有空，他就深入车间和工人们一起研究探讨设备改进工艺，经常忙到凌晨两三点。在他的影响和带领下，集团仅用了 8 个月的时间，就研发建成了全国第一条日消化面粉 1000 袋的全国最大的馒头自动化生产线。

馒头等主食的销售完全不同于面粉，需要更贴近消费者，更关注消费者的体验。为配合馒头等主食的销售，公司宣传部门统一设计了“群众厨房”的标识和销售亭；渠道部门快速出台加盟代理政策，加快销售网点建设；市场部门先后开展了以馒头等主食为重点的进社区直销宣传活动 50 多次。截至 2010 年底，爱菊在西安地区建设了“群众厨房”销售亭 256 个，形成了一级店 9 家、二级店 12 家、三级店 36 家的营销网点。

在研发、生产、市场、销售、宣传等多部门的努力下，按计划全力推进了“放心馒头”工程的顺利落地。“爱菊的馒头吃着放心、买着方便，家门口的社区店就能买到。”家住莲湖路社区的张大妈，每天都从“爱菊群众厨房”社区店买馒头，有时候还会带上一些豆芽、豆腐等。

3.3 让员工贴近消费者

领导层关于主食产业化的计划再好、再详细，也离不开从中层到员工的执行落地。很多企业变革失败的原因就在于中层往下的员工理解不到位、执行不彻底。贾合义深知改革目标的实现不仅在于详细的计划，更重要的在于让员工参与到变革计划的制订和实施中，让员工改变行为和态度。“如何让员工接受领导的思想？就是让员工去做，让生产的人接触到销售。”贾合义不仅要自己看清怎么推动业务，还要让员工看清。最早做面粉小包装产品的时候，员工并不认可。别看从大包装到小包装只是小小的改变，但却形成了对理念的冲击。“大包装生产简单，实惠；小包装麻烦，成本也会上去。”贾合义改变员工思想的做法是让员工搞直销，或者在节假日到粮店搞促销。员工跟客户近距离接触，了解了老百姓的想法，自然而然就接受了小包装的理念。“现在面食在老百姓的饮食结构中比例降低，家庭面粉消耗量没那么大，大包装的面粉经常放几个月。”“很多老人，子女不在身边，25kg的面粉要自己扛上楼很困难。”爱菊自有销售网点的建设在主食产业化中是非常重要的环节，不仅仅是销售渠道和终端，更是了解消费者需求的重要路径。做什么馅的包子受老百姓喜欢？如何生产出符合手工扯面口感的面条？这些都是爱菊一线员工每天思考和讨论的问题。主食产业化的变革影响到了爱菊每一个人的态度和行为的改变。

4　执行是对战略最好的支撑

爱菊成功的关键只有一点：比别人走得早了一点，并且坚持。

——爱菊集团董事长贾合义

4.1　决定“走出去”

贾合义善于评估内外部环境的变化，以此来迅速判断爱菊前进的方向。在主食产业化如火如荼推进的时候，贾合义就开始思考优质原料的问题。优质的原料是优质产品的基础保障，新疆、黑龙江、吉林、内蒙古、河北、河南……爱菊采购人员跑遍了国内各大粮食作物产区，发现在国内优质的小麦和油脂原料越来越不好找。一方面，随着城市化进程加快，耕地面积进一步缩减；另一方面，土壤污染问题并没有得到有效治理，继续影响着粮食产量和质量。贾合义也带着人到过俄罗斯、加拿大、澳大利亚等国家，但一直未找到合适的原料来源。2015年5月，贾合义在阿拉木图参加第十三届哈萨克斯坦—中国商品展览会，发现哈萨克斯坦农业种植生产加工水平虽相对落后，但这恰恰保障了其油脂油料绿色、无污染、非转基因的好品质，这正符合爱菊集团追求高品质原料的要求，同时也符合当前国人健康消费的理念。

“爱菊已有80多年的悠久历史。在经营过程中，我们一直在做品质，靠品质和质量赢得消费者认可。我们为了把面粉、油脂做到最好，为了保证原料的数量和质量，在青海、呼伦贝尔等地种过地，都不能有效保证供应。所以我们要‘走出去’，‘走出去’的方案已经研究了十几年。我们深知，农产品不是加工技术多高，而是原料要好，我们发现哈萨克斯坦就很合适。”贾合义在接受《每日经济新闻》采访时这么说。

4.2 提出打造海外有效粮仓

可是从哈萨克斯坦进口粮食并不是件简单的事情，要保证海外粮仓的有效性，一是要保证粮食的高质、稳定供应；二是要打通快捷、低成本的物流通道；三是各种综合成本算下来要有盈利空间。要做好这件事情必须要协调多方资源。

陕西省粮食供需一直处于紧平衡状态，西安市居民消费中的小麦、大米和油脂，有一部分需要从外地调入，因此，为陕西、西安寻找建立一个绿色、稳定的“粮仓”尤为重要。“寻找建立一个稳定的粮仓，对保障西安市粮食安全具有十分重要的现实意义。西安市粮油缺口在20亿斤（含10亿千克）以上，爱菊集团与哈萨克斯坦合作，每年将为西安提供10多亿斤优质粮油。”贾合义这样解释爱菊“走出去”的原因。爱菊关于海外粮仓的构想和行动得到了西安市委、市政府的大力支持。

在和哈萨克斯坦各方合作的过程中，为了加深双方的信任，爱菊主动邀请哈萨克斯坦贸易投资部和哈萨克斯坦驻华大使馆主要负责人来西安爱菊集团实地参观，使他们了解企业实力与项目的实施意义；为消除文化习俗差异，爱菊集团聘请了当地熟知两国习俗和业务的相关人员，以加强双方的沟通，尊重双方的文化；此外，爱菊集团还坚持互利共赢的理念，为哈萨克斯坦的当地居民解决了就业问题。2016年12月6日，爱菊集团董事长贾合义和北哈州州长叶利克·苏尔坦诺夫、合作方代表萨肯共同按下启动按钮，标志着中哈爱菊农产品加工园区一期工程建设完成并顺利投产。这是哈萨克斯坦最大的油脂加工项目，年产油脂16万吨，是“中哈51个产能合作项目清单”中唯一正在进行且已落地的农业产能项目。

爱菊最早到哈萨克斯坦采购2000吨油脂，找遍了全国都不够，最后搜集了半个月才够2000吨。哈萨克斯坦虽然耕地面积巨大，但基本依靠自然条件，亩产量低。因为卖粮难及文化价值等方面的因素，粮户种植积极性也不高，这样根本就无法提供稳定足量的原料。爱菊最早到哈萨克斯坦的两年曾尝试“租粮种地”，但哈萨克斯坦人非常看重土地，租粮种地的两年来自当地的反对舆论频繁。后来，贾合义提出新型订单农业合作社的举措，由爱菊牵头成立订单农业合作社，西北农林科技大学、哈萨克斯坦国立大学、当地农场主等共同参与，采取“订单农业、订单收购”的方式，努力实现选种、育种、种植、灌溉、收割、收购等一条龙运营。目前已推广原料种植150万亩，长期将达到500万亩。这样既可保障粮油数量和质量安全，又缓解了与哈萨克斯坦群众的矛盾。

为降低粮油运输成本，保证有效的利润空间，贾合义提出在哈萨克斯坦、阿拉山口、西安国际港务区分别投资，构建起“北哈州—阿拉山口—西安”三位一体的“关键枢纽体系”，铸就中亚及周边国家粮食进出口陆路大通道。哈萨克斯坦爱菊农产品物流加工区目前拥有年加工能力30万吨的油脂厂，拥有两条铁路专用线，同时爱菊在哈萨克斯坦收购改建了两个仓容量为5万吨的粮库，拥有四条铁路专用线，并新建两个日处理量可达1000吨的烘干塔。哈萨克斯坦爱菊农产品物流加工园区将建设成为境外粮油枢纽中心，成为中哈贸易的重要物流节点。2017年5月8日，阿拉山口爱菊农产品物流加工园区开建，同年12月31日，年加工能力10万吨的面粉厂投产，园区目前配备5万吨筒仓和2000平方米仓库。阿拉山口爱菊农产品物流加工园区位于阿拉山口综合保税区，将被建设成为连接中外的加工中转分拨中心。位于西安国家港务区的爱菊农产品物流加工园区目前正在建设中，被规划为西北粮油及其深加工集散中心。

“打造海外粮仓，保障我国粮食数量和质量的供应安全，促进我国土地休耕。”贾合义从国家粮食安全战略的角度去理解爱菊打造海外粮仓的价值，受到了国家有关部门的高度认可。爱菊作为一家民营粮油企业，成为“一带一路”粮食安全国家级课题的重要成员。

4.3 开拓创新、不畏艰难的团队

种粮容易，拉回来难。打造海外粮仓的计划完善、各种政策支持到位，但真正要把粮食运回来，细节之处困难重重。贾合义提出海外粮仓整体构想后，后续的实施和落地基本上是经营副总刘总带着团队完成的，这是一支开拓创新、不畏艰难的团队。

首先是运输过程中的各种问题。哈萨克斯坦没有专列出口的先例，冬天怎么装油脂成了一个难题，现场一个暖房都没有，爱菊团队当即决定先盖暖房。到运小麦的时候，国家不允许散装散运，爱菊团队就开始协调有关各方，还专门研发了一个卸粮装备，以避免撒漏现象。逢山开路、遇水架桥，爱菊开拓创新，逐一解决问题。

其次是报关手续问题。进出口企业报关需要载货清单，即“舱单”。以前1节车厢生成1个舱单，1个舱单对应1票报关单，爱菊从哈萨克斯坦采购2000吨初榨食用油，就需要申报86票报关单，不仅通关成本高，而且加长了过关时间。为此，刘总带着负责报关的员工主动找海关协商解决，西安海关提出“舱单归并”的报关新模式，即将同一品名、同一规格、同一合同、同一公司、同一列次的大宗进口货物合并，可以少报很多票报关单。西安国际港务区、西安海关推行的这一报关新模式，既提升了班列通关时效，也为企业节约了通关成本。此后，爱菊再从哈萨克斯坦采购2000吨初榨食用油，就从原来需要申报86票报关单缩减为2票，节约通关费用达97%。

后来，爱菊决定在哈萨克斯坦投资建厂。最早开赴哈萨克斯坦的是一支平均年龄不到30岁的管理人员组成的团队，有的孩子尚幼却不能照顾，有的才结婚半年却又分离，有的语言不通，三个月全靠比划交流，但谁也没想到短短半年间，他们就在异国他乡的艰难条件下完成了油脂厂的建设。网络只有2G，娱乐节目就是欣赏自然风光，洗个热水澡要在雪地中步行2公里，这是所有人的共同回忆。“最难熬的不是时间紧、任务重，而是从未面对过的极端低温，我们每天干活都需要小心翼翼：电缆不能硬折，因为有可能一折就断；有的设备必须轻拿轻放，因为外壳遇冷变脆，可能一摔就碎；从衣服兜里伸出来的手不能接触任何东西，因为手很可能瞬间就被冻在钢铁上。”自然条件的恶劣可想而知。一群80后、90后，在没有网络、远离现代都市的地方，创造了冰天雪地里半年建成一个油脂厂的奇迹。他们说：“我们相信贾总、刘总，我们做的事情不仅是为了工作和爱菊的发展，也有利于实施国家粮食安全战略。”贾合义的“雄心壮志”影响了一个个爱菊人。

4.4　未来畅想

便利的交通、优惠的政策催生了贾合义更多新点子。北哈州的物流园目前占地2100亩，已建成年加工油料30万吨的油脂厂，未来规划面积将达到5000亩。还将搭建平台吸引生产牛羊肉、奶蛋制品的企业入驻，形成产业集群。而150万亩土地的“订单农业”协议，将在未来3~5年内扩大到500万亩。贾合义说：“哈萨克斯坦的农产品得到了欧盟的认证，我们的产品可以直接销往欧洲，扩大了市场容量，企业利润能增长30%左右。”

在具体项目措施上，爱菊集团采取四步走方略：一是以原料采购方式从哈萨克斯坦运入优质面粉和食用油以满足中国国内加工；二是在哈萨克斯坦初加工后运回国内进行深加工；三是在哈萨克斯坦以油脂厂、面粉厂为依托，吸引各类农副产品加工企业入驻，形成产业集群和农业产业园；四是依托逐渐成熟的进出口方式，出口陕西省乃至中国的特色产品，将其推向哈萨克斯坦。

5　尾声

一个人开车技术的高低，在平坦的大路上是看不出来的，只有在遇到危急情况或险峻山路时，才能看出司机的反应速度和驾驶技术。同样，在一切都顺利的时代很难看出一个人的真正能力，一个人的能力在处理危机事件和紧急事件时最容易体现出来。这就是为什么在战争和变革年代比较容易区分英雄和狗熊的原因。

——俞敏洪

“适度延伸、谨慎跨界。”这是贾合义对爱菊这二十几年发展的总结。变革充满不确定性，看似充满机会，但其实困难重重；但贾合义心里有一套章法，抽丝剥茧、稳扎稳打。现在，贾合义又开始思索爱菊的下一个机会在哪里。

案例教学说明
AnLiJiaoXueShuoMing

一、教学目的与用途

1. 适用课程

领导力、战略管理。

2. 适用对象

本案例主要为 EMBA、MBA 开发，适合具有一定工作经验的学员和管理者学习。本案例教学对象以具有一定企业管理、战略管理知识基础的同学为宜。实践经验较少的学生应加强课前对相关基础资料和管理理论知识的准备。

3. 教学目的

本案例以爱菊粮油发展中的四个变革事件为背景，对变革领导力以及领导在变革过程中的合理做法进行了深入分析和探讨，使学生掌握变革、变革领导力的基本概念和变革的一般过程以及领导组织变革的理性方法，同时培养学生运用组织变革的理性方法对企业变革进行分析的能力，促进学生理解为什么有的变革失败、有的变革成功。具体而言，教学目标包括以下三个层次：

（1）知识传授点。

①核心知识点：变革型领导；组织变革的理性方法。

②相关及辅助知识点：相关领导力理论；变革 SARA 模型。

（2）核心训练点。

变革型领导在领导组织变革的过程中如何应用理性方法。

（3）观念改变点。

①变革型领导并不是简单的具有领袖魅力，变革型领导是一个相对于交易型领导的概念。交易型领导是指在一定的体制和制度框架内，领导者和被领导者以某种交换关系来满足彼此需求，因此交易型领导面对的是以经济、政治、心理的交易为前提的追随者，对追随者的内心动力影响有限，并不能有效推动组织或社会进步。而变革型领导通过影响追随者的价值观体系，来提高追随者的目标需求层次，激发成员的自我动力，能够推进组织或社会发展。因此，学生可能认为变革型领导不以交换为基础，那么领导者一定具有领袖魅力，从而过多关注于领袖魅力，而忽略了对于变革领导力方法的学习。

②变革领导力不仅仅体现于领导者的特质上，更体现于在危机情景下与追随者互动关系中的一系列理性方法的应用，帮助学生在组织变革的理性框架下分析变革领导力如何发挥作用。

二、启发思考题

设置启发思考题的目的在于帮助学生提前做好案例学习的准备工作。通过完成课前作业中的启发思考题，学生可以有较为充足的时间预习案例的内容及相关素材，在问题的引导下熟悉案例的故事情节，初步了解案例的背景及要点，主导思考并获取相关的理论与实践知识，以提高课堂学习案例的效率。本案例可以用于启发思考题的内容如下：

（1）贾合义是天生具有领袖魅力还是应用了有效的变革领导方法？

（2）贾合义刚刚接手企业时遇到了哪些阻力？他是如何应对的？

（3）在1998年股份制改革时，贾合义如何改变员工想法，让员工主动愿意改制？

（4）推动主食产业化战略时，爱菊采取了哪些方式使战略落地？

（5）爱菊打造海外粮仓的战略为什么能得到各方的认可？

（6）从贾合义身上你看到了哪些领导力特质？在贾合义实施的变革中，你学到了哪些有效的领导变革的方法？

三、分析思路

本案例描述了四个变革事件，需要引导学生从四个案例中综合分析得出变革型领导的特点和引导组织变革的方法，当然对每个变革事件也可以有侧重的分析。建议在课前让学生熟悉相关理论，或者在分析过程中将理论讲述和案例分析相结合。

案例讨论以“贾合义是天生具有领袖魅力还是应用了有效的变革领导方法?”问题导入，根据学生的回答分析魅力型领导的特点，介绍引入组织变革的理性分析方法。

然后组织学生应用组织变革的理性方法分组讨论案例的四个变革事件中贾合义的领导行为和领导方法。可以分四组，每组以一个变革事件为核心展开分析，并结合其他变革事件总结分析组织变革理性方法的一个维度。分析引导问题如下：

（1）贾合义在接手面粉厂并进行管理改革时，遇到了哪些阻力?他是如何应对的?（结合其他三个变革事件，总结组织变革中的阻力有哪些，应对措施如何）

（2）在爱菊推进股份制改革时，一开始员工并不认同，贾合义是如何改变员工想法的?（结合其他三个变革事件，总结组织变革中提高员工满意度的方法）

（3）推进主食产业化的过程中，贾合义如何将战略想法落地?（结合其他三个变革事件，总结组织变革过程中的领导行为和方法）

（4）贾合义提出“打造海外粮仓”的想法为何能够得到内外部各方的支持?（结合其他三个变革事件，总结在提出组织变革框架维度时的领导行为和方法）

最后将四个变革事件联系起来，学生总结讨论，通过贾合义的变革过程，学到了哪些有效的领导变革的方法。然后教师总结并给出领导变革的理性方法模型，结合变革型领导和魅力型领导的概念，总结领导变革的感性方法和理性方法在实践中的价值及相互有效补充。案例分析框架见图 4. 1。

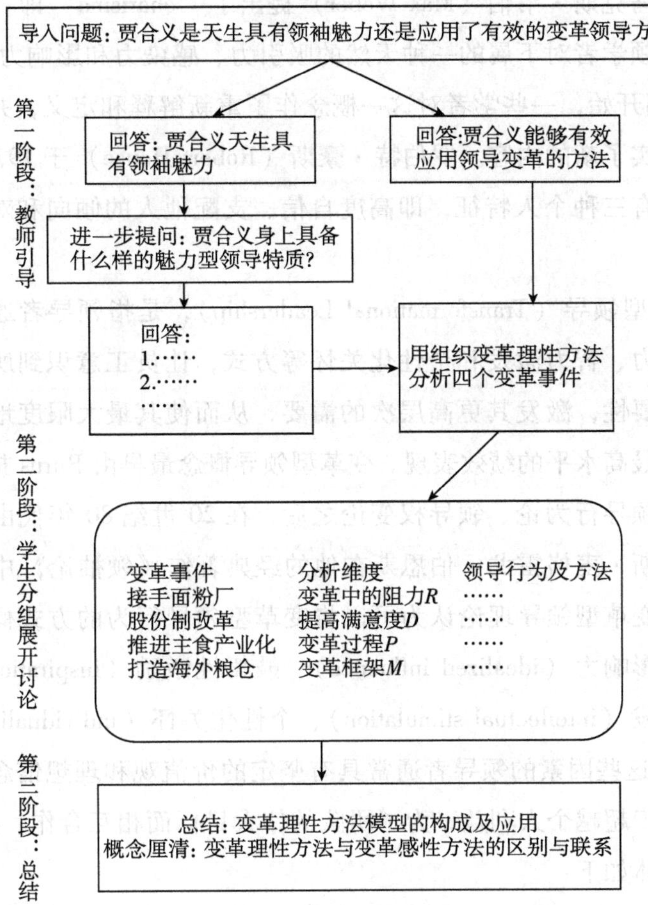

图 4.1　案例分析框架

四、理论依据与分析

（一）导入问题：贾合义是天生具有领袖魅力还是应用了有效的变革领导方法?

1. 理论依据：领导变革的感性视角，魅力型领导和变革型领导

（1）魅力型领导理论（Charismatic Leadership Theory），是指领导者利用其自身的魅力鼓励追随者并做出重大组织变革的一种领导理论。20 世纪初，

德国社会学家马克斯·韦伯（Max Weber）提出了“charisma”即“魅力”这一概念，意指领学者对下属的一种天然的吸引力、感染力和影响力。从20世纪70年代后期开始，一些学者对这一概念作了重新解释和定义，并进行了深入的研究，充实了新的内容。罗伯特·豪斯（Robert House）于1977年指出，魅力型领导者有三种个人特征，即高度自信、支配他人的倾向和对自己的信念坚定不移。

（2）变革型领导（Transformational Leadership），是指领导者通过领导魅力、领导感召力、智力激发和个性化关怀等方式，让员工意识到所承担的责任及任务的重要性，激发其更高层次的需要，从而使其最大限度地发掘自身的潜力来取得最高水平的绩效表现。变革型领导概念最早由Burns提出，是继领导特质论、领导行为论、领导权变论之后，在20世纪80年代由美国政治社会学家詹姆斯·麦格雷戈·伯恩斯在他的经典著作《领袖论》中提出的一种领导类型。变革型领导理论认为可以将变革型领导行为的方式概括为四个方面：理想化影响力（idealized influence）、鼓舞性激励（inspirational motivation）、智力激发（intellectual stimulation）、个性化关怀（individualized consideration）。具备这些因素的领导者通常具有坚定的价值观和理想信念，他们能成功地激励员工超越个人利益，为了团队的伟大目标而相互合作、共同奋斗。这四个方面具体如下：

①理想化影响力。

理想化影响力是指能使他人产生信任、崇拜和跟随的一些行为。它包括领导者成为下属行为的典范，得到下属的认同、尊重和信任。这些领导者一般具有公认的较高的伦理道德标准和很强的个人魅力，深受下属的爱戴和信任。大家认同和支持他所倡导的愿景规划，并对其成就一番事业寄予厚望。

②鼓舞性激励。

领导者向下属表达对他们的高期望值，激励他们加入团队，并成为团队中共享梦想的一分子。在实践中，领导者往往运用团队精神和情感诉求来凝聚下属的努力以实现团队目标，从而使所获得的工作绩效远高于员工为自我利益奋斗时所产生的绩效。

③智力激发。

智力激发是指鼓励下属创新，挑战自我，包括向下属灌输新观念，启发下属发表新见解和鼓励下属采用新手段、新方法解决工作中遇到的问题。通过智力激发，领导者可以对下属的意识、信念以及价值观形成产生激发作用并使之发生变化。

④个性化关怀。

个性化关怀是指关心每一个下属，重视个人需要、能力和愿望，耐心细致地倾听，以及根据每一个下属的不同情况和需要区别性地培养和指导他们，这时变革型领导者就像教练和顾问，帮助员工在应付挑战的过程中成长。

（3）领导理论认为，魅力型领导不一定是变革型领导，但是所有的变革型领导一定是魅力型领导。无论是魅力型领导还是变革型领导，都是从领导的个人魅力出发，勾画出一幅吸引人的未来图景，并通过这一图景，激发追随者的高度兴趣，并与之建立牢固的情感依附关系，从而改变所处的组织和社会。魅力型领导和变革型领导理论是领导变革的感性视角。

2. 案例分析

在贾合义带领组织变革的过程中，有两种力量在发挥作用：一类是魅力型领导特质，比如高度自信、愿意冒险等；另一类则是贾合义所具有的理性的领导能力，比如系统思考的能力、制订详细计划的能力等。在贾合义领导变革的过程中，并不仅仅是领袖魅力在起作用，而是其他一些非常具体的系统性领导技能发挥了关键作用，比如确定新的组织愿景，提高下属对现状的不满意度，辅导下属以新的方式做事、克服阻力等。

（二）问题一：变革阻力及对应领导方法讨论分析

1. 理论依据

（1）变革 SARA 模型。

人们面对变革的反应表现出四个阶段的不同态度。第一阶段，当变革最初被推出时，人们接到改变现状的挑战，最初的反应可能是震惊或否定；第二阶段，当变革启动时，人们可能害怕被影响、感到愤怒；第三阶段，人们的愤怒会转化为对变革的反抗或抗议；第四阶段，人们接受并开始拥护变革，组织才能真正从变革中获益。变革 SARA 模型见图 4.2。

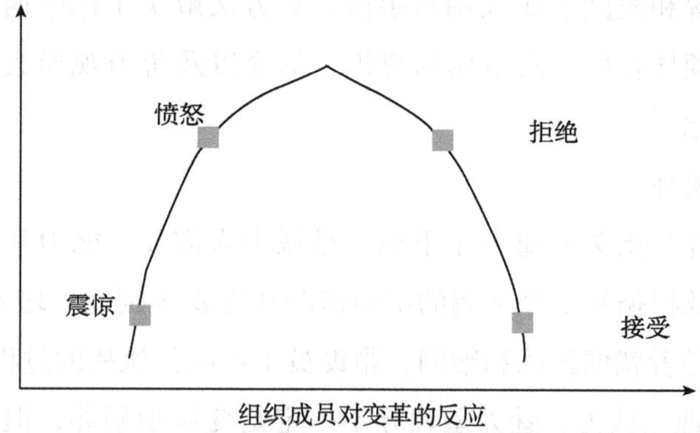

图 4.2　变革 SARA 模型

（2）变革中阻力产生的原因以及领导的处理方法。

变革中常见的损失和领导者可能的行为见表 4.1。

表 4.1　变革中常见的损失和领导者可能的行为

损失	领导者的应对行为
权力	表现出移情、良好的倾听技能，以及构建权力的新方法
奖励	设计和实施新的奖励制度来支持变革
胜任力	辅导、个人指导、培训，同事辅导，工作援助确保
关系	帮助员工在变革发生前或变革一发生就建立新的关系，强调新角色的价值
身份	表现出共情，强调新角色的价值

2. 案例分析

（1）在贾合义刚接手面粉厂推进一系列管理改革时，中层干部及员工经历了四个情绪变化的典型阶段。

第一阶段是震惊和难以置信。爱菊的员工可能完全没有意识到贾合义真的要下决心改变工作作风，而且真的开除了 30 余人。

第二阶段是愤怒阶段。被开除的员工心有不甘，甚至想伺机报复；原有权力或利益受到影响的员工内心愤怒，把相应的情绪转移到了工作中；大部分员工因为不能从公司占到小便宜，也要发泄情绪。

第三阶段是拒绝阶段。这一阶段员工已经知道变革是不可逆的，但心里并没有完全接受，表现出消极对抗的态度。

第四阶段是接受阶段。员工认知到企业管理改革的方向以及改革将会给企业带来的好处，接受新的管理制度和管理体系，并且积极做新体系的捍卫者。

（2）员工会产生这些情绪的原因以及贾合义做出的应对。

员工产生情绪，有两个深层次的原因：一是贾合义改变了员工习以为常的工作方式，他们担心失去原有的收益，造成了老员工精神层面的损失；二是在变革初期，尚未产生收益，大部分员工看不到贾合义变革带来的希望，导致追随者期望与现实落差较大，产生不信任和沮丧。爱菊变革中遇到的阻力原因及贾合义的应对行为见表 4.2。

表 4.2　爱菊变革中遇到的阻力原因及贾合义的应对行为

阻力产生的原因	领导者的应对行为
变革初期的期望落差	设置现实可行的期望、保持耐心
害怕失去原有权力	建立公正明确的构建权力的新方法；培养一批支持者；让原有权力拥有者了解新的标准
对变革的胜任力不足	辅导、个人指导、培训，确保追随者尽快熟悉新制度、新技能
角色身份认知	帮助员工在变革发生前或变革一发生就建立新的关系，强调新角色的价值
物质的损失	设计和实施新的奖励制度来支撑变革的发生

（三）问题二：对变革中激发对现状不满意度的领导方法讨论分析

1. 理论依据

追随者的满意程度是领导推动变革能力的重要构成因素，对现状的不满意程度是组织变革的助燃剂。要改变现状，就需要领导采取行动降低员工的满意度水平。追随者的情绪是组织变革的助燃剂，领导者要将不满意度提高到一个临界值，促使追随者主动要求做出改变。

首先，领导需要确定追随者对现状的满意度水平，可以通过客户投诉、满意度调查、抱怨记录或谈话资料来搜集。其次，领导应该采取有效措施提高追随者的不满意度，领导者可以谈及可能的竞争、技术威胁或员工关心的现状，也可以利用甚至制造某种财务、政治危机，以其他组织标杆进行管理或大大提高绩效标准，这些行动都有可能提升追随者的情绪层次，但必须确保这些情绪会导向领导者为组织设计的愿景。

2. 案例分析

变革事件二中，贾合义对追随者对现状不满意程度的有效激发是其能够成功领导变革的关键。

（1）1997 年贾合义第一次萌发改制的想法，但是企业内外对现状较为满意，变革意识并不强，缺乏组织变革的助燃剂。随着粮食市场的放开，坚持不打价格战、坚持做高品质产品、积极建设自有销售渠道、积极搞全员销售的爱菊，在异常激烈的市场竞争下，仍然保持了生产经营的稳定。爱菊的员工一方面满足于爱菊当前的发展状况，另一方面对粮食行业未来发展感到迷茫，缺乏改制的动力。

（2）1998 年，贾合义再一次提出改制，通过提升员工对现状的不满意度，促进了员工参与改制的动力和意愿。贾合义的具体做法如下：

①多次召开讨论会，引入员工最关心的话题。

②通过员工最关心的年终发奖金受到上级部门控制一事，激发了员工对现行政企不分体制的不满。

③通过讨论员工最关心的收入话题，与标杆企业改制后员工收入快速增长相比，爱菊发 800 元奖金都有障碍，进一步激发了员工对当前现状的不满，使员工在羡慕别的企业的同时，增强了对于股份制改革的渴望。

（四）问题三：对变革框架的领导方法讨论分析

1. 理论依据

分析组织变革的框架有四个关键组成部分：环境分析、愿景、识别支持愿景的一系列目标以及需要做出的制度改变。

①环境分析。组织不断受到经济、技术、竞争、法律和社会挑战的冲击，优秀的领导者总是在扫描外部环境并评估这些威胁的严重性。同时，优秀的

领导者善于分析内部的优劣势。及时了解当前事件、花时间评估组织报告、倾听追随者的忧虑是领导进行内外部环境扫描常用的一些技术。

②愿景。领导通过内外部环境扫描获取信息后，可以为变革活动构建愿景。领导者往往会向追随者征求意见，或者与追随者团队共同打造出愿景，从而提高追随者对于愿景的归属感。

③识别支持愿景的一系列目标。领导者根据环境扫描结果和愿景描述，制定明确的、关于某一阶段内要实现的目标，如市场份额、获利能力、收入或客户增长等。

④需要做出的制度改变。期望成功实现变革的领导者需要采取一种系统性的思考方式，为系统变革制订必要的行动方案，确保组织愿景或目标改变时，需要思考组织结构、组织文化、组织制度和领导者、追随者能力的相应变化等问题。系统性思考中组织各要素的互动见图 4.3。

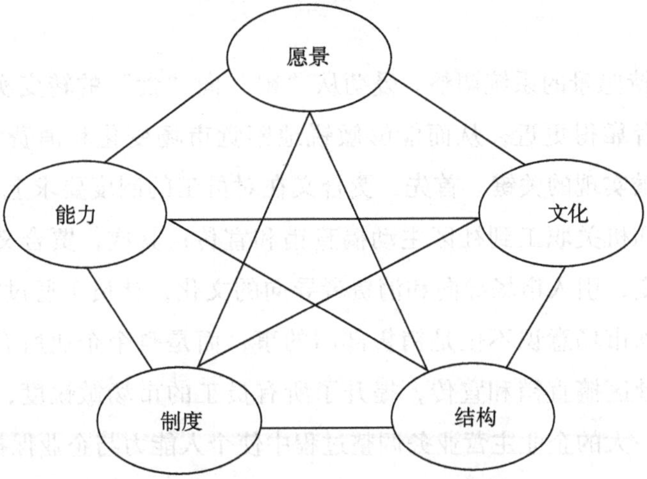

图 4.3　系统性思考中组织各要素的互动

2. 案例分析

事件三爱菊主食产业化变革的成功推行，在于贾合义能够明确变革框架的四个要素，并采取了有效的领导方法。

（1）有效的内外部环境分析。贾合义敏锐地感觉到饮食和粮油行业正在发生快速的变化。一方面，生活水平的提高，使老百姓正从吃得饱、吃得好向吃得健康转变；另一方面，越来越多的上班族年轻人忙于工作，从“粮”到“食”，是粮油行业未来发展的必然趋势。此外，政府推行“放心工程”，而其他企业不愿意接受，这恰恰说明了主食生产这一趋势和吃得健康这一趋势在行业中才刚刚开始，对爱菊来说，这也是一次机会。

（2）在有效的环境扫描中，重塑了爱菊从“粮”向“食”转变的新的战略愿景：主食产业化的创新引领者。

（3）明确了主食产业化这一愿景的目标支持体系。为了支持主食产业化这一愿景，贾合义制定了非常具体的各类目标。一是设备研发目标：在全国没有馒头生产设备的情况下，在采购的面包生产设备基础上进行了8个月的自行研发，改造出馒头生产设备。二是生产目标：明确馒头生产的目标为日消化1000袋面粉。三是宣传目标定位：统一标识设计。四是渠道建设目标：“群众厨房”销售亭256个、一级店9家、二级店12家、三级店36家的营销网点建设。

（4）支持愿景的系统调整。爱菊从“粮”向“食”的转变实质是将生产链条向消费者靠得更近，从而能够敏锐地察觉市场变化和消费者潜在需求，这是确保愿景实现的关键。首先，贾合义在对员工的制度要求上做出了调整，要求生产线和机关职工到社区主动搞直销和宣传；其次，贾合义关注员工思想理念的转变，引入市场导向和消费者导向的文化，让员工通过宣传和直销，真正理解增强市场意识不仅是销售部门的事，而是整个企业所有人的事；最后，通过在社区搞直销和宣传，提升了所有员工的市场敏锐度，保证了在主食产业化这一大的企业主营业务调整过程中使个人能力与企业保持一致。

（五）问题四：对变革过程的领导方法讨论

1. 理论依据

变革过程的领导方法是指领导者要根据变革的深度和广度，提出详尽的变革计划，并落实到每一个层级每一个员工的行为态度的改变，才能让变革计划真正落地。变革过程，包括了变革计划的发展和执行部分，变革计划应列出达成新的组织目标应确定的时间发生次序、关键性产出、时间进程、各方责任、关键绩效指标和反馈机制。

领导者应该提高追随者对变革计划的承诺水平。第一种方式是与追随者一起创建变革计划；第二种方式是领导者清楚表达对行为和绩效的预期，令变革活动参与者个人的收益明显化，同时建立领导者和追随者之间强有力的信任关系；第三种方式是领导者应该花大量时间回顾变革，要求个人承担职责；第四种方式是领导者应该意识到追随者会由于缺乏毅力而出现风格转变，领导者应该以迅速一贯的方式来处理这些改变。

2. 案例讨论

变革事件四，爱菊“走出去”，从国内陕西关中地区发展到在“一带一路”沿线跨国发展，这对爱菊来说是一个非常大的变革，这一变革成功推行的关键在于贾合义对变革过程制订了详尽的计划，并且在这一过程中获得了追随者的忠诚的支持。

（1）变革过程中详尽的变革计划。从时间流程看，爱菊“走出去”的每一步都有着明确的、细致的计划。

①寻找粮源基地：从在国内外寻找优质粮源基地，到最终确定在哈萨克斯坦建立基地。

②争取与哈萨克斯坦形成合作：从主动邀请哈萨克斯坦核心人员来爱菊考察，加强双方的理解和沟通，到主动承诺解决哈萨克斯坦当地就业问题，再到最后双方合作项目签字。

③打造海外粮仓：租粮种地—建立订单农业合作社—与西北农林科技大学（简称“西农”）进行合作研发—实施订单农业订单采购—收购粮库—建设境外粮油枢纽中心和阿拉山口农产品物流加工园。

④物流运输：收购铁路专运线—建暖房—研发卸粮装备—报关新模式的沟通和推行。

（2）变革中追随者的信任和支持。在“走出去”这一变革计划的构想、推行和实施过程中，贾合义都是和其追随者一起决策、一起想办法、一起实施；同时贾合义在不同场合清晰阐明了“走出去”这一变革计划对于爱菊、对于爱菊每一个人、对于各类消费者、对于“一带一路”倡议的推行、对于中国土地休耕战略的意义和价值，这些都赢得了其追随者发自内心的信任、信赖、忠诚和支持。

（六）总结问题：通过贾合义在四个变革事件中的做法，总结领导变革的有效方法

1. 理论依据：领导变革的理性分析方法

在领导变革过程中，除了领导者个人魅力这一感性视角，比尔（Beer，1999）的理性模型还为计划实施变革活动的领导者提供了有效的路线图，同时它也是理解变革活动为何成功或失败的诊断工具。比尔的模型为：

$$C = D \times M \times P > R$$

其中，C 代表变革的力度；D 代表追随者对现状的不满意度；M 代表变革的框架，包括愿景、目标、制度等；P 代表变革的过程，包括开发实施系列计划；R 代表变革的阻力。领导者可以通过提高追随者对现状的不满意水平、使愿景更清晰、开发出经过深思熟虑的变革计划或降低追随者的阻力，来提高变革幅度。$D \times M \times P$ 是相乘关系，任何一个条件未满足，都不会导致变革。该模型认为组织变革是一个高度系统化的过程，领导实践者要成功领导变革应在以下四个方面展示出相应的能力以提高变革力度：不满意程度（Dissatisfaction），是组织变革的助燃剂，领导者要具备识别以及提高不满意度的能力。变革框架（Model），包括环境分析能力、建立清晰的愿景、提出更高的目标，根据新的战略和目标对组织能力、结构、制度、文化进行系统性构建。变革过程（Process），要根据变革的深度和广度提出详尽的变革计划，并落实到每一个层级每一个员工的行为态度的改变，才能让变革计划真正落地。阻力（Resistance），变革的阻力可能来自原有制度体系的惯性、害怕损失、能力的不足、变革初期的绩效降低等。

组织变革的理性方法为领导者提供了推动变革的系统化流程，并且有助于领导者增进对本组织中变革项目成败原因的理解。领导者可以运用 $C = D \times M \times P > R$ 模型设定新的愿景和目标，改变公司提供的产品和服务，或者改变用于支持组织目标的财务、人力、生产、销售体系。同时，领导者也可以将

这一模型作为诊断工具，确定公司在变革的过程中存在哪些缺陷，是追随者安于现状，是对新的愿景和目标缺乏认同，还是变革计划执行不够等。

2. 案例讨论

（1）贾合义的四个变革事件中，分别体现变革中的阻力、不满意程度、变革框架以及变革过程四个因素。综合来说，对这四个变革过程中的因素进行有效领导，是成功实施变革的关键。在一次变革中，领导者必须通过激发员工对现状的不满意，来构建变革框架，并使变革过程有效展开。只有当这三个因素集合起来，并形成合力，且该合力大于变革中阻力时，一项变革才可能实施。

（2）尽管贾合义个人具有很多独特的优点和魅力，但是在变革推行过程中，个人魅力对员工的感染力虽然非常有价值，但是更重要的因素在于变革理性方法的运用。这一方法是可被复制的，对所有的领导者都是有价值的。

（3）作为一个领导，既要不断提升自己的个人魅力，更要通过学习领导变革的理性方法，提升自己对于变革的诊断、把控和实施能力。

五、背景信息

爱菊集团发展大事记（详见附件一）。

六、关键要点

（1）案例分析中，要准确把握变革领导力的感性方法和领导变革的理性方法的差异和联系，理解二者在实践中是相互补充的，但是理性方法相比感性方法，在实践中更具有操作价值。

（2）案例分析中，要深入理解领导变革的理性方法模型：$C = D \times M \times P > R$，这一理性模型为计划实施变革活动的领导者提供了有效的路线图，同时它也是理解变革活动为何成功或失败的诊断工具。

（3）通过案例分析，要把握领导变革的理性方法中变革阻力的 SARA 模型、不满意度是推进变革的助燃剂、变革框架的构成要素以及变革过程中计划和员工态度的重要性，能够掌握领导者在这四个重要变量中的作用和有效领导方法。

（4）通过案例分析，理解变革型领导的个人魅力的重要性，同时深刻理解并熟练应用领导变革的理性方法。

七、建议课堂计划

本案例可以作为专门的案例讨论课来进行，以下是按照时间进度提供的课堂计划建议。整个案例课分为两个课时，共 90 ~ 100 分钟。

1. 课前计划

提前发放案例，提出启发思考问题，学生据此熟悉案例内容并进行初步思考。

2. 课中计划

课中计划包括教师开场白、案例分组讨论、教师提问与学生回答以及教师点评等环节。

（1）教师开场白：5 ~ 10 分钟，带领学生回顾案例，明确主题。

（2）引入案例讨论：15 分钟，通过导引问题，进入案例阶段。

（3）小组讨论：15 ~ 20 分钟，组织学生分组讨论四个变革计划，特别要引出领导变革的四个关键点，理解案例内容和基本知识点。

（4）集体讨论：50 ~ 60 分钟，由教师按照案例分析思路，结合板书设计，逐步引导学生问答并总结出领导变革的理性方法模型，以及与感性方法的区别，完成案例分析和相关知识点引入。

（5）教师总结：5 分钟，对知识点进行梳理与案例总结。

（6）问答：5 分钟，回答学生的一些额外问题。

八、参考文献

[1]叶继海,王宏．粮改终极是发展[J]．粮食问题研究,1998(7):4 – 8.

[2]小麦粉国家质量标准(GB1355 – 1986)[Z].

[3]西安市粮食局网站,http://xagrain. xa. gov. cn/ptl/index. html。

[4]姜丹．陕西爱菊粮油工业集团用诚信和质量赢得赞誉[N]．中国质量报,2015－11－23(003).

[5]郝瑞．爱菊粮油:阔步走在“一带一路”前沿[N]．粮油市报,2017－06－24(A02).

[6]牟春丽．凝心聚力抓质量,励精图治谋发展[N]．西安日报,2008－11－21(002).

第五篇　破茧成蝶的李向羽：从融入到认同①

张红芳　焦夏晨　齐宏斌　王佳蕾

案例正文
AnLiZhengWen

摘要　本案例从爱菊员工李向羽的视角，描述了爱菊粮油工业集团有限公司发展过程中员工对企业文化的认同过程。员工对企业文化的认同包含认知、融入和价值认同三个阶段。在不同阶段，影响文化认同的因素和力量是不同的。领导者的榜样示范力、企业氛围感染力、信念的内驱力，分别在不同阶段作用于企业文化的认同过程。通过案例分析，有助于学生理解文化认同的阶段性和动态过程，深刻认识企业文化建设的关键不是口号，不是标语，而是员工内心和行为的认同。

关键词　企业文化；文化融入；文化认同

0　引言

2019年1月10日，在一年一度的爱菊粮油销售表彰会上，李向羽再一次被评为年度优秀销售冠军，这已经是李向羽第十次获奖了。

从一个小小的销售员干起，到如今坐拥3家门店，李向羽十分感慨："我

---

① 出于企业保密的要求，在本案例中对有关名称、数据等做了必要的掩饰性处理；本案例只供课堂讨论之用，并无意暗示或说明某种管理行为是否有效。

来到爱菊时什么都没有，到现在有了自己的车子、房子，更有了一份自己热爱的事业，是爱菊教会了我如何正确地做事，教会我如何做一个有理想、有信念的人，我为自己作为一名爱菊人而感到自豪！”

李向羽，一个平凡而普通的销售工作者；爱菊，一个普通的粮食加工企业，到底是什么样的企业文化使得这位平凡的销售者如此笃信自己所在的企业？

1　爱菊的发展及其文化主张

1.1　爱菊的发展

爱菊是西北地区最早的面粉加工企业，其前身为诞生于1934年的华峰面粉有限公司，新中国成立后公私合营，1966年更名为西安市群众面粉厂，1993年起，又更名为爱菊，取自诗人元稹的一句诗：“不是花中偏爱菊，此花开尽更无花。”

从2004年起，爱菊在经历发展极为困难的六年之后，情况开始好转，开始了业务种类的拓展和延伸，2008年，爱菊正式建立粮油工业集团公司。2015年，爱菊进入哈萨克斯坦建立优质粮油原料基地，成为我国首家进入哈萨克斯坦的农业加工企业。随着企业的不断发展，爱菊已经从最初的单一面粉加工企业发展成为西北地区最大的集西安市“三大放心工程”（放心粮油、放心主食、放心豆制品）为一体，粮食储备、物流配送、资本运作、房产开发、物业管理等多领域协调发展的综合性集团公司。

1.2　爱菊的文化主张：为耕者谋利，为食者造福

爱菊在成立之初就充满家国情怀。抗日战争期间，华峰面粉公司积极支持抗战事业，先后成立了“华峰抗日工会”“华峰抗日救国会”等爱国组织积极声援抗战。经过80多年的积累和沉淀，爱菊在发展中逐步形成了独有的“为耕者谋利，为食者造福”的理念和价值坚守，以耕者和食者的利益为出发点，发展企业、践行文化。

“为耕者谋利”是爱菊对农民利益的关注和深度考虑。为确保粮食安全，爱菊在省内和河南分别建立了优质的小麦生产基地，在东北等地建立优质稻

米生产基地，在新疆、青海等地建立油料生产加工基地。2015 年，又在哈萨克斯坦建立了优质粮油原料基地。在粮食收购中，爱菊首先考虑的是农民的利益，从不刻意压低价格，并且总是以高于市场的价格收购，同时强调以现付为主，没有付款周期，在与农民的长期合作中始终坚持诚实守信，强调办事效率，真正做到了“为耕者谋利”。在与哈萨克斯坦农民合作的过程中，依然强调“为耕者谋利”这一基本宗旨，根据哈萨克斯坦的土壤条件，与西北农林科技大学、哈萨克斯坦国立大学进行耕种技术合作研究，并将研究成果用于对农民的培训和技术指导。

“为食者造福”体现了爱菊对消费者高度负责的精神。为了确保粮油产品食用安全，其在加工过程中执行了严格的流程和质量标准；率先在面粉行业取缔添加剂，取缔散装油生产销售，销毁食用油周转桶；配合政府成功实施老百姓“三大放心工程”，即放心粮油、放心馒头、放心豆制品工程，确保西安市民的食用安全。爱菊始终坚守粮食行业底线，把爱菊建成了放心粮油的“金字招牌”。

“为耕者谋利，为食者造福”不仅是爱菊的企业核心价值观，同时也烙印在了每一位爱菊员工的内心深处，深深影响着每一位员工的行动。

2　认知爱菊：企业领导的影响力

2.1　来到西安，我错了吗

1975 年，李向羽出生在河南的一个小村庄。14 岁初中毕业后，她通过乡教育部门的统一招考，成为一名乡村小学教师，每月工资为 10 元，这对于年仅 14 岁的李向羽来说，已经是待遇非常好的一份工作了。工作了 10 年，渐渐长大的李向羽开始有些厌倦这份单调的工作，渴望去外面的世界看一看。

1998 年，满怀对大城市的憧憬，李向羽揣着 300 元来到西安，成为爱菊粮油的一名生产操作工。到现在，李向羽都记得新员工见面会的情形，她第一次见到了公司董事长贾合义。贾合义董事长非常平易近人，他仔细地了解了每一位新员工的基本情况，尤其是家庭状况，反复强调说：“大家遇到什么困难一定要和我说，无论是我个人，还是爱菊，能帮的一定帮！”他又根据每一位新员工的工作意向，给大家慎重地分配了工作。

按照董事长的建议，李向羽去了挂面车间，成为一名生产工人。挂面车间的同事告诉李向羽：“咱们车间工人不赚钱，做销售有提成，要想赚钱还是得去销售岗位啊！”李向羽仔细考虑后，向公司申请转到销售岗位。在车间干了一个月，李向羽便来到了胡家庙粮油批发市场爱菊批发粮店，成为一名面粉促销员。胡家庙是西安最大的粮油批发市场，李向羽觉得这是领导对她的信任和重用，她暗自下决心，一定要做好这份来之不易的工作。

但是，很快李向羽就发现销售工作并不好做。1998 年正逢粮食行业完全开放，面粉价格战已经到了白热化阶段，各厂家纷纷降价，试图走薄利多销道路来占领市场，同时在面粉中加入各种各样的添加剂，以降低面粉生产成本，这就导致利润空间急剧压缩，25kg 面粉的毛利由 7 ~10 元降至 3 ~4 元。当时，爱菊认为降低价格就无法保证品质，因此，并未加入价格战当中。在低价竞争中，爱菊销量急剧下降。胡家庙批发市场上的爱菊粮店，同样面临滞销。李向羽很着急却也束手无策。

那个时候，李向羽的生活十分艰难，每月只有基本工资 400 元。对于刚刚生完孩子的她来说，这些钱连买奶粉都不够，还有其他花销。面对艰难的生活，李向羽有一种深深的挫败感和无力感，她甚至怀疑自己是不是错了，是不是不应该不顾大家的劝告，抛弃那份稳定的教师工作？是不是不应该放弃车间工人而选择销售这个朝不保夕的工作？她特别想不通公司为什么不像其他公司那样放点添加剂，然后降低面粉销售价格？动摇归动摇，但也没有其他更好的选择，李向羽也只能先在爱菊维持着。

2.2　“小数点”事件，感受领导的魅力

2000 年发生了一件让大家都猝不及防的事情。央视一套“3·15 晚会”报道了面粉增白剂含量超标的厂商品牌，爱菊赫然位列其中。消息一出，爱菊受到了来自四面八方的狂轰滥炸式的责难，每天都有大量的电话打入公司，有大声责骂的、有要求赔偿的、有要求让爱菊看病的……爱菊的业务基本陷入停滞，公司上下一片恐慌。到现在李向羽都记得，晚会后的第二天，她去公司，贾合

义董事长的办公室门口围了很多人，大家低声啜泣着，贾合义办公室里面也隐约传来充满绝望的号啕大哭声。那一瞬间，李向羽心里“咯噔”一下，公司因为坚持不放弃添加剂，经营举步维艰，现在竟然被人冤枉，未来可怎么办呀？

到了下午，董事长从办公室走出来，迅速召集员工召开会议，并传达了三个指示：必须找到是哪个环节出现问题；找到问题后必须要到报纸上澄清；从今天起，公司坚决取缔面粉中的所有添加剂。后来，经过多方调查，原来是主管部门在上报材料时由于疏忽，把小数点位置标错了，造成了增白剂超标十倍的失误。最后爱菊在报纸上对此事进行了澄清。但是对于取缔所有添加剂的决定，公司一片哗然。大家不能理解，添加增白剂是完全符合相关法规的，而且爱菊的添加剂含量在行业中本就已经非常低了，现在经营本就岌岌可危，为什么还要去冒这个风险呢？

面对职工的困惑，贾合义在座谈会上解释：“我们需要换个方式来思考。尽管小数点事件对咱们打击沉重，但是这个打击恰恰说明添加增白剂是错的，而我们一直的坚持则是对的。现在，老百姓越来越认识到无添加剂面粉的好处，既然我们已经知道了市场要什么，什么是对的，我们为什么不能始终如一地去坚持？”“爱菊生产的产品绝不能只是符合规定，我们必须生产对老百姓没有一点危害的产品！”

座谈会后，贾合义带着机关工作人员组织了多次社区直销宣传活动，面对消费者讲解健康饮食、面粉优劣辨别的相关知识，深受欢迎。这些社区宣传活动令爱菊重拾形象，爱菊生产的无添加剂面粉概念也逐步被西安消费者群体所了解。与此同时，爱菊发现消费者普遍认为25kg大包装面粉量太大，不适合家庭消费者，于是率先推出10kg和5kg小包装面粉，受到消费者的喜爱，进一步稳固了其市场地位。

2.3 认同领导，也就认同了这个企业

在公司的不懈努力下，李向羽所在的胡家庙粮店的销售业绩开始逐渐好转。她感触颇深，“在被社会质疑、受消费者责难的情况下，贾总竟然还能这样积极乐观，在社会普遍不了解爱菊、经营又很艰难的情况下，贾总还能坚持做自己认为正确的事情，这是多么难得！”

在李向羽朴素的认知中，贾合义是个心善的人、有智慧的人。跟着善良的人做工作，绝对错不了。智慧的人带领的企业，也差不了。李向羽暗自下决心，一定要好好干，很快，她的业绩就进入了公司上游，她也成为销售人员中的佼佼者。

2003 年，胡家庙粮店店长被调往其他岗位，李向羽因自己优秀的销售成绩，顺利晋升为店长。

3　融入爱菊：企业氛围的感染力

3.1　拓展业务，第二家店开张了

2003 年，尽管爱菊经营形势依然比较艰难，但是企业声誉和品牌资源已逐渐积累起来。尤其是在国有面粉厂几乎全军覆没的情况下，爱菊还是得到了政府的支持和认可，优先让爱菊对西安市 11 家破产企业进行兼并重组，其中包括在陕西本土有一定品牌影响力的西安市油脂公司油脂仓库。爱菊保留并改造了油脂厂的核心业务，并将爱菊主营业务扩展为油脂和面粉两大种类。对于其他非粮食行业的业务，进行资产清理，并利用这些破产企业的土地资产开发房地产，以开发房地产的丰厚利润来反哺爱菊主营业务。

爱菊花园是爱菊建成的第一个房地产项目。2006 年，公司决定在爱菊花园楼下开一家便民超市，要通过竞聘方式选聘店长。爱菊花园位于自强西路，是西安北郊的核心聚居区，在这个片区拓展店面，对于爱菊产品的市场拓展具有非常重要的意义。公司非常重视这次店长选聘，从竞聘者以往业绩、品质和工作责任心以及对工作未来的开展思路等多方面进行综合考核。李向羽以优秀的业绩和工作责任心，在 6 人的竞争中胜出，成了爱菊花园爱菊便民超市的负责人。爱菊便民超市为使居民消费和百姓放心，商品以爱菊米面油、主食和豆制品为主，调料副食为辅。李向羽进入爱菊的第 8 年，就已经全面负责两家直营店的销售。

3.2 埋头苦干心里甜

开了两家店，李向羽更忙碌了。每天都要关注店里的情况，要到厂里去装货卸货，周末和节假日还要去社区做直销和宣传。忙忙碌碌、加班加点，是她工作的常态。

李向羽并不觉得加班加点是一件很辛苦的事。粮油行业属于快消品行业，从生产到供应物流，再到销售，最后是将未销完的产品及时收回，每一个步骤都要确保质量和新鲜，不能延误。所以公司只有24小时连续运转，才能确保正常生产经营的需要。公司每一条线上的工作，对生产和业务的支持都是头等大事。即便机关的工作人员要下班了，只要业务人员还在装货卸货，大家就会主动留下来帮忙。因此，对爱菊来说，加班是一件极为正常的事情。

当然，忙忙碌碌的工作，有时候也会令人觉得委屈。记得有一次厂里搞促销，李向羽整整忙了一天，装货卸货，在厂里和直销店来回跑，一直忙到晚上，滴水未进，饿得直发晕。她觉得，此时如果有一桶泡面都是幸福的。看着远处热闹繁华的城市夜景，灯红酒绿，别人都在家里享受天伦之乐，而此时自己却还饥肠辘辘，忙于工作，心里顿时一阵委屈，觉得疲倦至极。令李向羽没想到的是，第二天晚上她又因为卸货来到厂里时，突然有人叫她，“李向羽，你的晚餐！”她非常惊讶，但也觉得非常温暖，忙碌了一天的疲倦顿时消失殆尽。后来她发现，只要有去厂里办事的工作人员，时间晚了，厂里都会专门备有晚餐。

3.3 有了团队的支持，我什么也不怕

2009年，爱菊承接了西安市政府的“放心馒头”工程，以此工程为起点，开始探索主食产业化的发展道路。爱菊集团专门建设了12000平方米的三层现代化主食品加工基地，购置了包子机、馄饨机，建设了速冻车间，主要产品包括馒头、烤饼、糕点、面条、包子、馄饨和速冻产品等近50个小类。爱菊逐渐开始由“粮”向“食”转变，从粮油加工企业向主食加工企业转型。

李向羽的店面也上了很多新品类，但是如何让市场认知认可，依然是个严峻的问题。李向羽发现，贾合义和几个副总经常在周末组织团队去附近社

区开展直销活动，团队成员有来自各个部门的人，每次现场都很火爆，来参与的群众很多。为此，李向羽专门去公司办公室询问，“直销和宣传不是我们销售做的事吗，怎么你们机关的人也去了？”办公室一个新来的文员熊国平说，“公司新品种多，销售任务大，店面销售的工作本来就很忙，机关人员周末也没什么事，能组团出去为公司做点事，是应该的，而且这样也能更好地了解市场反应，这是个好事啊！”

李向羽寻思着也做一次社区宣传和直销，但是店里员工忙于销售，苦于没有人手。她就问熊国平：“我也有一些熟悉的社区，想去做一下直销，可是没有人手，公司能帮忙组织吗？”熊国平说，“好啊，我们办公室可以帮你组织，你放心，报名的人肯定非常多。”结果不出两天，就有 20 位同事报名，作为基层销售人员，李向羽一直不太了解机关的工作，她没有想到职能部门的工作人员这么贴心，这么支持业务部门。

经过几次团队出动，李向羽和机关的同事建立了深厚的友情。李向羽特别喜欢这种团结合作、互帮互助、吃苦奉献、积极敬业的氛围。在爱菊，一个小小的团队，就是一个小集体，一个小家庭。对李向羽而言，同事是并肩作战的战友，更是惺惺相惜的挚友。“有快乐大家一起分享，有困难大家一起扛”是爱菊集团中经常流传的一句佳话，李向羽现在才真正体会到了这句话的重量，感受到自己已真正成为爱菊的一分子。

李向羽自豪地说：“我们爱菊总是被学习，但从未被超越！因为我们的工作方式，都是自愿的，没有制度要求，其他企业怎么学！”

也是这一年，李向羽回了一次河南农村老家，把待业在家的弟弟妹妹也带到了爱菊。

4　认同爱菊：企业信念的驱动力

4.1　面对诱惑，是否改旗易帜

带着自己的销售团队一路披荆斩棘，辛苦经营，李向羽团队已连续三年成为爱菊粮油产品销售冠军。2011 年，李向羽的店铺已经成为胡家庙批发市场上最大的粮油批发商店。

2012 年的一天，李向羽接到了一个彬彬有礼的电话，原来是五得利面粉集团提出以丰厚的代理利润与李向羽合作，希望她能够代理五得利面粉。五得利是中国制造业 500 强企业，公司发展非常快，多次获得全国市场同类产品销量第一名。进入西安市场后，很想在胡家庙市场招募一家业绩突出的代理商，而李向羽正好符合五得利的要求。这是一个很诱人的条件，要说一点不心动也不可能。一方面，五得利是一家全国公司，爱菊没有五得利影响力那么大；另一方面，五得利许诺的待遇比爱菊高得多，而且，自己目前正处于事业上升期，在大公司的平台上可能发展得更好。那么自己到底该何去何从？

李向羽思绪万千，此时她又接到五得利老总的电话，李向羽迟疑着。从内心来说，李向羽非常舍不得爱菊，没有爱菊就没有她今天的成功，是爱菊为她创造了展示自己才华的平台。爱菊产品品类多，品种丰富，尤其是多年来一直坚守质量和健康理念，赢得了老百姓的信任和认可。而五得利是一家专业化生产面粉的企业，产品种类比较单一。爱菊虽然目前市场份额不如五得利，但爱菊始终如一的品牌价值具有巨大的市场潜力。更为重要的是，五得利的核心价值观是主要看销售成绩，业绩能力突出就行，而爱菊的工作氛围是以人为本，工作氛围温暖，这样的工作环境正是李向羽所向往的。

4.2 坚守信念，这是爱菊教的

在一次闲聊中，李向羽无意中得知公司高层为寻找优质的粮食源地，正奔波于中亚地区，最后把目光聚焦在了哈萨克斯坦。李向羽心想，在质量上爱菊已经远远超越了同行，但是仍然在寻找更好的优质粮油原料，这到底是为了什么？回想起当年爱菊为了实现食用油一次性包装，对于市场上依然流转的价值 300 多万元的 20 余万只白色食用油周转桶，进行了集中粉碎销毁，以防再次流回市场给假冒伪劣油脂提供便利。可见，爱菊在坚守底线上是不考虑成本和得失的，是不畏风险的。

爱菊一直坚守“为耕者谋利，为食者造福”。我作为一个爱菊人，作为一个爱菊每年评定的先进，我对自己的定位是什么？我想成为什么样的人？李向羽突然之间恍然大悟：我想成为一个无愧于良心的人，成为一个对他人有益的人。我之所以舍不得爱菊，是因为爱菊坚守的，正是我自己认同的。爱菊教会了自己什么是社会责任感、什么是信念、什么是坚守、什么是坚持。身在这样的企业，我怎么可能“背叛”呢？

突然，一阵电话铃声响起，五得利的老总又给李向羽打来电话，李向羽这一刻毫不犹豫接起电话，直接拒绝了五得利的邀请。

2012 年，北三环副食蔬菜市场进行粮油招商，李向羽考虑到自己已经在一批市场做出成绩，是时候开拓二批市场了，于是决定自掏腰包投资自己的第三家门店，自主经营爱菊品牌产品。李向羽认识到不仅贾合义是爱菊的代言人，自己也是爱菊的代言人，千千万万个为爱菊奋斗在一线的爱菊员工都是爱菊品牌的代言人，“我不单单是推销粮食，更是在推销我自己的、爱菊的价值观!”

5　结语

2019 年 4 月，因为李向羽的优秀表现，她被爱菊推荐任命为西安市粮油副食品商会副会长，这是一个更大的平台。就职时，李向羽深情地说：“作为爱菊的代表，我十分荣幸地站在这里。我们是一群志同道合的人，我们坚守自己的信念，坚守行业的底线，忠实践行‘为耕者谋利，为食者造福’，我相信只要坚守，我们的明天将会更美好。”

案例教学说明
AnLiJiaoXueShuoMing

一、教学目的与用途

1. 适用课程

组织行为学、企业文化。

2. 适用对象

本案例主要为 EMBA、MBA 开发，适合具有一定工作经验的学员和管理者学习。本案例教学对象以具有管理学和企业文化知识基础的同学为宜。实践经验较少的学生应加强课前对相关基础资料和管理理论知识的准备。

3. 教学目的

本案例以爱菊粮油发展中企业文化的形成和认同过程为主线，以优秀员工李向羽个人从进入爱菊开始，以文化认知、文化融入再到文化认同为基本线索，对企业文化赢得员工认同的因素和过程进行深入分析和探讨，使学生掌握企业文化和文化融入与认同的基本概念，熟悉影响企业文化认同的各种因素，同时培养学生在企业文化和员工认同之间建立关联的基本能力，促进学生对企业文化认同过程和模式的基本思考。具体而言，教学目标包括以下两个层次：

（1）知识传授点。

①核心知识点：企业文化；文化融入；文化认同。

②辅助知识点：领导力；组织氛围；组织价值观。

（2）核心训练点。

①企业文化认同的阶段和途径。

②影响企业文化认同的因素和力量。

二、启发思考题

设置启发思考题的目的在于帮助学生提前做好案例学习的准备工作。通过完成课前作业中的启发思考题，学生可以有较为充足的时间预习案例的内容及相关素材，在问题的引导下熟悉案例的故事情节，初步了解案例的背景及要点，主动思考并获取相关的理论与实践知识，以提高课堂学习案例的效率。本案例可以用于启发思考题的内容如下：

（1）爱菊企业文化的核心内涵是什么？

（2）李向羽刚刚进入爱菊的时候，是通过什么途径认知爱菊企业文化的？这种认知对李向羽个人产生了什么影响？

（3）爱菊的文化氛围有哪些明显的特点？随着李向羽逐步在爱菊立足，她是如何一步步融入爱菊的文化氛围的？这种融入过程，对李向羽个人产生了什么影响？

（4）在其他企业向李向羽伸出橄榄枝的时候，李向羽是如何选择的？是什么力量影响了她的选择？

（5）根据李向羽对爱菊粮油文化认同的过程，综合分析企业文化认同的影响因素及其动态性。

三、分析思路

主要采用以问题为牵引的方法，纵向按照案例主人公李向羽“进入”—“适应”—“融入”三个阶段对企业文化从初步认知，到逐步融入，最后到内心认同的分析步骤层层深入；横向按理论联系实际的思路抽丝剥茧，其中主要应用了三个理论模型并总结出了一个企业文化认同的动态模型。

（1）以企业文化的三层次模型（Schein，2004）为基础，分析界定爱菊企业文化的具体体现。

（2）以领导力对企业文化认同的作用模型为基础，分析员工初步进入企业阶段，企业领导的魅力对于员工认知企业文化的榜样示范作用机制。

（3）以企业氛围对企业文化认同的作用模型为基础，分析员工适应企业阶段，企业氛围对于员工融入企业文化的社会化作用机制。

（4）以企业价值观认同对企业文化认同的作用模型为基础，分析员工认同企业阶段，员工信念的形成对于企业文化深层次认同的内驱力作用机制。

（5）最后总结企业文化认同的动态模型，即在员工进入—适应—认同企业的三个阶段中，员工对企业文化的认同依次表现为认知—融入—价值认同。在这三个阶段中，影响员工文化认同的主要因素则是领导个人的魅力、氛围的感染力以及信念的驱动力。

案例分析思路如图 5.1 所示。

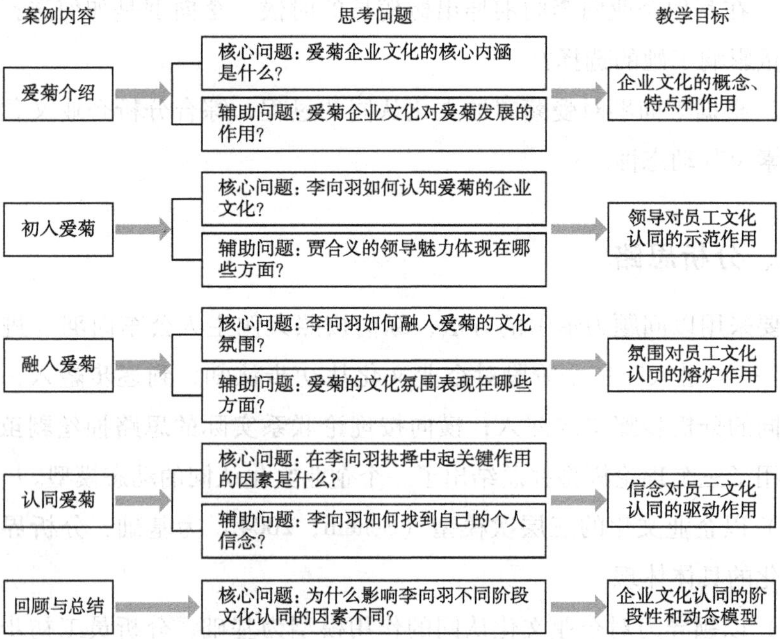

图 5.1　案例分析思路

四、理论依据及分析

案例理论框架如图 5.2 所示。

（一）问题一：爱菊企业文化的核心内涵是什么？

1. 理论依据：企业文化的内涵及其利益相关者导向

企业文化研究者沙因（Schein，2004）提出，企业文化是指一个特定组织在处理外部适应和内部融合问题中所学习到的，由组织自身所发明和创造并且发展起来的一些基本的假设。如果这些基本假设能够发挥很好的作用，并被认为是有效的，则会逐渐被新的成员所接受。企业文化时常被定义为：企业在其经营实践过程中逐渐形成的以企业集体价值观为核心的行为规范、制度规范和外部形象的总和。

企业文化具体表现为组织集体价值观、思维方式和行为模式的互动，是组织成员共同的思想体系。企业文化对于维持组织的生存和发展至关重要，

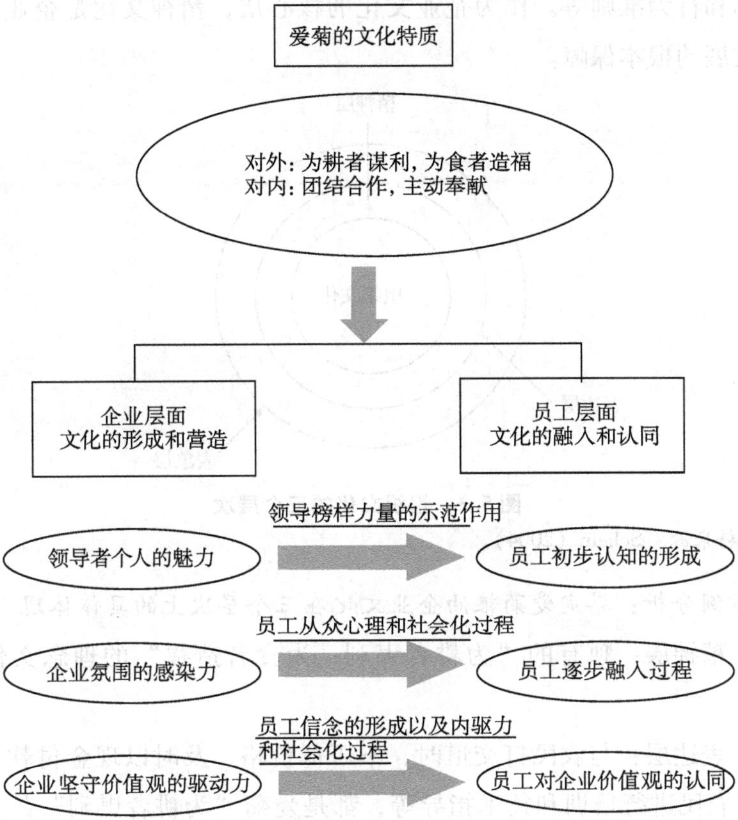

图 5.2　案例理论框架

是组织经久不衰的动力来源和精神支柱。

根据沙因的企业文化理论，组织文化包含三个层次（见图 5.3），分别是表象层、表达层和精神层。其中，表象层是指企业所创造的产品和各种物质设施所构成的器物文化，是以物质形态为表现形式的表层文化。它主要包括企业标识、企业的产品或者服务、企业环境等。

表达层是企业员工在运营过程中产生的活动文化，是企业文化的行为文化。它是企业经营、教育宣传、人际关系的动态体现，也是企业精神和价值观的折射。

精神层是指企业在运营中形成的独具特色的意识形态和文化观念，也被称为理念文化，是企业文化的核心，包括企业精神、企业伦理、价值观念、企业目标和行为准则等。作为企业文化的核心层，精神文化是企业得以长久生存和发展的根本保障。

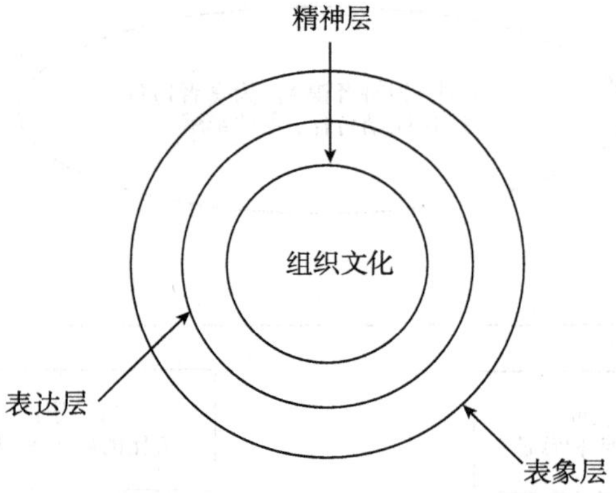

图 5.3　组织文化的三个层次

资料来源：Schein（2004）。

2. 案例分析：界定爱菊粮油企业文化在三个层次上的具体体现

（1）精神层：独有的“为耕者谋利，为食者造福”的理念文化和价值坚守。

（2）表达层：与农民打交道时，不压低价格、及时以现金付款，在哈萨克斯坦对农民进行培训和技术指导等，都是爱菊“为耕者谋利”的表达。在产品上，取缔添加剂、销毁食用油周转桶、寻找优质粮油原料基地、承担政府放心工程项目等，都是“为食者造福”的表达。

（3）表象层：爱菊的独特文化最终表现在爱菊无添加剂的高品质系列粮油产品上。爱菊企业文化的三层次见表 5. 1。

表 5.1　爱菊企业文化的三层次

三层次	核心	爱菊的企业文化
精神层	理念文化	“为耕者谋利，为食者造福”
表达层	行为文化	与农民打交道时，不压低价格、及时以现金付款；在哈萨克斯坦对农民进行培训和技术指导 在产品上，取缔添加剂、销毁食用油周转桶、寻找优质粮油原料基地、承担政府放心工程项目
表象层	器物文化	无添加剂的高品质系列粮油产品

（二）问题二：李向羽刚刚进入爱菊的时候，是通过什么途径认知爱菊企业文化的？这种认知对李向羽个人产生了什么影响？

1. 理论依据：领导的榜样示范力量对企业文化认同的影响

企业领导者往往是企业文化的缔造者、企业文化风格的维系者，从而往往也成为企业文化认同的重要因素。企业领导者通常在企业中都能起到核心作用，这不仅是因为领导者处于决策地位，属于最后决策者，更重要的是，领导者的一言一行能够起到表率作用，能通过自身的言行来影响和引导成员遵从其行为规范和模式，从而决定一个群体的成败。一个好的领导会身体力行，通过榜样的作用带动成员实现群体愿景或目标，这就是企业领导者的榜样示范作用。

企业领导者的榜样示范作用表现为两个过程：一是吸引员工模仿的过程。企业领导者是员工在情感上的参照物，因为领导在员工眼中往往是成功的楷模，楷模的价值观和行为被视为是既可靠又吸引人的，所以会吸引员工观察其价值观和行为。二是员工的主动学习模仿过程。当员工感知到榜样的能力，便会出于功利目的观察榜样并通过榜样传递的信息来拓展自身的知识和技能，但是获得哪一种知识技能以及有关行为后果如何，则更多地取决于榜样的示范作用。员工通过对企业领导者的行为方式和价值观进行观察，在感知领导者的基础上学习其行为，进而产生对企业文化的认知。企业领导者的榜样示范作用如图 5.4 所示。

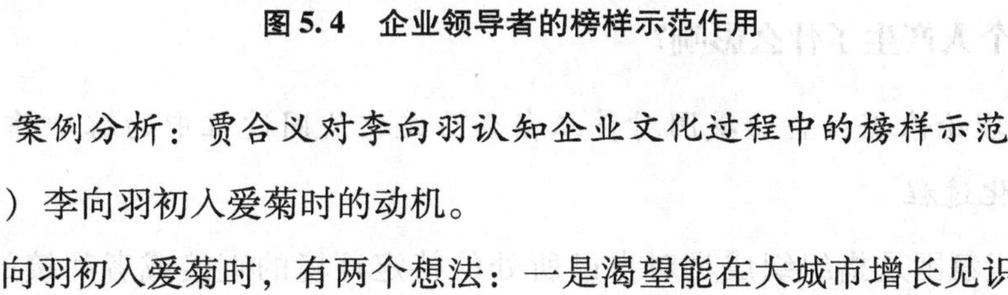

图 5.4　企业领导者的榜样示范作用

2. 案例分析：贾合义对李向羽认知企业文化过程中的榜样示范作用

（1）李向羽初入爱菊时的动机。

李向羽初入爱菊时，有两个想法：一是渴望能在大城市增长见识；二是大城市机会多，能够很好地改善自己的收入和物质生活，这也是李向羽在爱菊放弃操作工工作而选择干销售的基本动机。但是在企业市场遇到危机、销售收入下滑，直接影响她个人收入的时候，她发生过动摇和怀疑，这是由其当时的工作动机和生活现状所决定的。我们可以发现，这个时候，她虽然在爱菊工作，但是对爱菊是不了解的，对爱菊的核心价值观的认知是模糊的。

（2）贾合义对李向羽认知爱菊企业文化的榜样示范作用。

李向羽初入企业，对企业不了解，甚至在企业艰难时产生过动摇，但通过对企业一把手贾合义的初步认知，她产生了认同和敬意，从而逐步理解了企业，坚定了信心，开始从行为上模仿领导，工作上取得成绩。

①李向羽感知到的贾合义个人的行为方式和价值观。

贾合义亲自接待新员工，说话和气，平易近人，关心员工。

在“小数点”事件中，贾合义在受尽委屈的情况下依然能够胸怀开阔、积极乐观，在极度艰难的情况下依然坚持“为食者造福”的价值主张；贾合义带着管理层去各个社区做直销和宣传，拥有敬业、创新的工作作风。

李向羽观察贾合义后，在她朴素的认知中，贾合义是善良的、有智慧的、勇敢的。她通过对贾合义的初步认知和判断，在企业效益逐步好转的情况下，开始主动学习贾合义的行为方式和价值观。

②李向羽个人以贾合义为榜样的学习模仿过程。

李向羽在内心深处产生了对贾合义的敬意；在内心深处理解了贾合义的坚持和企业的坚持，也坚定了对企业从困难中走出的决心；在工作中向贾合义学习，吃苦肯干，积极努力，很快成为胡家庙店的负责人。

（三）问题三：爱菊的文化氛围有哪些明显的特点？随着李向羽逐步在爱菊立足，她是如何一步步融入爱菊的文化氛围的？这种融入过程，对李向羽个人产生了什么影响？

1. 理论依据：企业氛围对员工在企业文化认同过程中的熔炉作用、组织社会化过程

组织氛围是指组织成员对自己所处的特定环境的直接或者间接的感知，这种感知可以影响员工对企业的态度、信念、动机和价值。组织氛围是影响

员工组织文化认同的重要变量。

组织氛围对组织文化认同的熔炉作用表现在两个过程中：

一个过程是员工通过组织社会化积极融入组织氛围的过程。

社会化是指使个体获得团体认同的社会行为，从而适应团体生活的过程。个体从自然人向社会人转变是一个系统的过程，它要求人必须在社会认可的行为标准中形成自身的行为模式，使之成为符合社会要求的社会一员。组织社会化是指新员工从进入组织到成为该组织既定成员过程中涉及社会和文化方面的所有学习。对员工个体而言，组织社会化是一个学习过程，在此过程中，个体和群体或组织发生互动影响，从而了解组织价值观和获得工作技能等。对组织而言，组织社会化的目的是确保员工遵从和分享组织的共同价值观与规范，以保持对他们的控制，从而使员工适应所在组织。

而组织氛围对员工产生文化认同的组织社会化过程，就是指当组织内成员认识到需要积极融入组织环境时，就会不断感知组织氛围，然后调整和改变自身行为来达到组织要求，适应组织氛围，以使自己能够被组织以及组织中的其他成员所接受。

另一个过程是由行为一致化的人际效应带来的认同感和归属感。

通过上述组织社会化工程，组织氛围可以使组织中成员的行为趋向一致，这种行为的改变，会使组织内成员产生一定的人际相似性，从而形成友好的人际关系。有研究发现，组织氛围中的同事关系，即员工与员工之间家庭成员般的关系，有利于提升员工的组织认同感。

组织氛围对企业文化认同的作用机制如图 5. 5 所示。

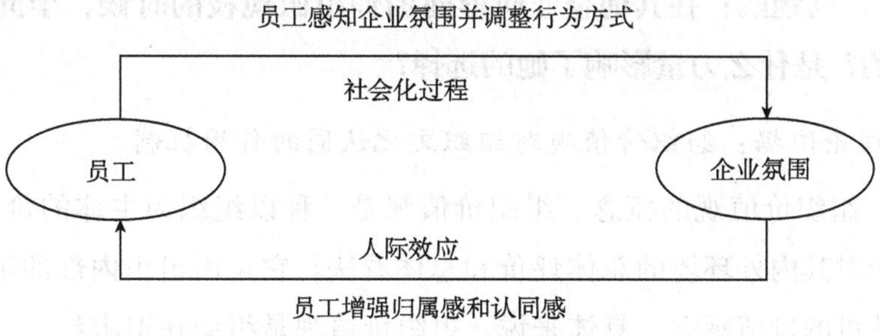

图 5. 5　组织氛围对企业文化认同的作用机制

2. 案例讨论：爱菊企业氛围对李向羽文化认同中的社会化作用机制

（1）李向羽融入爱菊时的动机。

李向羽融入爱菊时，已经在爱菊工作了四年左右，虽然已经对爱菊较为熟悉和了解，但是因为她只是经销店的一名普通员工，在远离公司之外的地点工作，对公司内部的工作方式和氛围并不是非常了解。而此时企业业务又发生了较大的变化，刚刚被提拔为店长的李向羽，有很强的动机深入熟悉爱菊，与爱菊的员工打成一片，得到更多人的认可和支持。

（2）爱菊企业氛围对李向羽认知爱菊企业文化中的社会化作用机制。

李向羽初入企业，对企业不了解，甚至在企业艰难时产生过动摇，但通过对企业一把手贾合义的初步认知，产生了认同和敬意，从而对企业逐步理解，坚定了信心，开始从行为上模仿领导，工作上取得成绩。

①李向羽感知到的企业氛围。

能者上、平者让、庸者下的氛围：企业内部重要的职位采取竞聘形式确定人选。企业关怀员工和尊重员工：为加班加点的员工提供各种加班餐。吃苦、敬业、主动、奉献：所有人都是主动加班加点，无怨言。友好合作，彼此支持：内部机关以团队的形式，支持市场和销售。

②李向羽融入企业氛围并获得文化认同的社会化过程。

积极参与竞聘；工作敬业，主动与别人合作，参与和组建直销团队；与同事构建了良好的人际关系；工作开心、成绩突出，成为两家店的店长，邀请自己亲友来爱菊工作。

（四）问题四：在其他企业向李向羽伸出橄榄枝的时候，李向羽是如何选择的？是什么力量影响了她的选择？

1. 理论依据：组织价值观对组织文化认同的作用机制

（1）组织价值观的概念。组织价值观是一种以组织为主体的价值取向，是指组织对其内外环境的总体评价和总体看法。它是由组织内部的绝大多数人共同认可的价值观念。具体来说，组织价值观是组织在追求经营成功的过程中，所推崇和信奉的基本行为准则，是组织文化的核心。这种价值观的主要作用在于，它能够引导企业内部的所有成员达成一种共识。

（2）组织价值观对组织文化认同的作用机制。

一方面，组织价值观是影响员工认同组织文化的重要因素，但是这一作用机制主要取决于员工个体与组织价值观的匹配。当个体与组织价值观匹配时，个体认知和行为过程是一致的，从而产生对组织的认同感；当个体与组织价值观冲突时，将会产生认知失调，导致个人产生焦虑和不舒适，很难产生对组织的认同感。

另一方面，个人信念的形成是重要的中介变量。很多个体并不了解自己的价值观，只有在与组织价值观的匹配过程中，即面临行为选择时，才会发现和识别个人的内在工作评价标准。因此，当个体与组织价值观匹配时，则会识别和辨明自己高层次的价值追求，即信念。此时，信念就成了员工认同企业文化的强烈内驱力。

组织价值观对组织文化认同的作用机制如图 5.6 所示。

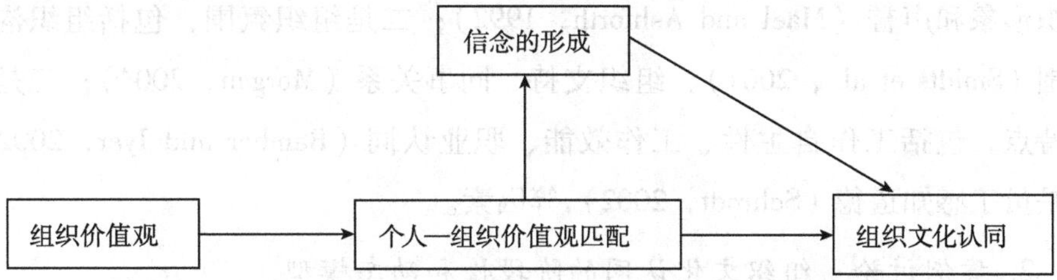

图 5.6　组织价值观对组织文化认同的作用机制

2. 案例讨论：爱菊企业价值观对李向羽文化认同中的内驱力机制

（1）李向羽对爱菊形成价值认同的动机。

此时，李向羽已经在爱菊工作十多年，成绩斐然，在行业中也有一定影响力，各种诱惑非常多。此时她的工作和职业选择，完全取决于其内心的价值观。因此，仔细思考企业的价值观与自己的追求是否匹配，是李向羽在面对诱惑和机会时必须弄明白的事。

（2）李向羽价值认同的内驱力机制。

①李向羽感知到的爱菊价值观。

为耕者谋利，为食者造福，在任何情况下都确保向消费者提供无任何添加剂的粮油品类。

②李向羽个人信念的形成。

李向羽面临的选择，即是否接受其他企业的高薪聘请；李向羽在选择中的思考，即爱菊的价值观与自己个人的价值观相匹配；李向羽的信念，即要做善事，勿以恶小而为之，在个人销售中绝不销售任何有添加剂的食品。

③李向羽的行为选择。

与爱菊在内在价值观上达成高度一致；拒绝了诱惑，自己投资又开了一家新店。

（五）问题五：根据李向羽对爱菊粮油文化认同的过程，综合分析企业文化认同的影响因素及其动态性

1. 理论依据：影响组织文化认同的相关因素

根据宝贡敏2005年的总结，影响组织文化认同的组织因素有四类：一是组织形象和声誉（Mael and Ashforth，1992）；二是组织氛围，包括组织沟通氛围（Smidts et al.，2001）、组织支持、同事关系（Morgan，2004）；三是工作特点，包括工作自主性、工作效能、职业认同（Bamber and Iyer，2002）；四是员工感知道德（Schrodt，2002）等因素。

2. 案例讨论：组织文化认同的阶段性和动态模型

（1）李向羽对爱菊企业文化认同呈现出阶段性。

在对案例的总结分析中，我们发现李向羽对爱菊文化认同呈现出明显的阶段性，在不同的阶段，其文化认同的表现也不一样。

在初入爱菊的阶段，李向羽对爱菊不熟悉、不了解，表现出迷茫、困惑、不理解、动摇，她的文化认同的典型表现是，内心对企业有所认知，选择尽自己所能模仿榜样的行为方式。

在逐步融入爱菊的阶段，李向羽希望在爱菊有所发展，表现出对企业内部人际关系和人际认同的渴望，她的文化认同的典型表现是，按照企业内部习惯的、大家共同认可的行为方式处事。

在真正认同爱菊的阶段，李向羽面对诱惑和抉择，表现出对个人价值实

现的追求，她的文化认同的典型表现是，企业价值观成为她的行为选择标准。

（2）在不同的阶段，影响李向羽对企业文化认同的因素是变化的。

在最初进入爱菊的阶段，影响李向羽文化认同的力量是领导的魅力，通过榜样示范作用，她形成了对领导的认知，从而对企业形成初步认知。

在逐步融入爱菊的阶段，影响李向羽文化认同的力量是企业氛围的感染力，通过社会化作用机制，李向羽完全适应了爱菊。

在真正认同爱菊的阶段，影响李向羽文化认同的力量是企业价值观的力量，并通过她个人信念的形成，产生了强烈的内驱力，使李向羽在价值观和信念上与爱菊保持高度一致。

（3）总结：员工对组织的文化认同是动态的，在不同阶段有不同的表现，其影响因素也是有差异的。爱菊文化认同阶段和过程如图5.7所示。

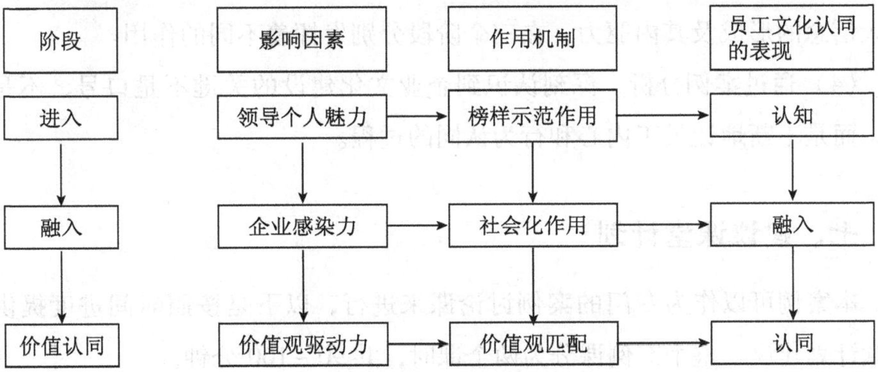

图5.7　爱菊文化认同阶段和过程

五、背景信息

爱菊集团发展大事记（详见附件一）。

六、关键要点

（1）案例分析中，要准确把握爱菊企业文化的形成、内涵及其在爱菊发展中所发挥的作用，尤其是在爱菊极其艰难的情况下，对企业发展模式以及企业凝聚力所起的关键作用。

（2）案例分析中，要深入理解促使企业文化认同形成的三种不同类型的力量要素：一是企业领导者个人的魅力，即领导个人的示范榜样力量在文化落地和推行中，对于员工文化认同的重要作用；二是企业内部氛围的感染力，企业氛围通过从众心理作用于员工个体，使员工更熟悉并适应企业文化，并不断调校自己的行为方式，从而加强对企业文化的认同；三是员工个人信念的内驱力，员工在个人事业发展和企业愿景发展过程中，通过企业独特的核心价值观的内化过程，找到自己的信念定位，从而真正实现对企业内在价值观的信念认同。

（3）通过案例分析，要深入理解企业文化认同不是一蹴而就的过程，而是在员工层面上表现为认知—融入—认同三个阶段。在不同的阶段，影响企业文化落地和认同的要素是不一样的。领导魅力，企业氛围的感染力，员工个人信念的形成及其内驱力，在三个阶段分别发挥着不同的作用。

（4）通过案例分析，深刻认识到企业文化建设的关键不是口号、不是标语，而是不断地让员工内心和行为认同的过程。

七、建议课堂计划

本案例可以作为专门的案例讨论课来进行，以下是按照时间进度提供的课堂计划建议。整个案例课分为两个课时，共 90～100 分钟。

1. 课前计划

提前发放案例，提出启发思考问题，学生据此熟悉案例内容并进行初步思考。

2. 课中计划

课中计划包括教师开场白、案例分组讨论、教师提问与学生回答以及教师点评等环节。

（1）教师开场白：5～10 分钟，带领学生回顾案例，明确主题。

（2）小组讨论：15～20 分钟，组织学生分组讨论启发思考题，特别要引出影响企业文化认同的不同因素和文化认同的路径，理解案例内容和基本知识点。

（3）集体讨论：50～60 分钟，由教师按照案例分析思路，结合板书设计，在逐步引导学生回答问题的过程中完成案例分析和相关知识点引入。

（4）教师总结：5 分钟，对知识点进行梳理与案例总结。

（5）问答：5 分钟，回答学生的一些额外问题。

八、后续进展

目前，爱菊已经成为中国土地轮作休耕战略项目研究组的重要成员。

粮食战略关系到一国的国家稳定和安全问题。据联合国教科文组织和粮农组织的不完全统计，中国人均耕地只有 1.43 亩，为世界人均耕地的 27.7%，美国的 12.8%，印度的 45.5%，排在世界第 67 位。甚至一些省（市）人均耕地面积已低于联合国粮农组织确定的0.8 亩警戒线。在全世界26 个人口超过5000 万的国家中，我国人均耕地量排在倒数第 3 位。7%～9%的口粮需要进口调剂，这对国家粮食安全是有一定压力的。因此，2017 年中央一号文件明确国家土地轮作休耕战略，用 100 亿元支持土地轮作休耕 2000 多万亩。由于多年的耕地集约化利用，土地板结现象严重，加之地下水污染，粮食产品重金属和真菌等各项指标时有超标。藏粮于地的土地轮作休耕政策是保护耕地、可持续利用耕地的重要举措。

爱菊经过自己的探索和努力，在哈萨克斯坦建立高品质的粮油原料基地，同时还在新疆阿拉山口建立粮食贸易基地，实施粮食贸易，这些对于弥补我国优质粮源的不足、有效支持土地轮作休耕战略有着非常重要的意义。爱菊的粮食进口是配额进口，所缴纳的关税（2017 年全年上缴 400 万元左右）也降低了我国的土地轮作休耕期间的成本耗费。

九、附录

李向羽 2019 年就职演讲稿摘录

在市民政局领导的关心、指导下，在行业各位商家老板的支持下，经过全体会员的不懈努力，今天我们欢聚一堂，共同见证“西安粮油副食品商会”成立。作为当选的首届会长，我在深感荣幸的同时，更觉得责任重大。在此，我谨代表“西安粮油副食品商会”全体会员，向一直关心支持商会筹备工作的领导、嘉宾和社会各界朋友表示衷心的感谢！对为本会成立献计献策、出资出力及辛勤奔波的筹备组全体人员致以诚挚的问候和由衷的敬意，你们辛苦啦！

“西安粮油副食品商会”刚刚成立，组织体系还不够完善，今后一段时期的重要工作任务之一就是加强商会的自身建设。在人员、经费内部管理方面还要抓紧落实，有些工作还需逐步理顺。但我相信，随着商会的不断发展，商会自身的不断完善，“西安粮油副食品商会”必将在经济建设中发挥其重要的作用，为推动和促进社会经济发展做出贡献。

商会这个家有了，这个家是个新家，是个大家，应是一个同舟共济、团结协作的家，应是一个和谐温暖的家，应是一个排忧解难、共同发展的家。热爱它是我们的责任，壮大它是我们的义务。同时，我们将努力提高商会的凝聚力和公信度，树立良好的社会形象，使商会真正成为西安市规范行业发展、行业公信自律的典范。

奋斗的2018年已经落下帷幕，在过去的一年里，我们用汗水铸就了荣耀，用辛劳编织着梦想。2019年即将奏响华美的乐章，我们坚信，在大家的共同努力下，我们西安粮油副食品商会的明天会更好！

第六篇　全产业链战略：爱菊粮油在“一带一路”的探索①

褚志远　乔齐　张红芳　王佳蕾

案例正文
AnLiZhengWen

摘要　本案例描述了爱菊粮油工业集团有限公司建立全产业链战略采取的详细措施。在前向一体化中，爱菊提出“主食产业化”战略布局，为消费者提供高品质的面食产品；在后向一体化中，从国内到国外，从采购到种植，再到运输，爱菊坚守产品的高品质，不断探索优质粮源。为响应“一带一路”倡议，在哈萨克斯坦建设物流加工基地，形成“北哈州—新疆阿拉山口—西安国际港务区”三位一体的“关键枢纽体系”，助力爱菊真正实现企业社会价值，为国家粮食安全战略出一份力。通过案例分析，有助于学生全面理解全产业链战略是企业塑造竞争优势的有效途径。

关键词　全产业链战略；供应链；后向一体化

① 出于企业保密的要求，在本案例中对有关名称、数据等做了必要的掩饰性处理；本案例只供课堂讨论之用，并无意暗示或说明某种管理行为是否有效。

0　引言：一份报告引发的思考

2015 年春天的一个下午，爱菊集团董事长贾合义在办公室里伏案沉思。他的桌上摆着一份有关小麦质量的调研报告：一方面，由于优质耕地减少，化肥农药使用量超标，土地污染严重，市场上的优质小麦越来越稀缺；另一方面，考察国外粮源情况后发现，世界粮食交易量垄断性地控制在“ABCD”四大粮商手中，爱菊作为一家地方性民营企业没有讨价还价的实力，而且路途遥远，运输周期长，供应环节风险不可控，容易导致价格波动甚至断供危机。

面对如此境地，回想企业一路走来的艰辛与坎坷，贾合义知道，又一次重大抉择摆在了他的面前！这些年来，爱菊始终坚持企业品质型发展战略，坚守产品差异化生产模式，对企业上游环节的要求越来越严格，以保障爱菊产品的高品质。如今，供应端短板逐渐显现，供应链逐渐成为扼制企业战略的瓶颈。“一粒麦、一袋面、一个馍……”贾合义嘴里念叨着，心里盘算着，此时他的目光投向了窗外的远方，眼神变得越来越坚定。“走出去，对，必须走出去！”贾合义自言自语道。

1　从粮油到主食产业化

西安爱菊粮油工业集团始建于 1934 年，是一家老字号粮油企业，现为国家级农业产业化重点龙头企业。爱菊集团从 2000 年开始，实施“放心粮油”工程，早于国家粮食协会一年。“小数点”事件让爱菊人坚定了信念，在面粉加工过程中拒绝使用添加剂，探索配方生产，引进配粉生产系统，提高面粉品质。爱菊集团首创了一次性中包装油品，早于上海、北京等大型城市 4 年。相对于易污染、难追溯源头的铁皮桶与白色塑料桶来讲，一次性使用的透明中包装油品安全放心，可进行源头追溯。

近年来，随着三聚氰胺奶粉、地沟油、染色馒头、瘦肉精、毒豆芽等一系列食品安全事件频发，有毒食品就像一个毒瘤，长期生存于社会发展和居民生活中。随着居民消费水平的提高，在填饱肚子之余，追求品质和健康的消费已成为社会的主旋律。人们开始在吃饱的基础上思考如何吃得好、吃得健康。

在此背景下，爱菊开始探索主食产业化，产品性质由做“粮”向做“食”转变。2009 年，爱菊响应西安市政府号召，实施“放心馒头”工程，主营业务从面粉、油脂加工向馒头、包子、面条、饺子等主食业务扩展。在当时，传统的主食生产设备存在两方面问题：一是传统的蒸笼制作效率低，卫生无法保证；二是国内最先进的设备劳动强度大，产量低，无法规模化生产。为解决这两大问题，爱菊自主研发了国内首条自动化、智能化主食生产线，可日产馒头 50 万个，全程只需不到 20 人，生产过程卫生安全有保证。同时引进先进的国外面条生产线，坚持加工过程中不添加增白剂、增筋剂。

2011 年，爱菊全面实施放心豆制品工程。“三大放心工程”体现了爱菊的宗旨——始终为老百姓提供安全放心的粮油产品。随着主营业务种类的扩展，爱菊成为一家以米面油综合发展为基础的主食产业化企业，由追求规模化生产转变为以品质取胜。在直面消费者时，爱菊更加意识到了食品源头——小麦的重要性，于是开始了高品质粮源的探索之路。

2　从“国内买粮”到“国外找粮”阶段

2.1　国内的探索

高品质的粮油产品取决于高品质的粮油原料。“优质的粮食源地”一直是爱菊关注的重点。贾合义从 1993 年接手爱菊开始，一直带领着爱菊人在全国各地寻找高品质的粮源。贾合义亲自带领爱菊员工到河南、河北、山东、湖南、湖北等地对小麦质量进行考察调研；亲自前往田间观察小麦生长，向村民了解施肥情况，严格把控小麦的质量。

为保证原料的高质量，爱菊将原有的陕西省内粮源地扩展至全国，在河南、山东、河北以及东北三省等地，建立了优质的小麦生产基地。但是国内的粮食品质只能用区域来划分。以收购大米为例，人们都说东北五常大米最好，但并不是年年如此。原来爱菊只在五常、盘锦收购，而现在是在东北三省选择大米，每年看哪里生产得好，就从哪里收购，东北三省大融合，以此寻找品质最好的大米。

在此基础上，如何保证大米口感呢？爱菊人深知，最重要的是原料把控。机器设备及工艺只是起稳定作用，提升质量的根本是原料。大米的理化指标好，并不代表好吃，需要通过做熟食实验，现场操作来检验质量。爱菊一直坚持认为国家标准是最低标准，是准入标准，因而爱菊自我的内控标准比行业更高。

但是，随着中国城镇化步伐加快，优质耕地不断减少。中国人均耕地面积只有0.08公顷，远低于世界人均0.2公顷的平均水平，且更严重的是，即便这0.08公顷也多是难以耕种或者污染严重的耕地。在这些耕地上，农药化肥使用超标，造成土壤重金属污染，每年土壤污染导致的粮食减产量达100亿斤。另外，国家开始实行土地轮作休耕战略。据统计，每年西安市粮食缺口在10亿公斤以上。国内的粮源生产基地已经无法满足爱菊对品质和数量的要求，爱菊需要寻找更高品质的粮源地。

2.2 国外的探路

从2010年开始，爱菊把眼光放到了国外，远赴巴西、加拿大、罗马尼亚、俄罗斯新西伯利亚等国家和地区考察。以俄罗斯为例，其占地1712平方公里，全国人口1.44亿，年出口小麦约2500万吨、油料约1500万吨。可耕地面积约有1.25亿公顷，约4亿公顷土地有潜在的农用价值。并且，俄罗斯的小麦亩产为200~300公斤，远低于我国400~600公斤的小麦亩产，高品质的小麦给了爱菊在国外寻找粮源一线希望。

但国外买粮也存在很多问题：一是关税高，增加成本；二是运输周期长，市场风险大。以从俄罗斯购油为例，在“一带一路”倡议提出之前，运输线路是先经由俄罗斯铁路到哈巴罗夫斯克，再从符拉迪沃斯托克到连云港，最后从红海铁路运到西安，总时长达2个多月。但是油价与国际接轨，受期货市场影响较大，若油价大跌，企业就会面临赔本的买卖。这对于爱菊来讲，风险非常大。

国外买粮在确保高品质的同时也带来了高成本，这对贾合义来讲是一道难题。而2015年的哈萨克斯坦之行为爱菊开启了新的大门。

2015 年 5 月 21 日，以“共建丝绸之路经济带”为主题的第十三届哈萨克斯坦—中国商品展览会在哈萨克斯坦阿拉木图市阿达肯特展览中心隆重开幕。西安爱菊集团作为陕西省唯一的粮食企业代表参加了此次盛会，集团副总经理范宝刚、刘冬萌、尹良，外事专员李琳陪同集团董事长、总经理贾合义一同前往。5 月 19—25 日，贾合义在哈萨克斯坦进行了为期 7 天的考察，其间贾合义分别与哈萨克斯坦的各个高层领导进行了友好的深度沟通。

5 月 19 日下午，哈萨克斯坦外交部副部长亲切接见贾合义，并做了深度的沟通交流，副部长先生表示全力支持爱菊集团在哈萨克斯坦的投资、商贸及相关事务。5 月 20 日，贾合义作为参展企业代表拜访中华人民共和国驻阿拉木图总领事馆，总领事张伟、商务领事赵俊芳与代表团会谈并介绍了哈萨克斯坦的投资及贸易环境。5 月 21 日，贾合义一行与哈萨克斯坦最大的油脂生产企业阿拉木图 MASLO - DEL 有限责任公司高层洽谈，并达成合作意向。5 月 22 日，贾合义在首都阿斯塔纳与哈萨克斯坦共和国投资和发展部总部 Jalil 先生进行交流，Jalil 先生表示支持和欢迎爱菊集团与哈萨克斯坦的合作，并全力推荐优秀的哈萨克斯坦企业，愿意利用当地的优势资源为爱菊与哈萨克斯坦的贸易和投资做好服务。贾合义一行还前往哈萨克斯坦粮食出口公司，进行了实地考察和沟通交流。Erlan 先生介绍该公司拥有 100 万公顷土地资源用于种植油料和小麦，可以为爱菊提供优质的原料，并诚挚邀请贾合义一行考察公司生产企业的原粮基地。下午，贾合义拜会了哈萨克斯坦农业部部长 AsylzhanMamytbekov，部长先生表示全力支持爱菊集团在哈萨克斯坦的所有事务，并表示要把与爱菊集团的合作上升为哈萨克斯坦与中国贸易投资合作的重点项目予以推介和支持。晚上，贾合义一行与哈萨克斯坦有机小品种油脂（红花籽油、亚麻油）供应商代表进行了会谈，他们对与爱菊合作表示出了强烈的愿望。5 月 23 日，贾合义一行前往北哈州参观科克舍套面粉厂，同时参观了油脂厂。5 月 25 日，贾合义会见哈萨克斯坦粮食总公司总经理并与其进行洽谈。

首次的哈萨克斯坦之行，让贾合义了解到了它的风土人情、国土政策、农业环境等众多方面，并且哈萨克斯坦丰富的耕地资源、肥沃的黑土地坚定了贾合义开拓哈萨克斯坦市场的信心。

2.3 路在哈萨克斯坦：冲突之后的决策

回国之后，贾合义立即召开了公司大会，讨论是否去往哈萨克斯坦采购粮食。会上大家各抒己见，主要的担忧在于如果政局不稳定，经营不善，导致投资打水漂，该怎么解决？资金的外汇管理问题又该如何解决？

贾合义思考后认真回答道，七天之行，让我对哈萨克斯坦的国情、政策、人文等都有了一定的了解。哈萨克斯坦近几年的政局是相对稳定的，并且当地的政策非常支持农业企业，包括哈萨克斯坦北哈州在内的西西伯利亚地区是全球优质农产品主产区，被誉为农产品种植的“净土”。由于地广人稀，当地不施化肥和农药的“靠天吃饭”耕作模式，造就了产品天然、绿色的优良品质，这也让各地粮商接踵而来。但由于哈萨克斯坦特殊的土地政策和粮食收购政策限制，多年来，种植模式问题始终未得到有效解决，导致该地区农产品滞销而销区市场却“望洋兴叹”的局面，所以很欢迎粮食企业的到来。对于外汇管理，我们的资金充足，投资资金可存在哈萨克斯坦当地的中国银行，存取方便，不用过多考虑外汇问题，风险较低。对于爱菊来讲，重要的是把最好的小麦运回西安，不要怕外汇问题。综合来看，相较于其他企业，我们的优势很大，风险很小。哈萨克斯坦是欢迎我们的。

在解决了公司其他领导的担忧后，大家一致同意了贾合义去哈萨克斯坦买小麦的决定。

3 “国外订粮”阶段

3.1 采购的瓶颈

由于哈萨克斯坦大部分地区采取粗放的经营模式，加上农业技术不够先进，量产水平有限，小麦亩产仅有 80～100 公斤。虽然是世界上小麦重要的生产国和出口国，但是由于运输成本和交易成本较高，主要的出口对象是独联体国家，出口到我国的小麦少之又少。

哈萨克斯坦人豪爽不拘小节，这对爱菊在当地采购粮食来讲，既有利又不利。有利的是，农场主不在乎与谁合作，只在乎卖出小麦后变现速度快，而且爱菊在一开始便得到了农场主的信任，大大提高了合作效率。不利的是，这些农场主也无信誉可言，只讲究利润。在一次采购中，爱菊的需求量很大，农场主无法满足供应需求，于是便将专供肯德基面粉的小麦出售给了爱菊，与合同中要求的小麦并不一致，这与爱菊对品质的坚守相违背。

随着在哈萨克斯坦采购的次数越来越多，爱菊的订单量大到需要在哈萨克斯坦全国来寻找粮源，耗费了大量的人力和财力，降低了采购的效率，也增加了采购成本。另外，经统计，陕西省的年小麦缺口在100万吨，年食用油的缺口为40万吨。在保证“质”的前提下，如何满足粮食的“数量”供应呢？

3.2　种植

小麦的产量主要受天气影响，施肥很少。哈萨克斯坦的可耕地面积达2000万公顷，2018年的产量是1800万吨，出口量700多万吨，目前面临的问题就是产量大，卖粮难。哈萨克斯坦、乌克兰、俄罗斯都是农业大国，且人口少；欧洲人口相对多，但需求量并不大。因此哈萨克斯坦的农田、工厂很多都在闲置，它的农业机械化高，规模大，但管理粗放。虽生产能力低，但品质高。哈萨克斯坦的小麦种子不讲究培育，就是以前的老种子，虽受天气影响比较大，但品质很高，因此种出来小麦的品质就特别高。

为解决这一问题，作为首批响应国家“一带一路”倡议走出国门开展农业产能合作的企业之一，爱菊集团提出“校企联合、订单农业”和“持股不控股”的合作思路，在当地牵头组建了新型订单农业合作社。爱菊集团负责议价收购，西北农林科技大学和哈萨克斯坦国立大学负责技术支持，当地农场主负责种植，实施种子“研发、种植、管理、收割、收购、存储”一条龙运营策略。这一模式既解决了当地农产品的销路问题，又解除了农民对土地所有权的顾虑，实现了合作三方的互惠共赢。这一合作模式一经提出便得到了当地政府和广大种植户的支持和欢迎。

目前爱菊已在哈萨克斯坦投资建厂，设立爱菊农产品加工园区，全部采用国内先进油脂压榨设备，年处理菜籽30万吨，产油脂16万吨，储备能力达 4 万吨，配套有 150 万亩的种植基地，是为西安市提供天然、绿色、无污染粮食的“异国粮仓”。其中：①一期年加工能力 30 万吨油脂厂于 2016 年 5 月 31 日正式开建，并于 12 月 6 日试投产运行，拥有两条铁路专用线，为哈萨克斯坦最大的油脂厂。哈萨克斯坦总统纳扎尔巴耶夫远程视频连线，亲自见证油脂厂投产仪式。目前正常运行。②收购改造两个仓容量 5 万吨的粮库，拥有四条铁路专用线，并新建两个日处理量达 1000 吨的烘干塔，目前正常运行。

4 “内外运粮”

4.1 “种”与“运”的矛盾困境

在小麦种植成熟后，如何运回西安？这是亟须解决的又一难题。

因为国内与哈萨克斯坦的轨道不同，必须在阿拉山口换轨道。哈萨克斯坦以前没有油脂专列出国的先例，仅有使用油罐车的经历，也没有油脂暖房，不了解装油罐车的流程等，这些问题都需要解决。再比如小麦之前的运输是先装麻袋，再扛到火车上，再卸麻袋，这样会带来费用率高、周转率低等问题。而当时国内已经实现了散装散运，但因为牵涉外来物种迁移问题，国家规定进口产品不允许散装散运。当大批量进货时，如果装麻袋运输，量太大，在哈萨克斯坦根本找不到劳动力，这都是需要解决的问题。

于是爱菊开始找海关等来协调解决散粮运输的问题。爱菊开创了散装粮运输的先河，国家允许其在不抛撒的情况下运输散装粮。爱菊自我研发了卸粮机，并购买了特殊的设备，保证了小麦运输开箱不撒。

目前，我国响应“一带一路”倡议中“走出去”的粮食企业除国有企业外，拥有粮食配额的企业少之又少，拥有的粮食配额数量也很少。经测算，爱菊集团进口 1 吨小麦及食品油平均需缴纳税费 1200 元以上，极大地增加了爱菊的成本费用。该怎么解决？当时贾合义有两个想法：一是爱菊的售价高；二是麸子有效使用，即在关口进行加工后，面粉的加工成本与售价相抵，面粉剩余的麸子也会得到利润。

4.2　布局阿拉山口，建设物流加工园区

经过深思熟虑与考察研究，为了让粮食“买得到、运得回”，爱菊集团统筹规划，建设了新疆阿拉山口枢纽，连通哈萨克斯坦与中国的运输之路。

阿拉山口，位于新疆维吾尔自治区，属于综合保税区，具有“境内关外”这一特殊性。爱菊在阿拉山口建立爱菊农产品物流加工园区，该园区成为连接中外的加工中转分拨中心，也是至关重要的交通枢纽。

2017 年 5 月 8 日，阿拉山口爱菊农产品物流加工园区正式开建，一期年加工 10 万吨的面粉厂于 2017 年 12 月 31 日投产。目前正常运行，且配备 5 万吨筒仓、2000 平方米仓库。

爱菊集团依托中欧班列“长安号”，逐步构建起了“北哈州—阿拉山口—西安”三点一线、三位一体的国际“粮食大通道”，以“国内休、国外耕”的模式，不仅为西安人打造了海外粮仓，还保障了粮食供应安全。

在哈萨克斯坦北哈州，爱菊集团建立了农产品物流加工园，占地面积 2100 亩，是中哈贸易的重要物流枢纽节点，也是爱菊集团实施跨国种植、贸易的“根据地”，园内已建成年加工油料 30 万吨油脂厂，拥有仓容 5 万吨粮库和 4 条铁路专用线，与哈萨克斯坦拥有共计 150 万亩土地的 20 多个农场主签订了“订单农业”合作协议。位于阿拉山口综合保税区的农产品物流加工园，作为“中转节点”，是国家指定的粮食进口口岸，“外”可直接连接爱菊集团北哈州农产品物流加工园区，“内”可直接连接全国各大城市以及爱菊集团西安国际港务区农产品物流加工园区。位于西安国际港务区的农产品物流加工园则是爱菊集团的“境内集散枢纽”，可以此为中心，辐射西北、面向全国，目前基地吞吐量可达 50 万吨，扩建后可达到 100 万吨，为西北地区最大的综合性粮油集散地。“未来 3 ~ 5 年内，在中欧班列的助力下，爱菊集团将依托这三大园区在哈萨克斯坦形成订单农业 500 万亩，油料初加工 50 万吨，面粉 30 万吨，仓储物流设施 100 万吨，吞吐量 100 万吨的规模，可带动当地 6000 人就业，带动国内休耕 500 万亩。”爱菊集团未来这样规划。

“中欧班列使我们企业在原料采购方面有了快速通道，班列频次的增加给

企业带来了更大的发展空间。粮油产品是大宗物流，我们今年可能会达到30万吨，逐步达到100万吨。”爱菊集团董事长贾合义表示，中欧班列为西安市民带回了更廉价的健康粮油，给企业提供了国际视野，提高了品牌知名度；同时也带动了“一带一路”沿线国家的经济发展，促进了民心相通和互利共赢。爱菊集团正是“一带一路”倡议的参与者、受益者和推动者。

5 爱菊的收获

5.1 爱菊的全产业链成形

爱菊的全产业链条延伸始终坚守主业，适度延伸，谨慎跨界。爱菊始终围绕粮油这一核心不断拓展。往后端延伸，包含建立销售渠道以及增加主食品类；往前端延伸，即从收购粮食到种植粮食。建立销售渠道，就是构建属于爱菊自己的销售网络，包括粮油店、连锁店、群众厨房等。从全国范围来讲，爱菊从种植、收购、贸易、加工到销售的产业链条是相对比较完善的，形成了自我发展的生态体系。

从种植、采购、加工到运输，最后到销售，爱菊在每一环节均保证了产品品质。全产业链效应初步凸显了爱菊的高品质，其品牌声誉得到了保障。

5.2 支持国家粮食安全战略，获得国家的认可

爱菊集团打造了哈萨克斯坦“北哈州—新疆阿拉山口—西安国际港务区”三位一体的优质粮油产供销全产业链，铸就了中亚及周边国家粮食进出口陆路大通道，打造了有效海外粮仓，保障了我国粮食“数量和质量”供应安全，促进了我国土地休耕，完美体现了党的十九大报告中的“确保国家粮食安全，要把中国人的饭碗牢牢端在自己手中”。

三年累计进口粮油超10万吨，促成了中欧班列“长安号”的首趟回程，带动了中哈两国近万人的就业，项目被列入“中哈55个产能合作项目清单”，被哈萨克斯坦首任总统纳扎尔巴耶夫誉为“中哈产能合作的典范”。

6 尾声

2018 年 5 月 11 日，贾合义在爱菊集团西安国际港务区农产品物流加工园区接待哈萨克斯坦副总理舒克耶夫·乌米尔扎克时思绪万千，感慨道：“高品质是我们不变的使命！果然不虚哈萨克斯坦之行！”2019 年 4 月 25 日，“一带一路”企业家大会在京召开，贾合义应邀参加大会，并在大会上签订了《“订单农业”合作协议》。预计 2019 年底，将有超过 20 万吨的优质粮油运抵西安，满足西安市民从吃饱到吃好、吃健康，再到吃安全、吃享受的饮食需求。

从决定“走出去”到实现“运回来”，爱菊集团完成了全产业链战略构建工程。回想这些年爱菊集团在“一带一路”方面的探索，贾合义再一次感慨：“为了一粒好麦，我们不惜跋山涉水！我们对市场的承诺始终引领着我们不断前行，如今我们终于探出了这条路，而且要坚决走下去！”

案例教学说明
AnLiJiaoXueShuoMing

一、教学目的与用途

1. 适用课程

企业发展与运营模式、战略管理。

2. 适用对象

本案例主要为 EMBA、MBA 开发，适合具有一定工作经验的学员和管理者学习。本案例教学对象以具有一定战略管理和企业发展与运营知识基础的同学为宜。实践经验较少的学生应加强课前对相关基础资料和管理理论知识的准备。

3. 教学目的

本案例以爱菊粮油发展中的产品品质保障与企业品牌维护带来的困境和发展机会为主线，对企业通过构建与实现全产业链战略为自身和社会创造共同价值，从而赢得竞争优势的过程进行深入分析和探讨，使学生掌握全产业链战略的基本概念和理论，同时培养学生在企业发展和企业战略间建立关联的基本能力，促进学生对企业发展战略模式进行系统性思考。具体而言，教学目标包括以下三个层次：

（1）知识传授点。

①核心知识点：企业战略；全产业链；一体化。

②辅助知识点：供应链；产品链；销售链。

（2）核心训练点。

全产业链实现企业发展战略的模式。

（3）观念改变点。

①企业发展战略不是企业的一个预设的制约性框架或者边界，而是随着市场变化和企业发展形成的适应性、适用性兼容的柔性决策方案。

②企业遵循“价值驱动”的理念，主动从自身价值链和外部供应链中寻求产业链的结合点，针对性定位应解决的发展瓶颈问题，通过在价值链运营中引入全产业链概念，既解决了企业发展的源头性问题，打造了可持续的高质量供应链，也为产业同行探索了一条与国家战略一致并有助于解决国家重大发展问题的创新之路。

二、启发思考题

设置启发思考题的目的在于帮助学生提前做好案例学习的准备工作。通过完成课前作业中的启发思考题，学生可以有较为充足的时间预习案例的内容及相关素材，在问题的引导下熟悉案例的故事情节，初步了解案例的背景及要点，主动思考并获取相关的理论与实践知识，以提高课堂学习案例的效率。本案例可以用于启发思考题的内容如下：

（1）爱菊粮油打造全产业链的动因是什么？

（2）爱菊粮油如何实现全产业链战略？

（3）全产业链战略对爱菊粮油产生了怎样的影响？

（4）从“买”到“控”，爱菊粮油如何实现全链条管控？

三、案例分析的理论依据

1. 企业战略

企业战略是决定企业长期绩效的决策和行动。通过战略管理，管理者制定了有关组织如何开展业务、如何在竞争中取胜、如何吸引顾客并使他们满意、最终达到目标的行动方案或路线，即战略，这是管理者的一项重要工作。在战略管理和制定中经常用到的一个词是“商业模式”，它是一种战略设计，指导公司如何从战略、工作流程、工作活动中获利。公司商业模式的重点有两方面：一是顾客是否会重视公司提供的产品和服务；二是公司能否从中获利。管理者在思考业务战略时，还应当考虑商业模式在经济上的可行性。

2. 全产业链

全产业链是中粮集团在中国居民食品消费升级、农产品产业升级、食品安全形势严峻的大背景下提出来的一种发展模式。2009 年初，时任中粮集团董事长的宁高宁提出“打造全产业链”构想，即以消费者为导向，控制“从田间到餐桌”的种植采购、贸易物流、食品原料、饲料原料、养殖屠宰、食品加工、分销物流、品牌推广、食品销售等每一个环节，并通过系统管理和关键环节的有效控制，最终在行业中获得关键话语权、定价权和主导权。如今，全产业链的管理理念已经从食品产业链复制到众多的新能源、LED、纺织、媒体等行业。所谓全产业链管理模式，即核心企业通过资本运营的手段对上下游企业进行整合形成产业链系统，通过对系统管理和关键环节的有效控制，最终在产业与市场上获得关键的话语权、定价权和销售主导权，以最大限度挖掘产业链价值，实现企业与客户利益最大化的管理模式。

从本质上看，“全产业链”集纵向一体化和紧密型多元化于一体，紧密型多元化是指产业链之间的业务关系非常紧密，并非一般意义上的多元化。其运行模式包含两个层次：从纵向来看，一条产业链上的产品、服务和信息等均由一个企业全程控制，这是全产业链的主要特征，没有纵向一体化，也就不能称为全产业链；从横向来看，具有紧密型多元化特点，即在空间布局上有多条紧密相连的产业链，不同产业链之间在品牌、渠道、物流、财务等环节可以实现横向一体化的整合。

全产业链运行模式是纵向一体化和紧密型多元化的有效结合，并不是纵向一体化经营模式和紧密型多元化战略的简单相加。纵向一体化与紧密多元化战略都不是新鲜的事物，如果要使二者的结合有所创新，则需要“协同作用”，即企业通过全产业链的布局和优化，在产业链网络内寻找价值增值关键点，以产业循环和提高经营效率为核心，达成纵向和横向资源的有效利用，实现业务对接、资源互补、成本相抵等效应，即实现“1 + 1 > 2”的协同效应。在此基础上还需要不断进行实践、反馈、平衡和再造，才能得到理想的全产业链运行模式。

3. 供应链

供应链也被称为价值链，是由迈克尔·波特于 20 世纪 80 年代在其《竞争优势》一书中首先提出的，即在商品从加工原料开始直到最终到达消费者手里的整个过程中，参与了商品价值形成活动的上、下游企业相互连接所形成的网络。随后的十几年，供应链管理因对企业竞争具有的重要影响而受到管理者和学者的关注。在满足一定的客户服务水平的条件下，使整个供应链系统成本达到最小而把供应商、制造商、仓库、配送中心和渠道商等有效地组织在一起来进行的产品制造、转运、分销及销售，是供应链管理的最终目标。供应链管理追求物流、资金流、信息流在企业间的顺畅流动，从而能够对市场变化迅速做出反应来提升企业的竞争力。同时，通过企业间的协同合作，在满足客户需求的同时实现供应链增值最大化，以追求企业持续的竞争力。

4. 一体化战略

一体化战略是指企业有目的地将相互联系密切的经营活动纳入企业体系之中，组成一个统一经济实体的控制和支配过程。一体化战略是由若干关联单位组合在一起形成的经营联合体，主要包括垂直一体化（生产企业同供应商、销售商串联）、前向一体化（生产企业同销售商联合）、后向一体化（生产商同原料供应商联合）、横向一体化（同行业企业之间的联合）。

纵向一体化也称为垂直一体化，是指在生产或经营过程相互衔接、紧密联系的企业之间实现一体化，按物质流动的方向又可以划分为前向一体化和后向一体化。

前向一体化，指企业获得对分销商的所有权或控制权的战略。推动前向一体化战略的有效形式是特许经营。有效的前向一体化战略应当遵循以下 6 项基本准则：①企业当前的分销商要价太高，或者不大可靠，又或者不能及时满足企业分销产品的要求；②企业可以利用的合格分销商非常有限，以至于进行前向一体化的企业能够获得竞争优势；③企业当前参与竞争的产业发展迅速，或者可以预期获得快速增长，因为如果企业主营业务所在的产业发展乏力，那么，前向一体化只会降低企业多元化的能力；④企业拥有开展新的独自销售自身产品所需要的资金和人力资源；⑤获得高稳定性的生产优势，企业通过前向一体化可以更好地预测产品的未来需求，减少产品生产的波动；⑥企业当前的分销商或零售商获利丰厚，在这种情况下，企业通过前向一体化可以在销售自身产品的过程中获得丰厚利润，同时给出使自身产品具有竞争力的价格。

后向一体化，指企业获得对供应商的所有权或控制权的战略。有效的后向一体化战略应当遵循以下 7 项基本准则：①企业当前的供应商要价太高，或者不可靠，又或者不能满足企业对零件、部件、组装件或原材料等的需求；②供应商数量少而企业的竞争者数量却很多；③企业参与竞争的产业正在高速发展，一个基本事实是，如果产业处于衰退中，那么一体化战略会削弱企业的多元化能力；④企业拥有开展独自生产自身需要的原材料这一新业务所需要的资金和人力资源；⑤获得保持价格稳定的优势，一个基本事实是，企业可以通过后向一体化稳定原材料的成本，进而达到稳定产品价格的目的；⑥企业当前的供应商利润空间很大；⑦企业需要尽快获取所需资源。

四、分析思路

本案例可以从爱菊粮油贾合义的视角组织学生分析讨论，通过分组讨论和课堂集体讨论，对爱菊粮油打造全产业链进行分析。具体看来，本案例的分析主要包括四个核心问题。可以依次按如下逻辑进行分析：

爱菊粮油打造全产业链的动因是什么？

爱菊粮油如何实现全产业链战略？

全产业链战略对爱菊粮油产生了怎样的影响？

从“买”到“控”，爱菊粮油如何实现全链条管控？

案例分析思路如图 6.1 所示。

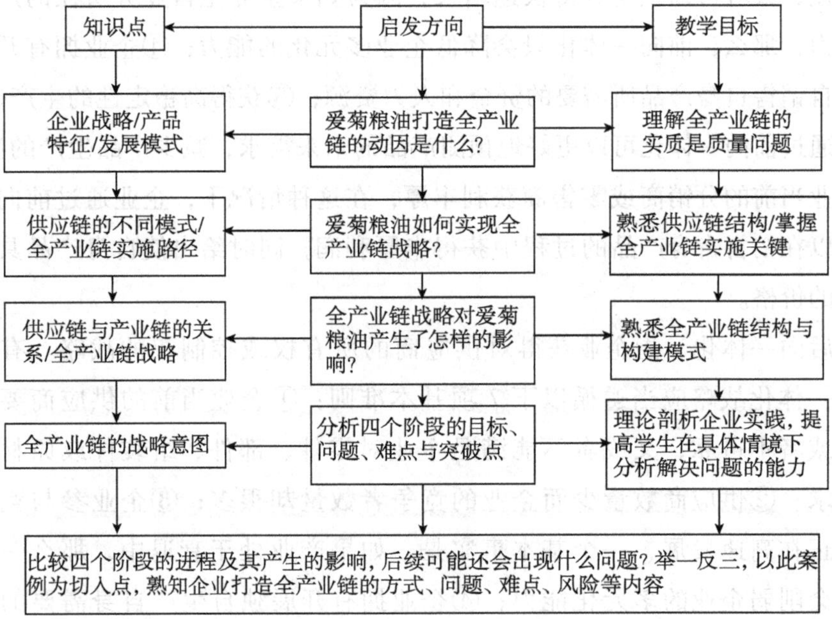

图 6.1　案例分析思路

1. 打造全产业链的动因

（1）先根据学生课前阅读情况对学生进行提问，让学生识别出爱菊面对“质量源头”难题提出的解决方案，以及解决方案的实施时间、内容以及结果（见表 6.1）。增进学生对公司背景知识及发展历程的了解，建立案例时间线，为深入分析案例做准备。

表 6.1　案例中爱菊解决“质量源头”难题的方案

解决方案	内容	结果
国内买粮	寻找符合产品品质要求的粮源	有量无质
国外找粮	到哈萨克斯坦采购优质小麦	有质无量
国外订粮	在哈萨克斯坦组建新型订单农业合作社	保质增量
内外运粮	在阿拉山口建立物流转运基地	保量增收

（2）接着向学生提问：爱菊解决“质量源头”难题的本质是什么？

学生会回答：消费者，消费者的利益会决定企业的生死存亡等。教师给出顾客价值和企业战略的概念，总结出爱菊对品质的执着，其实质是以顾客价值为导向的企业战略。

·顾客价值：顾客对特定使用情景下有助于（有碍于）实现自己目标和目的的产品属性、这些属性的实效以及使用的结果所感知的偏好与评价。顾客价值来源于顾客通过学习得到的感知、偏好和评价，并将产品、使用情景和潜在的顾客所经历的相关结果相联系。

·企业战略：企业战略是决定企业长期绩效的决策和行动。通过战略管理，管理者制定了有关组织如何开展业务、如何在竞争中取胜、如何吸引顾客并使他们满意、最终达到目标的行动方案或路线，即战略，这是管理者的一项重要工作。在战略管理和战略中经常用到的一个词是“商业模式”，它是一种战略设计，指导公司如何从战略、工作流程、工作活动中获利。公司商业模式的重点有两方面：一是顾客是否会重视公司提供的产品和服务；二是公司能否从中获利。管理者在思考他们的业务战略时，还应当考虑商业模式在经济上的可行性。

（3）向学生提问：为什么很多企业没有把顾客价值放在核心的位置？怎样才能使企业有动机维护顾客价值？

学生可能会回答：维护顾客价值会提高企业成本，甚至会突破企业的成本极限，特别是在消费品制造业市场竞争激烈、企业利润率很低、生存很艰难的情况下，企业没有精力去维护顾客价值。

教师在总结中，引出关于企业和顾客关系的两种观点：

一种是企业与顾客的交易关系。如果视为交易关系，顾客价值就会让位于企业利润。

另一种是企业与顾客的依存关系。如果视为依存关系，顾客价值就是企业利润的源泉。

是交易关系还是依存关系，关键在于如何在企业利润和顾客价值之间实现平衡。如果企业能够维护顾客的价值，在为顾客创造价值的同时，也能实现企业的发展，就有了顾客价值驱动企业发展的路径。

2. “国内买粮” 阶段

（1）在这个阶段中，爱菊关注的关键问题是什么？解决问题的方式是什么？

学生的回答可能会比较一致：原料采购。解决问题的方式是在全国寻找高品质的小麦供应源头。

教师在总结中给出学生顾客价值驱动企业发展的概念。

·顾客价值驱动企业发展的概念：按照彼得·德鲁克的经典定义，企业存在的唯一目的就是“创造顾客”！企业发展的原动力是顾客价值，企业为创造顾客进行的一系列的组织行为和管理活动构成了价值链，价值链上的所有因素都会影响顾客价值，因此企业必须全面系统地管控这些因素。

（2）“顾客价值”的体现：好面出自好麦。

①接着上面的讨论，向学生提问：企业价值链有哪些流程和环节？

引导学生回顾企业价值链的构成。企业价值链是以企业内部价值活动为核心所形成的价值链体系。企业的价值活动可被分为两类，即基本活动和辅助活动，共计九项基本活动类型，如图 6.2 所示。

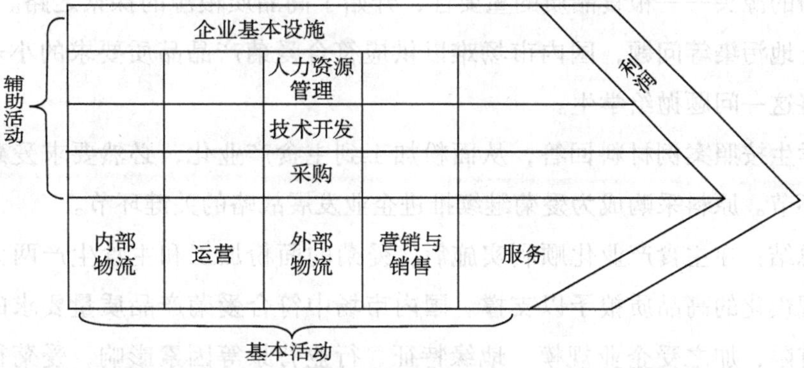

图 6.2　基本价值链

②向学生提问：粮油企业价值链的哪些环节可能会对顾客价值造成负面影响?

引导学生回答采购和运营流程最容易出现食品安全事件，给消费者带来利益损害。优质的粮食原料以及安全可控的生产过程，是保障产品安全的关键。购置劣质原料、增加添加剂，都会影响产品品质，损害顾客价值。

③进一步向学生提问：爱菊在主食产业化阶段以后，产品链延伸和产能扩张面临供应链瓶颈，该如何突破?

首先引导学生分析爱菊的内外部环境：

爱菊的内部环境：第一，企业积极寻求走出恶性竞争困境的出路；第二，企业依然保持了维护和保障消费者利益的价值观和传统；第三，使用面粉添加剂的比例在行业中较低；第四，没有参与恶性竞争，维持了市场上较高的价格。

爱菊的外部环境：第一，行业规模较小，企业间恶性竞争，普遍比较艰难，添加添加剂和增白剂是行规；第二，消费者没有形成较为成熟的消费意识，对产品质量缺乏成熟的判断；第三，行业监管较为缺乏。

其次引导学生在内部价值链和外部环境之间找交叉点：

要依靠主食产业化发展形成产品链延伸和产能扩张，爱菊必须解决供应链瓶颈，通过增加优质粮源保障正常生产和产品品质，践行高品质发展战略。

（3）国内市场的“窘境”：土地污染，好麦难求。

当爱菊由追求规模转变为以品质取胜后，在直面消费者时，爱菊关注到了面粉的源头——粮食品质的重要性，开始了高品质粮源的探索之路。但是，由于土地污染等问题，国内市场难以供应符合爱菊产品品质要求的小麦。此时，将这一问题抛给学生。

学生按照案例材料回答，从面粉加工到主食产业化，必然要求爱菊掌控采购环节。原料采购成为爱菊继续推进企业发展战略的关键环节。

总结：在主食产业化顺利实施后，爱菊的面粉加工和主食生产两大业务需要规模化的高品质粮予以支撑。国内市场中符合爱菊产品质量要求的粮源本就有限，加之受企业规模、地缘特征、行业背景等因素影响，爱菊很难在国内建立可靠而且可持续的供应链。这个问题如果不能有效解决，爱菊既定的高品质发展道路将难以为继。

（4）跨国采购：路在何方？

接着问：面临如此囧境，爱菊采购路在何方？学生可能会按照案例材料中爱菊的行动来列举回答。

教师要根据学生的列举，总结出控制供应端是保证产品品质和塑造企业品牌的关键之举。通过借鉴同为消费品制造业的服装业著名企业如 ZARA 的案例，明确“一手抓生产，一手抓顾客”的不变真理，强调供应链对于产品链和销售链的基础性作用。俗话讲：“基础不牢，地动山摇！”爱菊必须补齐采购环节的短板，突破供应链的瓶颈，除此之外，别无他法！

接下来的问题就是：国内采购受制，难道要跨国采购吗？爱菊具备这样的条件吗？要去哪个国家采购？爱菊真的要做地方性粮企跨国采购的探路者吗？

3. “国外找粮”阶段

（1）众里寻他千百度。

向学生提问：国外就一定有优质粮源吗？

教师在总结中引导学生认识到，粮食安全首先是数量方面的考量，世界上的大多数出口型农业国家的粮食品质都是难以度量的。爱菊要找的国外优质粮源可能不在国际主要产粮国版图上，而且很可能没有形成常态化、规模化的粮食出口。因此，即使找到了符合品质要求的粮源，后续的采购、包装、运输、通关等问题也需要一一解决，企业将面临诸多的不确定性。

（2）吾将上下而求索。

①通过上面的讨论给出学生跨国采购的概念。

根据《物流术语》（GB/T18354－2006）国家标准，“供应链，即生产及流通过程中，为了将产品或服务交付给最终用户，由上游与下游企业共同建立的需求链状网。”2017 年 10 月 13 日，国务院发布《关于积极推进供应链创新与应用的指导意见》（国办发〔2017〕84 号），其中将供应链定义为：“供应链是以客户需求为导向，以提高质量和效率为目标，以整合资源为手段，实现产品设计、采购、生产、销售、服务等全过程高效协同的组织形态。”

②接着向学生提问：供应链有哪些组成要素？

引导学生回顾供应链的构成要素。一般来说，构成供应链的基本要素包括供应商、制造商、分销商、零售商和消费者。产品在供应链上流动的过程中，向前链接的是上游供应商、上游供应商的供应商……向后链接的是下游客户及下游客户的客户，环环相扣。供应链流转的不仅仅是产品，还有供求信息等各类信息的流动以及资金的流动，所以供应链既是产品链，也是信息链和资金链。供应链结构见图 6. 3。

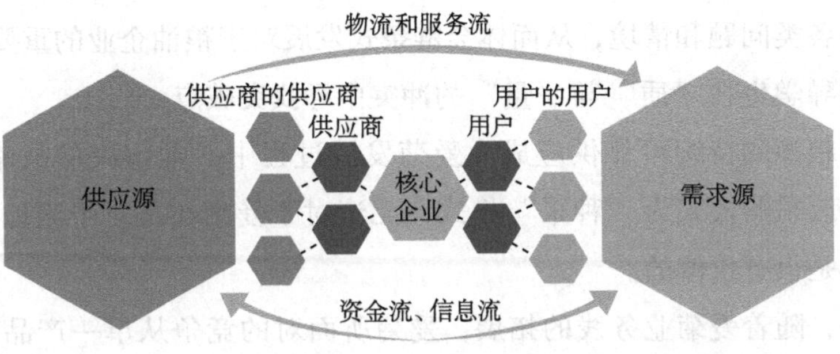

图 6. 3　供应链结构

③向学生提问：跨国采购需要企业解决哪些环节性问题？

引导学生通过分析供应链中各类企业的关系，预判爱菊粮油在跨国采购中即将面临的问题。

第一，“质”的问题：国外粮源是否符合爱菊的产品要求？

第二，“量”的问题：若国外有符合爱菊质量要求的粮源，产量能够满足采购需求吗？

第三，“运”的问题：如果粮源所在国家没有形成常态化、规模化的粮食出口，货运是否存在问题，是否需要企业自己解决？

第四，“通”的问题：粮源所在国如果与中国没有长期的粮食贸易关系，通关是否存在问题？企业能够疏通相关环节吗？是否存在不确定的风险？

4. “国外订粮”阶段

（1）路在哈萨克斯坦。

向学生提问：面对上述一系列问题，企业决策者将“何去何从”？

教师引导学生认识到，跨国采购其实已经促使爱菊粮油决策者开始思考“全产业链”的问题。更加特别的是，“全产业链”概念本就是同行业的龙头企业中粮集团提出的，而中粮集团的模式并不适用于爱菊粮油，战略性问题再次凸显！此时，国外采购人员反馈哈萨克斯坦的情况，本着“产品质量是生命”的企业战略，企业决策者当机立断：到哈萨克斯坦采购！

（2）自然国度与“野蛮生长”：“质”与“量”的冲突。

①根据案例材料引导学生思考从采购到供应链的过程，重现企业在采购中遇到的各类问题和情境，从而体会链条式发展对于粮油企业的重要性。

②引导学生在“质”与“量”的冲突中寻找突破点：

优质粮源的持续可靠供应成为爱菊发展过程中必须解决的战略性问题。由此入手改采购模式为“种采”模式，无论对于爱菊还是对于当地粮食行业来说，都是很有价值的。

第一，随着爱菊业务线的拓展，爱菊所面对的竞争从单一产品市场竞争向多种产品市场转变，竞争环境越来越复杂，竞争难度越来越大。粮源供应的稳定性成为其发展的关键。

第二，“开弓没有回头箭！”既然闯出去了，就要“待得住、站得稳”。企业发展将越来越依靠国外原料市场，与其“寻寻觅觅”，不如“自给自足”。

第三，爱菊自身在政府关系、产品品质、品牌影响力等方面都已经具备了一定的能力和基础。

(3) 从“采”到“种”：理想与现实的矛盾。

向学生提问：这次重大决策，会给爱菊带来哪些难题？

学生按照案例材料回答，按照管理的“5W1H”方法，处处都是问题！

接着问，在这次决策中，爱菊如何“将理想照进现实”？学生可能会按照案例材料中的关键事件和举措来列举回答。

教师要通过学生的列举，总结出转变采购方式引发的“全产业链”战略是实现企业高质量发展的关键。

第一，更为有效地利用源头优势，将其转化为产品差异化竞争力：通过上游外部环节改进，比竞争对手更快更早地掌控产品源头，进入新的发展阶段。

第二，主动对接国家“一带一路”倡议，变政策利好为企业优势，增强宣传与沟通，提升企业影响力，加速了源头优势的累积。

第三，整合已有资源，扩大企业规模影响力，在更大范围内搭建合作平台。

5. “内外运粮”阶段

(1) “种”与“运”的矛盾。

向学生提问：运输问题背后的深层次原因是什么？

学生的回答可能是：基础设施、物流能力、东道主国家及其农民等。

教师在总结中引导学生认识到，爱菊从哈萨克斯坦运粮的问题实质上是“通”的问题。在打造“全产业链”的过程中，企业要打通产业链上的所有环节。对于爱菊粮油而言，所谓“全产业链”其实就是“通产业链”，是企业管理由“点”到“线”的跃升。爱菊已经完成了“三次跳跃”，实现了供应端的布局，接下来必须打通供应链上的所有环节，将布局点连通，“全产业链”方能成形！

(2) “通”的体现：保障企业战略，承担国家责任。

①向学生提问：爱菊在走出国门的过程中，都进行了哪些创新？

学生根据案例材料一一列举。教师根据讨论，总结出“全产业链”构建的条件、资源、组织、路径等。

走出国门寻找更好的粮源的社会效应判定：一方面，通过采购模式的改进，来弥补中国优质粮源不足，支持中国土地轮作休耕战略，这是一个由价值链主导的企业战略；另一方面，在东道国构建粮源基地，培训农民，构建和谐的政企关系，这是一个共享共赢型的商业模式。

②进一步向学生提问：爱菊的“全产业链”模式为何能够得到国家认同？

首先引导学生分析爱菊的内外部环境：

爱菊的内部环境：一是积累了一定的资金和规模实力；二是爱菊的产品系列扩大，品牌影响力增大；三是构建广泛的销售网络；四是区域市场上的价格优势。

爱菊的外部环境：

国内环境：一是正逢国家“一带一路”倡议的推行；二是正逢国家土地轮作休耕战略的实施；三是行业竞争规范但同质化，主要表现在优质粮油的同质化；四是消费者理念改变，健康理念深入人心。

哈萨克斯坦的环境：一是国家土地肥沃，农业资源丰富；二是国家加大招商引资力度；三是农业技术水平低。

其次引导学生在内部经营和外部环境之间找交叉点：

可见，寻找优质粮源，并为我国和哈萨克斯坦承担一定的责任，成了爱菊的必然选择。应由此入手承担社会责任，第一，在哈萨克斯坦建立粮食基地，拓展采购流程，为爱菊建立稳定的粮源基地，确保消费者利益，融入国家“一带一路”倡议，支持国家土地轮作休耕战略；第二，在哈萨克斯坦投资建厂，解决就业，拉动农业产业进步，为爱菊营造良好的哈萨克斯坦政企关系。

（3）“全产业链”的剖析。

向学生提问：怎样勾勒爱菊的“全产业链”整体框架？

学生按照案例材料回答：供应链、产品链、销售链等。

接着向学生提问：爱菊如何形成了链条式发展模式？

学生可能会按照案例材料一一列举回答。

教师要通过学生的列举，总结：打造“全产业链”、掌控供应端与企业发展战略的系统性整合是塑造高品质竞争优势的关键。

第一，优质粮源是爱菊走质量发展道路的基础。

第二，在哈萨克斯坦建立种植基地并投资本地行业，有助于建立良好的政企联系，加强沟通，优化了企业外部环境，为爱菊赢得了进入哈萨克斯坦市场的时间先导优势。

第三，产品差异化优势与时间先导优势的加总，强化了企业的整体竞争优势。

五、背景信息

爱菊集团发展大事记（详见附件一）。

六、关键要点

（1）案例分析中，要准确把握顾客价值在爱菊企业的战略核心地位，顾客价值导向是产品链与供应链矛盾的根源。

（2）案例分析中，要深入理解供应链在企业价值链中的重要性。供应链既是产品链，也是信息链和资金链，是物流、信息流、资金流“三流”合一的网络。

（3）通过案例分析，要把握“全产业链”中的“全”与“链”：“全”即“通”，整合企业内外部资源，打通产业之间的连接点；“链”即“线”，企业将各产业之间的连接点串成了一条线，线上的所有组织成为利益共同体；“全”而无“链”，失之于管控，外部成本将吞噬源头优势；“链”而不“全”，失之于协同，交易费用将抵消链条优势。

（4）通过案例分析，深刻理解“全产业链”，对企业而言是战略性问题。“全产业链”是否具有实施的动因，与企业战略、产品特征、产能规划、发展阶段、盈利能力等都有关系，需要决策者综合考虑。

七、建议课堂计划

本案例可以作为专门的案例讨论课来进行，如下是按照时间进度提供的课堂计划建议。整个案例课分为两个课时，共 90 ~ 100 分钟。

1. 课前计划

提前发放案例，提出启发思考问题，学生据此熟悉案例内容并进行初步思考。

2. 课中计划

课中计划包括教师开场白、案例分组讨论、教师提问与学生回答以及教师点评等环节。案例课堂时间计划见表 6.2。

表 6.2　案例课堂时间计划

主题安排	用时	主要内容
课前预习	学生自由掌握	课前将案例正文发给学生并要求其查阅学习相关知识点
案例背景介绍	15 分钟	由学生或者教师进行案例背景介绍。同时可以向学生提问相关知识点
分组讨论	20 分钟	根据学生人数随机分组，但一般每组不超过 8 人。将案例说明中的问题提给学生，限定 20 分钟进行自由讨论，然后由小组推选的代表发言陈述
代表发言	10 分钟	陈述解决问题的思路和方法，教师不做评价
自由发言辩论	20 分钟	启发学生质疑小组代表发言的内容，教师可以率先对一些发言进行质疑，引导学生自由辩论
教师点评	25 分钟	教师梳理案例的逻辑关系，指出案例的关键节点、理论依据、分析思路，评价各小组或者自由发言内容，进行后续问题的展望
课后安排	学生自由掌握	要求学生以小组为单位提交一份案例分析报告。学生可以前往爱菊集团参观座谈
总用时	45 分钟 +45 分钟 =90 分钟	

（1）教师开场白：5 ~ 10 分钟，带领学生回顾案例，明确主题。

（2）小组讨论：15 ~ 20 分钟，组织学生分组讨论启发思考题，特别要引出两种人力资源管理系统对企业战略的影响，理解案例内容和基本知识点。

（3）集体讨论：50 ~ 60 分钟，由教师按照案例分析思路，结合本书设计，逐步引导学生在回答问题的过程中，完成案例分析和相关知识点引入。

（4）教师总结：5 分钟，对知识点进行梳理与案例总结。

（5）问答：5 分钟，回答学生的一些额外问题。

八、案例后续进展

目前，爱菊已经成为中国国家粮食安全战略项目研究组的重要成员。

爱菊集团作为国内首批响应国家“一带一路”倡议走出国门开展农业产能合作的粮食企业之一，目前已经累计投资 12 亿元，打造了哈萨克斯坦“北哈州—新疆阿拉山口—西安国际港务区”三位一体的优质粮油产供销全产业链。三年累计进口粮油超 10 万吨，促成了中欧班列“长安号”的首趟回程，带动了中哈两国近千人的就业，项目被列入“中哈产能与投资 55 个合作项目清单”，被哈萨克斯坦首任总统纳扎尔巴耶夫誉为“中哈产能合作的典范”。

哈萨克斯坦爱菊农产品物流加工园区项目在国家发展改革委、商务部、农业农村部、国家粮食和物资储备局等部委的关注下，在陕西省西安市有关部门的大力支持下，进展良好，已被列入“中哈产能与投资 55 个合作项目清单”。一期年加工能力 30 万吨油脂厂目前正常运行，同时收购改造了两个仓容量 5 万吨的粮库，拥有四条铁路专用线，并新建两个日处理量可达 1000 吨的烘干塔，目前正常运行。2018 年 8 月 17 日，哈萨克斯坦总统纳扎尔巴耶夫乘专机莅临园区视察。

阿拉山口爱菊农产品物流加工园区一期年加工能力 10 万吨的面粉厂于 2017 年 12 月 31 日投产，目前正常运行，并配备 5 万吨筒仓、2000 平方米仓库。

西安爱菊农产品物流加工园区已部分建成，可年加工小麦 30 万吨、大米 15 万吨、油脂 30 吨，并配备 8 万吨油罐、7 万吨筒仓，拥有近 1000 家连锁网点。

截至 2018 年，爱菊集团已累计进口小麦约 7 万吨，面粉约 1 万吨，食用油约 2 万吨，葵饼、菜饼约 4 万吨；收购小麦约 4 万吨、油菜籽约 5 万吨。哈萨克斯坦园区食用油生产设备全部由中国出口，通过“中欧货运班列”运至北哈州。

九、参考文献

[1]叶继海，王宏．粮改终极是发展[J]．粮食问题研究，1998(7)：4－8.

[2]小麦粉国家质量标准(GB1355 -1986)[Z].

[3]西农与西安爱菊粮油工业集团有限公司签订合作协议[EB/OL]. http://www.snedu.gov.cn/jynews/gdxx/201709/10/70724.html.

[4]姜丹. 陕西爱菊粮油工业集团用诚信和质量赢得赞誉[N]. 中国质量报,2015 -11 -23(003).

[5]筹建园区保粮食安全投建基地辐射全国[N]. 每日经济新闻,2017 -06 -05.

[6]郝瑞. 爱菊粮油:阔步走在"一带一路"前沿[N]. 粮油市报,2017 -06 -24(A02).

[7]西安爱菊粮油工业集团获评"全国供应链创新与应用试点企业"[N]. 西安晚报,2018 -11 -02.

第七篇　爱菊粮油：跨国经营中的人力资源本土化策略[①]

张红芳　鲍璇　焦夏晨　张琦　王佳蕾

案例正文

AnLiZhengWen

摘要　本案例描述了爱菊粮油在哈萨克斯坦投资建厂过程中人力资源本土化策略的实施。巨大的制度、文化、宗教和社会习俗差异，使爱菊粮油在哈萨克斯坦遇到了巨大的挑战。为了快速融入当地社会，获得当地的认同，爱菊粮油的在哈机构采取了人力资源本土化策略。但是，本土化的实施又给企业内部带来了巨大的价值观冲突和管理难度。爱菊通过引入具有“中哈”基因的特殊人才，并将其配置在关键与核心岗位上，通过有效的双向知识传递与学习，最终实现了中哈双方员工在文化价值观以及管理方式上的融合。通过案例讨论和学习，使学生掌握跨国经营中人力资源本土化策略的内涵及其实施措施，理解本土化策略有效实施的重点和关键。

关键词　国际人力资源管理；人力资源本土化策略；跨国经营管理

① 出于企业保密的要求，在本案例中对有关名称、数据等做了必要的掩饰性处理；本案例只供课堂讨论之用，并无意暗示或说明某种管理行为是否有效。

0 引言

2020年，是爱菊粮油响应国家“一带一路”倡议，走进哈萨克斯坦的第5年。清晨，驻哈萨克斯坦总负责人方龙飞例行巡厂，油脂生产车间里忙碌而有序的哈萨克斯坦工人熟练地操作着，技术员间或巡回查看，丝毫没有人注意到方总的到来。这本该是一家生产基地最平凡的景象，但在方龙飞看来着实不凡。回想起当年的自己像灭火队员一样处理各种突发人员状况，他不禁感到一阵喜悦。驻哈萨克斯坦基地从建设到运营经历了5年时间，一座座厂区的落成也见证了哈萨克斯坦全体员工的成长。

1 爱菊粮油走进哈萨克斯坦

爱菊粮油工业集团诞生于1934年，前身是抗战时期的华峰面粉有限公司，新中国成立后改为公私合营，于1966年更名为西安市群众面粉厂，后不断更新生产设备，提升保障供应能力，在统购统销的时代洪流中，是一家声誉卓著的老字号粮食企业。1993年，又更名为“爱菊”，取自诗人元稹的一句诗：“不是花中偏爱菊，此花开尽更无花。”历经80余年，爱菊已经从最初的单一面粉加工企业发展成为西北地区最大的，集西安市“三大放心工程”（放心粮油、放心主食、放心豆制品）为一体，粮食储备、物流配送、资本运作、房产开发、物业管理等多领域协调发展的综合性集团公司。

为确保粮食安全，持续巩固“放心粮油”品牌，爱菊先后在省内和河南建立优质小麦生产基地，在东北等地建立优质稻米生产基地，在新疆、青海等地建立油料生产加工基地。从2010年起，爱菊就开始在巴西、俄罗斯、哈萨克斯坦考察当地粮食种植情况，到2013年，爱菊决定在黑土层丰富的哈萨克斯坦建立优质粮油原料基地，经新疆阿拉山口爱菊农产品物流加工园区运送回国，实现粮油原料国外种植、国外初加工、国内精深加工、区域销售的全产业链模式。

1.1　陌生的哈萨克斯坦

哈萨克斯坦以其肥沃的耕地资源和天然无污染的生产方式赢得了爱菊集团的青睐，哈萨克斯坦的粮食，无论是从安全性还是品质上看，都是世界少有的优质粮源。哈萨克斯坦富有营养的黑土地深达1.5米，自然条件好，小麦亩产80~100公斤，远远低于美国和中国的亩产，这一方面是因为土地没有经过化肥、农药的集约化投资，处于完全原生态的生长状态；另一方面是因为哈萨克斯坦土地广，人口少，对农产品的有效需求小，因此农业实行耕一年休三年的政策，是人类绿色、有机农产品的最后净土之一。

哈萨克斯坦的经济经历了复杂的发展过程。在数个世纪的历史长河中，哈萨克斯坦以游牧经济为主，晚期种植业才初得发展。哈萨克斯坦的农业管理体制变化明显，集体农庄基本被改造为小农场、合作社，土地私有方向基本确定。但不容忽视的是，各地区发展极度不平衡，当地企业的管理模式与管理手段仍处于较为传统、落后的状态。哈萨克斯坦的工业企业分布也极度不平衡，占企业总数2%的特大型企业产值占比高达70%以上，因此，国内工业企业以能源和冶金主导的垄断型企业为主。机器制造和金属加工企业仅占5.3%，产值占比不到3%，因此，当地农业种植及加工企业的设备都处于急需更换的状态，国内自给能力不足。

哈萨克民族是游牧民族，常年生活在茫茫大草原上，对月吟诗、随风放歌，形成了豪爽的民族性格，英雄与勇士的故事不断流传。哈萨克斯坦独立后，受经济危机的影响，教育经费一度不足。因此，当下就成熟劳动力而言，当地受过高等教育的人员中，受教学内容和所学专业的限制，熟悉跨国经济管理、新兴行业等方面的人员少之又少，管理人才与工程技术人才匮乏。与此同时，哈萨克斯坦本国的工程教育和现代技术专业教育体系的发展极度滞后，加上工业设备的落后，当地工人技能水平普遍低下。

正是在这样的背景下，2015年哈萨克斯坦政府来西安招商时，爱菊在哈萨克斯坦北哈州建立粮油种植基地的项目成为第一个签约的项目。哈萨克斯坦以其肥沃的耕地资源和天然无污染的生产方式赢得了爱菊集团的青睐，但除此之外，爱菊人对于即将要进入的哈萨克斯坦的一切都是陌生的。

1.2 迅速开展但也困难重重的跨国发展

爱菊一直是一家地方性企业，从未有过任何跨国经营和管理的经验。尽管哈萨克斯坦与中国在政治制度、经济发展、民族宗教及社会文化等方面有巨大的差异，但是爱菊粮油的董事长贾合义坚持认为，只有获得了哈萨克斯坦的优质粮源，爱菊的发展才能打开新的天地。尽管“走出去”可能存在风险和挑战，但是该冒的风险总要冒，办法总比困难多。

确实，正如贾合义董事长所说的，办法总比困难多。爱菊在哈萨克斯坦的业务发展非常迅速。从2013年开始，爱菊就开始筹备在哈萨克斯坦建立种植基地和粮食生产加工基地。集团从总部各部门抽调人员，成立了由基建、财务、综合等专责人员组成的筹备小组，开展前期业务的沟通与协调。根据与哈萨克斯坦政府的签约项目，哈萨克斯坦在北哈州牧区规划了爱菊工业园区，周边是大片的耕地与农场主屋舍，一条专线铁轨穿园区而过，粮食种植、收购及运输都极为便利。2015年，爱菊就开始在工业园区投资建设油脂厂，由爱菊在新疆成立的城建哈萨克斯坦公司负责建设；到了2016年，油脂厂投产并顺利运营；到了2017年，爱菊又在当地收购了一家粮库，并成立种植公司、贸易公司。至此，爱菊在哈萨克斯坦建立了从粮油种植、储备、加工到贸易的完整产业链条，如图7.1所示。

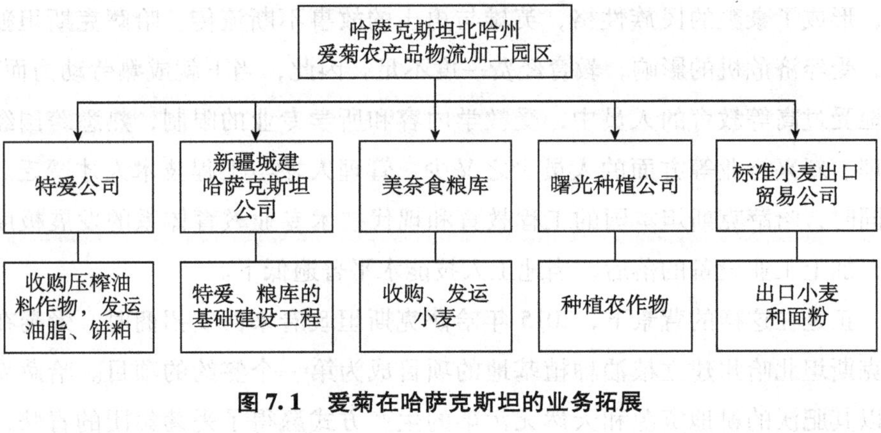

图7.1 爱菊在哈萨克斯坦的业务拓展

尽管结果令人满意，但是在哈萨克斯坦的业务拓展过程却是困难重重，举步维艰。当时的筹备组成员，今天的驻哈萨克斯坦总负责人方龙飞至今想起来仍感惊心动魄。

始料未及的第一个困难，是2015年油脂厂筹备前期的基建设备物资运送。方龙飞至今还记得，北哈州4月的清晨，天气依旧寒冷，为了赶工期，他和同事们冒着严寒将建设所需的各种物资往园区运送。当车辆行驶过一个弯道，一群牧民打扮的人突然出现挡住了去路。看到运输车，车道上聚集的人们情绪逐渐激动，他们挥舞着手中的农具、木棍大声叫嚷，于是四下牧民越聚越多，将方龙飞带领的车队团团围住，再难往前开进。为避免群体冲突，方龙飞只身带着翻译去了解情况。原来，作为北哈州招商重点项目的爱菊驻哈建设项目在当地牧民的眼中竟成了中国人来“破坏环境、掠夺资源”的工具，频频行驶的运输车辆会破坏村里的石子路面，爱菊必须给予巨额赔偿。翻译费尽口舌解释说明，但牧民们怎么也听不进去，愤怒着不肯散去。情急之下，方龙飞联系北哈州政府、警察以及当地社区请求支持，但面对强势的牧民，为了不延误工期，只好让车队掉转车头绕路而行，过后爱菊同意缴纳道路使用赔偿费，事情才得以解决。

与牧民的关系还未缓解，建设期的困难接踵而来——土地确权出了问题。方龙飞在同当地农场主代表、社区代表的沟通过程中被告知，哈萨克斯坦的土地不能买卖。比起牧民的不理解，土地问题几乎让工业园区的建设陷入了僵局。如果土地不能买卖，那划给爱菊工业园区的这片土地，爱菊怎么敢去投资？如果土地所有权不能握在手里，所有厂区的规划都充满不确定性，随之面临的巨大的投资风险和管理纠纷谁来承担？方龙飞十分不解，当初签订招商项目时，北哈州给了各项政策的大力支持，着实不应该在最基本的土地政策上出问题啊！这到底是怎么回事儿？方龙飞一边急急地派人去商务部核实政策，一边将这个消息汇报给国内的贾合义董事长。几番周折后，大家获得的信息基本一致——土地不能买卖。

两难之下，爱菊在哈经营的希望非常渺茫。

2 人力资源本土化策略的尝试

2.1 基层岗位上本地员工的进入

5月的北哈州，气温逐渐回暖，筹建办公室里，贾合义做了一个重要决定。“如果牧民最大的担心就是我们侵害他们的利益，那我们就先给他们利益。”贾合义意味深长地说道。接下来的讨论会上，筹建组长方龙飞提出了雇用当地牧民的建议：“我们都知道，厂区建设和未来的工厂运行将会产生大量的岗位，这些操作类岗位技能相对简单、易学、易操作，对人员的要求比较低，爱菊需要大批劳动力进入，而本地招工比起国内外派是最经济也是以往跨国企业最常用的方式；与此同时，这些聚众的牧民在农闲时大都无事可做，家庭收入随四季时节波动性大，平均工资水平低，渴望获得较为平稳的高收入。虽然职业化程度与爱菊国内员工的标准相去甚远，但也不是完全不可用。如果能雇用当地牧民参与爱菊园区的建设，既可以赢得牧民的信任和支持，也可以为爱菊引进大量建设所需的劳动力。”方龙飞话音未落，负责承建园区的新疆承建公司孟总就提出了反对意见：“基建工程安全无小事，方总，这些牧民没有受过专业培训，进入工地各方面安全性都很难保障。除此之外，园区建设进度您也清楚，要求我们争分夺秒，如果无法用熟练工且团队不能高效配合，工期如何控制……”与会人员纷纷发言，各持己见。最终，在贾合义的引导权衡下，会议决议在基层岗位上引进园区周边社区居民，宣传方式上则强调监督共建。

到5月中旬，爱菊就正式向当地社区提出高薪聘请牧民进入公司监督共建的邀请。不仅如此，如当地牧民有意愿，厂区建成以后，能拥有更高收入的车间工人也可以优先从当地牧民中选拔，并始终承诺提供高于行业水平的薪水。

这份邀请初步化解了当地社区的敌意，牧民的内心开始好奇：这样的一家中国企业能否兑现承诺，招聘公告发布后，当地牧民对爱菊的邀请仍持观望态度。公告期间，方龙飞邀请社区工作人员一起，重点走访了意向较高的牧民，讲福利、做动员，恳请牧民加入爱菊、监督共建。除此之外，为了提升牧民的报名积极性，初次招工选拔的条件降至“两证”的底线——只需要提供医院开具的健康证明和公安机关开具的无犯罪证明，无论是种地的农民还是放羊的牧民，报名即可被录取，且无差异对待，同工同酬。就这样，在政府、社区的多方努力下，社区危机逐步化解，大家都期待着园区开工建设的日子。

2.2　关键岗位本土化员工的进入

外部暂时稳定后，贾合义同方龙飞开始着手解决土地确权的问题，能否顺利获取建设批文，是爱菊能否真正进入哈萨克斯坦至关重要的一步，也是园区能否开工建设的重要前提。关于土地不能买卖的信息，方龙飞始终觉得其中必有误会，因为这样的政策规定从常理来讲是不符合北哈州大力支持外来企业投资的导向的。与相关工作人员沟通后，方龙飞得知，哈萨克斯坦的《土地法》正处于修订期，在“一带一路”的倡议下，哈萨克斯坦对境外投资项目的相关政策是一直变化的，如果不能熟知当地的法律与政策导向，就很难判断最合理的确权方式。但就目前筹建人员对当地的政策的掌握度与研究能力，还不能完全明确哈萨克斯坦投资政策。于是，方龙飞提出了聘请哈萨克斯坦籍本土化员工的建议。

通过当地朋友推荐，驻哈萨克斯坦筹建组迎来了首位哈萨克斯坦籍员工伊斯拉姆，负责园区项目的报批报建工作。伊斯拉姆曾经服务的企业就是一家在哈外资建筑企业，他深谙哈萨克斯坦土地相关政策的变化。在详细了解爱菊工业园区的基本情况后，他提出可以采用“境外投资但注册当地的法人可以进行商业用地购买”的条款进行交涉，这样既可以保证中方注册法人，也可以解决商业用地的购买问题。在他的指导下，方龙飞一行同州政府商务部、投资发展部等多部门进行深入沟通后，报批报建相关手续陆续获批。2016年5月31日，中哈爱菊农产品加工园区，这个在“中哈产能与投资55个合作项目清单”中唯一落地的粮油加工型农业项目终于顺利开工！

为了保证项目建设的顺利进行，在伊斯拉姆的建议下，筹备组先后在财务、法务等关键岗位上聘用了哈萨克斯坦籍本土化员工，以适应哈萨克斯坦多变的政策法规要求。

2.3 本地员工的管理

2016年12月6日，当地气温已低至-30℃，在哈萨克斯坦总统纳扎尔巴耶夫远程视频见证下，爱菊在北哈州的农产品物流加工园区一期项目特爱公司建成投产，一座现代化的油脂加工厂仅用时半年就拔地而起，令当地政府和民众都惊叹不已：爱菊是一家说到做到的企业，当初的承诺都是真的！由此，大批哈萨克斯坦籍员工正式进入车间生产线接受岗位操作培训，方龙飞也在2017年初被正式任命，全面负责爱菊在哈业务的统筹管理。

哈萨克斯坦籍员工的进入对爱菊在当地发展的重要性毋庸置疑，因此，运营初期方龙飞频频在中高层会议上提起被牧民围攻的窘境："爱菊外部的社区稳定环境来之不易，大家对哈萨克斯坦籍员工的管理一定要以鼓励为主，对极端情况的处理方式也要特别关注个体可能对群体所产生的影响。"于是，在本土化员工进入初期，为了不打破双方之间辛苦建立的融洽，中方的外派员工无论是基地高层还是各级业务、技术主管，在对基层员工的管理和制度建设上都本着"以和为贵"的原则：在培训体系的设计上，特别关注牧民的学习特点与学习基础，各类基本操作仅安排基础培训，学会即可，不过多强调爱菊国内工厂追求的技能标准与操作规范；在员工行为规范上，能做到按时出勤即可，小的冲突与违规以教导为主并控制影响范围，暂时弱化爱菊长期倡导的企业文化和价值观，最大限度地"感化"员工；在行业高薪的基础上，为了适应当地牧民日结、周结的诉求，采取灵活发放薪水的方式，一度还开了预支工资的先例来帮助遇到紧急需求的工人。

但是，由牧民转化而来的工人流动性非常高，很多工人想干就干，不想干不打招呼就走，或者是发了工资就走，工资花完又来了。这一系列宽松的管理政策与居高不下的员工流失率在中层管理者的心中形成了巨大的落差：到底应该如何管理，这些牧民才能安心地在爱菊好好工作呢？中层管理人员中，有人建议应该对本地员工进行基础的考核，没有规矩不成方圆，需要让他们认识到企业的严肃性和规范性；也有人建议至少做到赏罚分明，既鼓励好的行为，也要惩戒不当的行为。中层议论纷纷，都来找方总给个论断，但方总坚持认为，目前的大原则是“以和为贵”，技能培训对于初入职场的牧民来说已经有压力，考核只会适得其反。不用过多纠结员工的流动性，牧民只要不大批地走，就不要紧。方总建议，在原岗位设置的基础上增加岗位和编制，来适应员工极高的流动性。同时，坚持在车间内部推行很多不成文的人员管理规定：对没有造成严重损失的工人违规违纪行为，以包容为主，不予处罚。

除此之外，在本地员工引进初期，方总要求派驻的中方员工要主动适应哈萨克斯坦籍员工的语言、宗教和民族文化，杜绝违背伊斯兰教教义的食品、语言出现在公司，营造与本地员工的友好关系。爱菊集团贾董事长在哈萨克斯坦检查期间，还亲自下厨为厂区员工做饭，驻哈萨克斯坦基地逐渐形成了尊重、共享的文化氛围。

3　人力资源本土化策略的困境

3.1　生产危机

2017 年春夏之交，油脂厂压榨的第一个高峰期终于快要结束了。各级管理人员高度紧张，大家都想为投产后第一个小高峰画上圆满的句号。没想到，意外还是出现了，当日上午，油脂厂长急匆匆地闯进方龙飞办公室：“方总不好了！生产线还在运行，有几个工人突然不见了，生产线现在被迫停机了！”厂长顿了顿，继续说道：“方总，我们都能理解您讲的‘中哈融合’，迟到、早退我也是忍了又忍，但今天居然出现了极其不负责任的临时离岗，再这样继续下去，厂子迟早要出事啊。”

厂长遇到的情形并非偶然。过去的几个月里先后也有好几位中方技术员来找过方总，他们反映，与国内同等产量的厂区相比，特爱油脂厂设备非故障停车率极高，其根源主要在于哈萨克斯坦籍员工的技能操作水平和职业化素养太低，他们的不当操作给生产运行带来了极大隐患。现在出现的生产线停机情况，也是各类隐患导致的必然结果。显而易见，保障基地平稳运行的合格人力资源严重不足，听之任之将会严重破坏生产运营，但强制管理又怕会导致前期所做的努力功亏一篑。如何建立一套既能有效管理又不会引起工人反感的人力资源管理体系，引导现有人力资源素质提升呢？方龙飞眉头紧锁。

3.2 设备通关危机

一波未平，一波又起。由于哈萨克斯坦当地设备条件不足，投产后，按照产能设计要求，驻哈萨克斯坦基地的大量设备都需要从国内发运，经由阿拉山口转运至北哈州。120 名被派往哈萨克斯坦的安装调试人员已经到位等待，却突然传来了设备入境被海关暂扣的消息。一切资料、手续都是按照要求申报的，为什么会出现这样的问题？方龙飞即刻安排哈萨克斯坦籍法务陪同，亲赴海关交涉。斡旋的过程非常艰难，随行哈萨克斯坦籍法务似乎并没有完全了解已经变动的出入境管理要求，一时茫然。情急之下，方龙飞派人驱车赶往首都阿斯塔纳，并联系拜访了当地知名的律师事务所，询问相关政策并告知了当前困境。一番沟通后，专业律师接受委托，返回北哈州协助。

沟通的过程是漫长的，代价也是极其高昂的，整体设备安装整整延迟了 2 周，中方的百余名员工也整整等待了 2 周。这一次的经历让方总的内心更加焦虑，他清晰地认识到驻哈萨克斯坦基地的人力资源管理必须做出改变。不光是对基层，对驻哈萨克斯坦基地法律、财务等关键职能领域岗位，也需要重新考虑高级人才的开发与匹配，只有这样，公司才有可能高效运行，才能有发展，才能有未来。

4 人力资源本土化新措施：桥梁式员工的引入

4.1 寻找具有“中哈”基因的特殊人才

对于员工管理的问题，方龙飞一直在思考：哈萨克斯坦员工与爱菊员工之间的文化差异像一道难以跨越的鸿沟，双方的员工心里都有着对各自文化的天然的坚持。现在的中层岗位人员大都是国内外派人员，他们的管理理念、管理方式受过往管理经验与国内管理体系影响，面对哈萨克斯坦工人现状，似乎很难施展拳脚。而对于现有的基层哈萨克斯坦工人而言，其内心与中方管理层总是处于一种莫名的对立状态，他们或是敏感或是不羁，对于同事和企业还处于探索阶段。如果能为双方找到一个沟通的桥梁，员工管理问题可能就会找到突破口。这座桥梁，不仅要能连通双方，也要能承上启下。经反复商议，油脂厂决定引进一支既了解哈萨克斯坦人民与文化，又理解和接受中国企业理念的人才队伍作为桥梁。这样的人才既理解中国企业的管理文化和价值观，又与哈萨克斯坦人语言、风俗、宗教信仰相同，也许不仅能传达公司的管理要求，还能同时充分获取哈萨克斯坦工人的认可和理解。

2017 年底，驻哈萨克斯坦基地启动了中层管理人员招聘计划，希望能找到这样一批具有“中哈”基因的特殊人才。

这样的人并不好找，集团人力资源部给予了充分的支持。人力资源部先是将目标集中于在陕工作的哈萨克族人群：初次联系，听到要去哈萨克斯坦，还是去地处较为偏僻的北哈州工作，应聘者大都是拒绝的，在各大城市学习与生活的经历，令他们不再想回到那个传统、平静的乡村环境就业，即便是高薪也很难将其打动。有几位应届毕业的哈萨克族学生跃跃欲试，但应届毕业似乎还不能达到方总所提出的中层任职条件。于是，人力资源部将招聘的目标范围从陕西扩展至新疆、从国内的哈萨克族扩展至在哈生活的中国移民或中国籍雇员，逐步向西搜寻，同时将招聘条件从 3 年工作经验的下限拓宽至应届毕业，这样就逐渐积累了一批人选。

经过简历筛选后，人事部向入选的各地意向应聘人员发出邀请，复试安排在西安的爱菊总部进行，参与复试的一切交通食宿费用均由公司承担。这样一次免费回国的机会，使复试人员的数量超过预期。飞机降落至咸阳国际机场时，常年在外的哈萨克斯坦籍移民倍感亲切。集团同事安排了周到的接机服务，第二天董事长更是亲自接见，为大家介绍了爱菊的发展历程以及在哈萨克斯坦的“一带一路”布局，还邀请大家品尝了爱菊自己生产的扯面和有机蔬菜。

最终入选的应聘人员被分类安排：有 3 年以上工作经验的员工，经集团培训后首先被派往驻哈萨克斯坦基地任主管或中层；应届毕业生将作为驻哈萨克斯坦基地管理培训生，在集团工作满 2 年后，再视情况派出。

阿赛和 Tilek 就是第一批被引进的具有“中哈”基因的特殊人才。阿赛是土生土长的哈萨克族姑娘，毕业于新疆大学，她既接受了规范的国内大学教育，也对哈萨克民族充满了感情。而 Tilek 是哈萨克斯坦当地的中国通，他热爱中国文化，身在家乡还能为中方企业服务，他觉得机会难得。他们被第一批派往哈萨克斯坦，就任中层管理岗位。

4.2 融合式本土化体系的建立

4.2.1 “哈人治哈”——在沟通基础上引入管理规则和文化

2018年5月，以阿赛和Tilek为代表的中层到岗后，原岗位上的中方外派人员在交接过后就逐步归国。对于这样的人事变动调整，厂区各层级员工都表现出了极高的适应性：原岗位上的中方外派员工终于安心地结束了长达一年半的驻哈萨克斯坦工作，回归之前的工作生活；现岗位上的中层则得到充分授权，充满信心地开始未来的工作规划；尤其值得一提的是，厂区的哈萨克斯坦籍工人表现出了对新管理者的亲近，他们开始尝试接受新的管理方式，厂区有了很大的改观。

阿赛主管行政人事。在原中方主管看来完全无法理解的工人行为，阿赛总能表示理解，同时深信哈萨克斯坦工人是可以接受规则的。在方总制订的框架下，她尝试建立新的管理规则。阿赛开始在各车间移动办公，她和分管生产的Tilek一起向工人们介绍在中资工厂里工作时间与工作报酬的相关性：如果有谁的工作时长超过了规定的工作时间，就会得到高额的加班工资并且在当天就会发放。如果有谁这个月完全遵照工作时间规定，就会在月底得到统一全勤奖励。

仅仅用了几个月的时间，员工迟到、早退、旷工现象就明显减少，原来不愿意加班的员工都主动要求加班，甚至提出进一步延长工作时间以增加工作收入。阿赛和Tilek借机开始启动岗位职责的管理普及，帮助哈萨克斯坦籍工人进一步提升工作效率，当然，这些高效的工人也会获得更高的日收入。诸如此类的管理举措推陈出新，工人们逐渐接受了厂区的管理规则，也充分理解了中方制度背后对岗位人员安全、效率和收入的保障。在这样的桥梁式管理沟通下，驻哈中方员工也与哈萨克斯坦工人逐渐融洽起来。

4.2.2　树立哈萨克斯坦籍员工榜样

当所有员工都能遵守管理规则后，阿赛开始关注对优秀员工的重点激励。对于日常表现突出的哈萨克斯坦籍员工，就建议提拔成为副班长、班长，而凡是升至副班长的员工，不光工资提升 20000 坚戈，还能拥有一份包含年节家庭慰问金、企业帮扶金以及子女关怀计划的员工关爱福利包。这样一来，哈萨克斯坦籍工人中就逐渐涌现出了一批比较优秀的基层管理者，公司也给予了他们充分的职务尊重、管理授权和职务薪酬激励。这样的好消息在工人之间传播开来后，厂内的哈萨克斯坦籍工人都更加努力地投入工作。再后来，远在阿拉木图州、南哈州的其他工厂的工人也慕名前来应聘，随着人员的自然流失与补充，爱菊积累了近 150 名优秀的基层员工。

4.2.3　回中国总部培训

2019 年 10 月，5 位哈萨克斯坦籍管理层受邀从哈萨克斯坦来到中国西安。集团董事长贾合义亲自接待，各级管理人员陪同，在风景优美的爱菊农业旅游基地为他们召开了隆重的欢迎宴，宴会所用的大多食材，都是爱菊循环生态农场产出的有机农产品。餐桌上，贾合义饱含激情地为大家介绍了爱菊集团的全产业链战略，并着重强调了哈萨克斯坦园区对爱菊集团发展的重要意义，同时对哈萨克斯坦籍管理层的工作表示了肯定和感谢。丰盛的午餐过后，哈萨克斯坦籍团队依次参观了爱菊的生产园区、展厅和粮食文化馆，感受了西安园区粮油食品和豆制品加工的全过程，体验了爱菊放心产品加工工艺，并与总部的管理人员进行了深入的座谈交流。

在接下来的几天里，培训之余，集团还安排哈萨克斯坦籍员工参观了西安的名胜古迹，从临潼秦始皇兵马俑到大雁塔玄奘经楼，哈萨克斯坦籍员工纷纷感叹于爱菊同事家人般的热情、温暖，也从心底感受到了爱菊人对企业的由衷热爱。这趟总部之旅，让他们对爱菊多了一份认同、一份归属，同时也为自己能在爱菊这样一个优秀的企业工作感到自豪。

在他们离开的前一天，爱菊食堂里，贾合义亲自为他们每个人做了一碗扯面，配着浓香的羊肉臊子，这是贾合义的拿手活。

5 尾声

2020 年 4 月的最后一天，周四下午，方龙飞又收到了一份来自哈萨克斯坦籍工人的婚礼请柬，这已经是今年收到的第 3 封了。方总第一次真切地感受到了“融入”的意义。员工婚礼上，方总盛装出席，同哈萨克斯坦朋友携手载歌载舞……

案例教学说明
AnLiJiaoXueShuoMing

一、教学目的与用途

1. 适用课程

人力资源管理、国际人力资源管理。

2. 适用对象

本案例主要为 EMBA、MBA 开发，适合具有一定工作经验的学员和管理者学习。本案例教学对象以具有一定人力资源管理知识的同学为宜。实践经验较少的学生应加强课前对相关基础资料和管理理论知识的准备。

3. 教学目的

通过爱菊人力资源本土化案例的分析和探讨，使学生理解人力资源本土化、合法化、知识学习基本概念，掌握本土化的基本动因；掌握人力资源本土化策略的内涵及其实施措施；掌握“看门人”的概念，理解“看门人”在人力资源本土化策略中的作用和价值；理解本土化策略的系统规划，掌握本土化策略有效实施的重点和关键。

具体而言，教学目标涉及以下知识点：

（1）核心知识点。

人力资源本土化的概念和动因；人力资源本土化策略及其实施措施；人力资源本土化的系统规划。

（2）辅助知识点。

跨国公司合法化；跨国公司知识转移与学习；“看门人”机制。

二、启发思考题

设置启发思考题的目的在于帮助学生提前做好案例学习的准备工作。通过完成课前作业中的启发思考题，学生可以有较为充足的时间预习案例的内容及相关素材，在问题的引导下熟悉案例的故事情节，初步了解案例的背景及要点，主动思考并获取相关的理论与实践知识，以提高课堂学习案例的效率。本案例可以用于启发思考题的内容如下：

（1）爱菊粮油在哈萨克斯坦的业务发展，为什么要采取人力资源本土化策略？

（2）爱菊粮油进入哈萨克斯坦初期，采取了哪些人力资源本土化策略？这些策略的实施遇到了什么问题和困境？

（3）爱菊粮油采取了哪些措施来克服人力资源本土化所遇到的困境？

（4）你认为爱菊粮油人力资源本土化策略的特点是什么？在海外实施人力资源本土化的有效保障是什么？

三、分析思路

针对本案例可以从爱菊粮油在哈子公司总经理方总的角度组织学生分析讨论，通过分组讨论和课堂集体讨论，沿着环境—策略及实施—实施保障的本土化实践明线，以及本土化动因—单向知识学习—双向知识转移和学习的本土化知识点暗线，对爱菊粮油人力资源本土化实践进行分析。具体看来，本案例主要分析四个核心问题，可依次按照如下逻辑进行分析：

（1）爱菊粮油在哈萨克斯坦采取人力资源本土化策略的动因是什么？

通过引导学生分析爱菊在哈萨克斯坦拓展业务面对的环境，分析爱菊粮油人力资源管理遇到的挑战，引出人力资源本土化的动因。通过讨论让学生熟悉人力资源本土化的概念以及合法化和知识学习对于实施本土化策略的驱动作用。

（2）爱菊粮油初进入哈萨克斯坦，是如何推行人力资源本土化策略的？遇到了什么困境？

引导学生分析爱菊粮油人力资源本土化策略的范围、层次以及具体举措，探讨这些举措的内容和特点，进而分析这些举措遇到的困境以及这些困境背后的根本缘由，并从知识学习的理论视角来分析这一阶段本土化策略的本质，从而初步理解海外人力资源本土化策略的潜在风险和内在逻辑。

（3）爱菊粮油是如何克服初期人力资源本土化举措面对的困境的？

引导学生从爱菊已经遇到的本土化困境出发，探讨爱菊选择“中哈”基因这类特殊桥梁人才作为跨国公司“看门人”来解决本土化困境的逻辑，并从双向知识学习的理论视角来分析这一阶段人力资源本土化策略的本质和特点，理解本地化知识学习和母公司知识转移二者的平衡对人力资源本土化策略实施的重要性。

（4）爱菊粮油人力资源本土化策略成功的保障是什么？

通过分析这一问题，引导学生理解本土化策略实施的复杂性和难度，认识到本土化策略的实施需要系统规划，需要与跨文化管理紧密结合。

分析思路框架如图 7.2 所示。

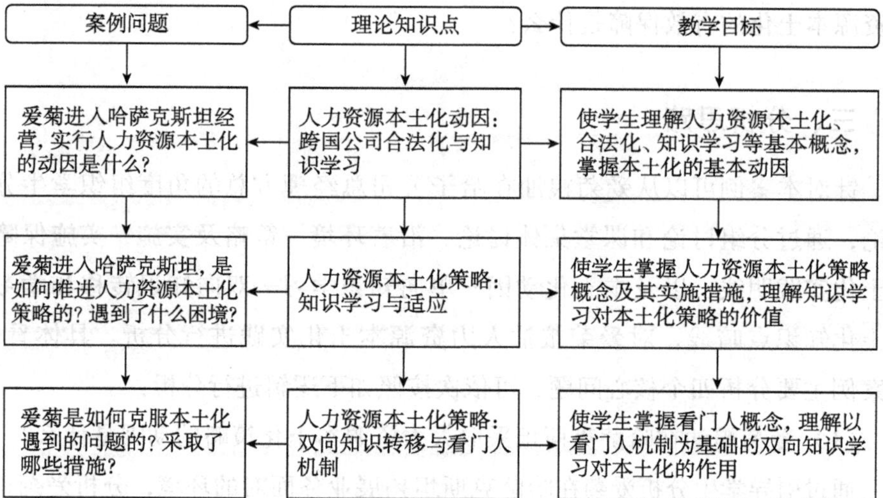

图 7.2　分析思路框架

四、理论依据与分析

（一）问题一：爱菊进入哈萨克斯坦经营，实施人力资源本土化的动因是什么?

1. 理论依据：人力资源本土化、跨国公司合法化、跨国公司知识学习和转移

（1）人力资源本土化的概念及动因。

海外派遣和人力资源本土化是跨国公司在跨国经营中所采取的两种不同的人员配置策略。

人力资源本土化（Human Resources Localization）：是指跨国公司国外子公司中的各类工作职位，由所在国本土人员替代外方人员担任的过程，尤其是中高级管理职位和关键技术职位等。人力资源管理本土化是决定跨国公司经营成败的关键因素（Bartlett et al.，1988）。人力资源本土化是与其在东道国合法化战略相匹配的一个适应性选择（Selmer，2004；Law et al.，2009；Schmidt and Sofka，2009；Vaara and Tienari，2011）。基于从母公司向外国子公司进行知识转移和有效控制的考虑（Gong，2003；Tan and Mahoney，2006；Gaur et al.，2007），跨国公司往往会降低人力资源本土化的程度和水平。因此，跨国公司的人力资源本土化水平是在合法化与有效控制、知识转移之间反复进行权衡之后一个适度的相对平衡点。

但是，对于新兴经济体国家跨国公司而言，其人力资源本土化，不仅受到合法性的影响，也要考虑对本地化的适应和本地化知识的学习。发现和吸收当地知识，然后将其传回国内或做其他处理，成为这些公司在外国行动成功的关键。

（2）制度合法化理论。

合法性约束包括规制（Regulative）、规范（Normative）和认知（Cognitive）三类（Scott，1995）。企业可以通过模仿性、强制性、规范性三种同构化机制，即相同环境制约条件下，促使某一单元与其他单元具有相似性的制约性过程，获得社会的认同并赢得合法性（DiMaggio and Powell，1983）。

跨国公司要适应并在国外有效运作，就必须了解东道国制度的结构，符合东道国政府及其代理人、监管机构、地方利益集团、法律法规以及社会规范和价值观的要求（Meyer and Rowan，1977；Scott and Meyer，1983；Zahra，Ireland，Gutierrez and Hitt，2000）。规制体系（Regulative Pillar）有易于观察，并带有鲜明的强制性特征及应急性处理方式的特点（Scott，1995）。跨国企业需要面对这种强制同构才能在东道国市场得以生存发展，获取其在东道国市场商业存在的合法性。规范体系（Normative Pillar）是指对于社会价值观及行动规范的界定。在跨国经营情境下，跨国企业母国与东道国基于文化层面的巨大差异以及由此产生的价值判断体系的差异，会产生相应的合法性问题，可通过规范同构机制来解决。认知体系（Lognitive Pillar）代表了特定国家内民众所共享的社会知识架构等（Scott，1995）。由于某些固有思维定式往往会使一些东道国市场中的利益相关者对于跨国企业在东道国市场的合法性地位做出不利评价（Bite－ktine，2011），此时模仿同构将会是一种有效地使跨国企业合法化的机制。

（3）跨国公司知识学习和转移。

跨国公司的知识转移是跨国公司研究的重要课题（Singh et al.，2013），涉及母子公司之间知识的相互转移。知识从跨国母公司向子公司的转移（Dunning，2001；Vahlne and Johanson，2014）构成了跨国公司复制其管理和技术模式、获得跨国优势的重要途径，但这种情况的出现以跨国母公司具有大量的特定专有知识为前提。逆向知识转移是子公司将其知识资源向母公司转移的过程（Rabbiosi and Santangelo，2013），母公司通过学习、整合、吸收和应用子公司所转移的知识以获得竞争优势（Clarice et al.，2017）。所谓逆向，是指知识接受者和发送者与传统转移相反。逆向知识转移的前提是子公司要学习、吸收其所在东道国的知识资源，然后通过知识转移将知识资源转移至母公司，再由母公司进行充分整合和吸收（杨晨，2019）。因此逆向知识转移是以知识学习为前提的。

2. 案例分析

（1）爱菊粮油在哈萨克斯坦所处的环境。

对哈萨克斯坦当地环境的不熟悉和不适应，给爱菊在哈萨克斯坦的业务拓展带来了困难和冲突。第一，爱菊遇到了来自所在社区的不理解和敌意，使得项目建设受阻；第二，在政策法规上与中国的差异，使得报税、税务筹划、报关等业务难以顺利开展；第三，与当地社区缺乏沟通，遇到了来自竞争者的不友好对待。

（2）本土化的动因。

首先，爱菊粮油进入哈萨克斯坦，遇到了强大的合法性压力，这种压力决定着爱菊在哈经营的生死存亡。一方面，遇到了东道国在安全要求、劳工法律、环境保护机制、财务、税收（Kostova and Zaheer，1999）等多方面的制度合法性的约束，这属于一种强制性约束。另一方面，在项目施工期间受到所在社区极大的误解和不认同，这是一种认知合法性约束，源于东道国与爱菊在认知体系方面的差异，即东道国利益相关者往往会因为认知的不同，而对外国企业的合法性地位做出不利评价。

其次，爱菊粮油缺乏对东道国的了解。一是企业对哈萨克斯坦社会环境、文化以及思维方式的不了解和不熟悉，使其在面对外部认知合法性约束时，不知所措、难以应对。二是企业对本地制度知识的缺乏。

在合法性约束和本地知识缺乏两种情境下，爱菊形成了两种驱动机制：

第一种，基于寻求共识和隐性知识学习两种动机，形成了社会化驱动机制，即以沉浸在当地社会的方式，通过实践体验和人际交流导向的社会化过程而实现。认知合法性约束，使企业产生了寻求共识的动机，即寻求并达成共识，以更好地获取及维系自身的合法性地位。因对本地社会文化知识缺乏，而产生了本地知识学习的动机，以弥补自身的劣势和缺陷。这两个动机彼此强化，并形成社会化驱动机制。寻求共识的过程，就是通过认知性知识的学习，建立认知同构的过程。知识学习是将信息提供者关于认知的隐性知识通过社会化过程转移到学习者身上并转化为学习者的认知的过程。

第二种，基于制度合法化和显性知识学习两种动机，形成了专业化驱动机制。只有制度强制性同构才可能获得规制合法性。而制度规制知识是以专业人才为载体的，通过本地化专业人才的聘用，企业运转才有可能符合各类政策监管制度的基本要求，从而形成强制性同构。规制同构动机与规制知识习得动机耦合在一起，形成了对专业化的需求。

因此，在这两种驱动机制的共同驱动下，爱菊粮油迅速采取了人力资源本土化策略，一方面在关键岗位聘用专业人才，以实现制度知识的学习和制度合法化；另一方面从社区大量聘用员工，以实现社会知识的学习和认知合法化。这些举措决定了爱菊能否适应东道国环境，能否在哈萨克斯坦生存下来，对于加快项目开发实施，促进与当地社区、政府管理部门的密切合作等方面，都有较大的意义。

（二）问题二：爱菊粮油在进入哈萨克斯坦初期，如何推行人力资源本土化策略？遇到什么困境？

1. 理论依据：人力资源本土化策略

人力资源本土化策略涉及本土化对象、本土化内容、本土化任务等。

本土化对象，包括普通员工本土化、管理人才本土化以及专业技术人才本土化。真正代表本土化程度的是管理人才本土化和专业技术人才本土化，最高程度的本土化是指 CEO 的本土化。

本土化内容，包括管理层本土化、本地干部决策参与度、人事制度本土化、培训制度本土化等。

本土化任务，涉及母公司价值观的贯彻和整合、本土人员的归属感管理和持续提升、本土化的程度（包括速度、层次）以及与东道国公司的人才争夺。

2. 案例分析

（1）爱菊粮油的人力资源本土化策略。

①本土化策略的层次。

初期，爱菊粮油在基层岗位和关键岗位推行本土化策略。在基层岗位向牧区牧民打开就业的渠道，尝试着手与牧区建立友好关系，以逐步熟悉并适应哈萨克斯坦的文化和社会环境；在关键岗位引入当地的专业化人才，以适应东道国制度规则，并实现制度同构。

②实行本土化策略的条件。

基层岗位本土化的条件：一方面，从内部来看，爱菊在哈萨克斯坦子公司基层有大量空缺岗位。基层岗位属于操作岗位，技能相对简单、易学、易操作，这些岗位本土化的成本和风险较低。另一方面，从外部环境来看，子公司处于北哈州农业区和牧区，有大量闲置的牧民，他们也渴望就业提高收入。尽管这些闲置的牧民和农民职业化程度与爱菊的要求相去甚远，但是职业化程度低，基层岗位进入壁垒低，更适合牧民的职业选择。

关键岗位本土化的条件：一方面，从外部来看，爱菊在哈萨克斯坦子公司的经营已经在税务筹划、政策沟通、报关等方面遇到了较大的危机；另一方面，从内部来看，在哈萨克斯坦经营业务是爱菊首次走出国门，缺乏东道国制度知识，缺乏跨国管理经验，这种知识和经验是爱菊及其外派高管难以在短期内学习和掌握的。因此，快速从本地招聘专业化人才，是爱菊的必然选择。

③本土化策略的举措和本质。

在人力资源政策上，实行了以包容和适应为导向的人力资源管理。

第一，无论是专业化人才，还是基层员工的招聘，都是在“将就”的基础上实施的。基层员工来源于社区的牧民；而专业化人才，由于爱菊的影响力较小，多通过熟人介绍，难以具体考察。

第二，各类员工的培训上，强调技能指导和培训，弱化文化的影响。

第三，薪酬上，采取了高薪措施，以增强吸引力；采取灵活发放薪水的方式，以适应当地牧民的需求。

第四，岗位设置上，增加岗位和编制，以适应员工的流动性。

第五，弱化考核的推行，以免激化矛盾。

内部企业文化塑造上，主动适应员工语言、宗教和民族文化，杜绝违背伊斯兰教教义的食品、语言出现在公司，营造与员工友好关系，向员工展示爱菊是一个尊重哈萨克斯坦文化，具有哈萨克斯坦特征，愿意为哈萨克斯坦贡献价值的企业，弱化公司的中国特征。

爱菊的人力资源本土化策略呈现出对本地化的单向适应，是一种单方面对东道国制度、文化、习俗的知识学习，通过这种以单向知识学习为导向的本土化以实现对东道国的环境适应，因此被称为“适应型本土化”。公司通过包容的管理体系和弱化原文化的方式来推行公司的人力资源管理，实现对东道国的制度与认知同构以及知识学习。

④本土化策略的效果。

一方面，通过本土化，缓解了外部合法化的约束和压力。通过让当地社区牧民进入企业工作的方式，将外部利益相关者转变为内部利益相关者，让进入企业工作的牧民自己了解并监督企业运行，从而建立认知同构；通过在关键岗位上聘用高端专业化人才，在东道国制度监管和企业之间搭建专业化桥梁，实现制度同构。另一方面，通过本土化，逐渐适应和熟悉当地制度与文化背景。牧民成为企业雇员，企业获得了紧密接触当地社会的机会，在日常工作交流和沟通中学习关于当地社会的认知和知识，并随时调整企业行为，以更符合这种认知；通过引进高端的专业化人才，确保当地制度知识的获得，推动公司本地管理经验的逐步成熟。

（2）本土化策略面临的困境。

本土化带来了两个困境：其一，企业内部合法性危机的产生，给企业的正常运营带来了成本和风险。具体表现为，对企业不认同的外部社区牧民进入企业后，成为在价值观和行为方式上与企业要求有着巨大差异的企业雇员，基层员工的价值观难以适应爱菊的要求，流动频繁，管理难度大，给企业带来了巨大的成本；专业人才专业化水平低，难以解决企业的关键问题，使爱菊陷入巨大的风险。其二，本地知识系统化的压力。前一阶段的知识学习没有被体系化为企业可以利用的显性知识，因此在处理企业内部价值观和规范冲突时，依然束手无策。

这主要源于两个方面：

一方面，本土化是别无选择情形下的“人力资源拼凑”活动。案例企业被动地将外部牧民资源和外部熟人通过“即兴而作”的方式用作企业内部的“劳动力资源”和“专业化人才”。这两种人力资源的职业技能和素养与企业的岗位要求相去甚远，加大了企业的管理和价值观输出压力。

另一方面，本土化的导向以制度同构和认知同构构建合法化，即强调爱菊对当地制度和社会文化的适应，强调爱菊向本地知识的学习，弱化爱菊管理知识和文化价值观的转移和输出。

这两个方面显然是一种矛盾和悖论，从而导致适应型本土化陷入难以运行和低效的困境。

（三）问题三：爱菊粮油是如何克服初期人力资源本土化策略面对的困境的？

1. 理论依据："看门人"机制

"看门人"在知识流动和转移中发挥着关键作用，是对企业从外部知识源获取知识起到关键作用的部分员工（Allen，1977），在组织内部具有联络和协调的作用。在共享信息系统的状态下，"看门人"在知识获取、知识转换以及知识扩散阶段中会产生跨越部门界限的更多分布式行为（John N. Walsh，2015）。当跨国公司中由外派人员扮演"看门人"角色时，外派人员会将本地化信息转换为跨国公司内部所需求的或能够识别的信息，为跨国公司带来更多的利益（Kevin and John，2002）。

2. 案例讨论

爱菊通过在中层和重要岗位上系统化引入具有"中哈"基因的特殊人才，在存在价值观差异的双方之间搭建桥梁，实现知识双向学习，化解内部冲突。这是一种本土化策略中的"看门人"机制。

（1）"看门人"机制的形成。

爱菊内部合法化问题的解决，需要以对特定人员的筛选为基础而建立价值观的融合与协调。同时，爱菊在哈萨克斯坦机构必须进行双向知识学习，来尽快解决规范合法性问题。其中，一种学习，需要加深对本地知识的理解，并将其系统化和显性化，从而使对本地员工的管理更有经验、更加体系化，那么合法化问题的压力就会减轻；另一种学习，是向母公司学习，将母公司的管理体系创造性地转移和应用到外国公司。显然要同时开展这两种学习非常困难，"看门人"是走出这种困境的一个很好的机制。

爱菊设法寻找在价值观和文化背景上与当地社区牧民相近、容易消除差异和误会，同时也能够理解和接受中方要求的"特定人员"，由他们来扮演

“看门人”角色，在双方的价值观差异中牵线搭桥；同时有效承担双向知识学习以及将本地知识体系化以及母公司管理知识创造性应用的任务。一方面，“看门人”能够将本地知识系统化、显性化，使母公司能够较清晰地建立起对本地员工的认知和管理经验；另一方面，“看门人”也可通过自己对母公司管理知识的理解，创造性地运用母公司管理体系，实现母公司管理知识和文化的转移。通过这一过程，本地员工逐步改变行为方式，母公司的管理体系和文化也初步得以实施，内部合法性危机得到缓解。双向知识学习的有效实施，进一步推动了公司“看门人”机制的扩展，促使更多的中方中层管理者撤回，让更多“看门人”进入企业，本地化程度得以加深。

(2)“看门人”机制的核心：双向知识学习。

①“看门人”机制是本地员工—“看门人”—中方管理者联合构建的社会网络，“看门人”是这一网络的媒介和中心。

②“看门人”的逆向知识学习，包括“看门人”和本地员工沟通接触时获得本地知识的过程、“看门人”将本地知识显性化的过程，以及“看门人”将显性化本地知识转移给中方管理者的过程。

③“看门人”正向知识学习，是管理内化的过程。即“看门人”向中方管理者和母公司学习母公司显性管理知识，并将这一显性知识内化为自己的理解，形成自己的经验。

“看门人”通过双向知识学习，将爱菊母公司管理知识与本地知识系统糅合，逐步形成基于本地化的管理体系和管理智慧。

(3) 围绕“看门人”机制的人力资源政策。

①人力资源管理的具体举措。

第一，制定明确的招聘标准，在中国和东道国寻找适应企业需求的“特定人员”。

第二，引导员工适应爱菊的管理文化，接受爱菊的管理规则，实现基层员工职业化和爱菊化的转型。比如，引入爱菊管理方式和管理规则，对工作时间、工作规则、岗位责任提出明确要求；实施弹性较大的奖金机制来保障管理规则的运行；主动与员工沟通，引导员工认知并理解爱菊的文化价值观。

第三，开始强调沟通、理解和合作。推行慈祥、融合、亲民的领导风格；有计划地推进哈萨克斯坦籍管理层来中国本部体验、学习、感受，增加交流和沟通；通过树立哈萨克斯坦籍员工模范和榜样，实现爱菊文化的输出和转移。

②人力资源管理的特征。

其一，管理体系糅合了母公司管理体系、本地化认知以及本地化制度监管体系，强调母国特征、本地认知、本地强制同构三者的融合，正式管理制度表现出很强的融合性。

其二，管理体系不是通过中方管理者直接推行的，而是通过“看门人”间接推行的，具有间接性；同时管理体系是糅合了母公司管理体系和本地化认知而形成的，具有一定的柔性。

其三，强化文化融合，既强调东道国子公司要具有东道国特征，也强调母公司文化的输出，从而形成融合式文化。

（四）问题四：爱菊粮油人力资源本土化策略成功的保障是什么？

1. 理论依据：系统规划的本土化策略

人力资源本土化战略的有效实施，必须要在考虑组织和东道国因素、组织价值观和政策、政府政策和制度、当地劳动力市场、文化价值观的基础上进行系统规划。要经过本土化规划、本土化实施和本土化巩固三个阶段。

本土化规划阶段，包括选择管理发展策略，确定本土化目标，选择、培训并与外派人员沟通。

本土化实施阶段，包括激励外派人员本土化，选择和激励当地管理人员，并提供开发经验。

本土化巩固阶段，包括保留当地管理人员，并遣返外派人员。

2. 案例分析

通过爱菊本土化策略的探索和深化实施，我们发现，成功的本土化策略包括以下四个方面：

（1）本土化策略要有系统的战略规划。本土化策略的实施要有明确的动因、目标和实施路径。爱菊的本土化策略实施从初期的资源拼凑到后期的系统规划，逐步明确了目标，对招聘目标及其标准、管理体系规则和文化融合等方面都做了全方位的规划，并进行了有效实施。

（2）本土化策略是解决和缓解文化冲突的重要策略。本土化策略有效实施的必要条件是制度和文化两个方面的同步配套实施。爱菊在本土化策略的实施过程中，初期强调文化适应，后来强调文化融合，正是文化管理的配套实施确保了各项人力资源管理制度和规则的落地。

（3）本土化策略的有效实施必须以母公司和子公司知识的双向平衡转移为前提，即既要强调东道国知识的学习和转移，也要强调母公司知识向子公司及其员工的转移。爱菊初期只强调了单向的知识学习，从而导致了内部较大的价值观冲突；后期则以融合为导向，强调双向知识转移和学习，既保障了本土化策略的有效推行，也保障了东道国子公司的管理和经营效率。

（4）“看门人”机制是不具备东道国本地知识的跨国公司实行本土化策略的一条有效路径。爱菊在本土化实施中的困境，正是通过具有“中哈”基因的特殊人才，即“看门人”解决的。这一机制的本质，在于价值观的双向沟通，在于和东道国员工之间架起沟通的桥梁。

五、背景信息

爱菊集团发展大事记（详见附件一）。

六、关键要点

（1）案例分析的关键是要识别爱菊粮油在哈萨克斯坦推行人力资源本土化的根本动因，要解决外部合法性压力和危机以及本地化知识学习和转移的压力。这两种动因相互耦合，共同推动了人力资源本土化的引入和实施。要理解没有任何跨国经验的中国企业走出国门，其本土化的动因要比成熟企业的动因更深刻、更复杂。

（2）案例分析中，要深入理解人力资源本土化策略的实施需要平衡两种方向的知识学习和转移。如果一味强调对东道国本地化知识学习的本土化，而忽略了母国企业向东道国子公司的知识转移，就会使本土化策略的实施陷入困境，处于极度的价值观冲突和混乱之中。

（3）通过案例分析需要理解，本土化策略需要经过系统的规划，才能得以有效实施。即企业需要明确本土化的目标、范围、程度以及路径，使本土化策略能够有效支持跨国经营的开展，否则就会遇到一系列的冲突和风险。

七、建议课堂计划

本案例可以作为专门的案例讨论课来进行，如下是按照时间进度提供的课堂计划建议。整个案例课分为两个课时，共 90 ~ 100 分钟。

1. 课前计划

提前发放案例，提出启发思考问题，学生据此熟悉案例内容并进行初步思考。

2. 课中计划

课中计划包括教师开场白、案例分组讨论、教师提问与学生回答以及教师点评等环节。

（1）教师开场白：5 ~ 10 分钟，带领学生回顾案例，明确主题。

（2）小组讨论：15 ~ 20 分钟，组织学生分组讨论启发思考题，特别要引出两种人力资源配置策略对企业跨国经营的影响，理解案例内容和基本知识点。

（3）集体讨论：50 ~ 60 分钟，由教师按照案例分析思路，结合板书设计，逐步引导学生在回答问题的过程中，完成案例分析和相关知识点引入。

（4）教师总结：5 分钟，对知识点进行梳理与案例总结。

（5）问答：5 分钟，回答学生的一些额外问题。

课堂教学板书示例如图 7. 3 所示。

八、案例后续进展

到 2020 年 6 月，爱菊粮油在哈机构的员工总数为 179 人，其中中方员工 10 人，如表 7. 1 所示。

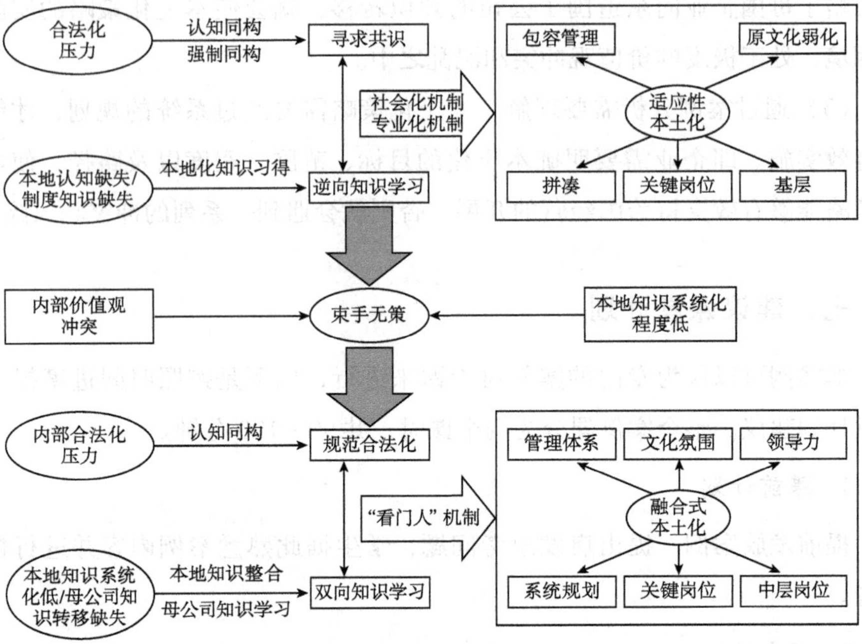

图 7.3 板书示例

表 7.1 爱菊在哈萨克斯坦五家公司的员工地域结构一览表

公司名称	中方员工	哈方员工		总计
		哈萨克斯坦人	中国哈萨克族移民	
特爱公司	8 人	92 人	20 人	120 人
新疆城建哈萨克斯坦公司	1 人	2 人	0 人	3 人
美奈食粮库	1 人	47 人	2 人	50 人
曙光种植公司	0 人	2 人	1 人	3 人
标准小麦出口贸易公司	0 人	2 人	1 人	3 人
总计	10 人	145 人	24 人	179 人

第八篇　从对立到融合：爱菊在哈萨克斯坦的跨文化冲突管理[①]

成泷　张红芳　黄婕　刘依欢　丁海瑜

案例正文

AnLiZhengWen

摘要　借助“一带一路”倡议的重大契机，越来越多中国企业开始走出国门，探索跨地域、跨文化的国际化发展道路。作为一家经历了80多年风雨的老牌粮油企业，爱菊为寻找优质粮源产地，将目光投向海外，深入哈萨克斯坦北哈州建立国际农产品物流加工园区。本案例描述了爱菊在国际化进程中从初抵哈萨克斯坦遭遇内外交困、“水土不服”，到基础建设期以退为进回避冲突，再到业务运营阶段直面冲突主动融合的跨文化冲突管理过程，探讨了跨文化冲突的起因及其管理的模式与策略选择。通过案例分析，有助于学生理解跨文化冲突管理的模式与策略选择，为中国企业在“一带一路”沿线国家跨国企业中的跨文化冲突管理提供重要的借鉴与启示。

关键词　跨文化冲突；文化差异；跨文化冲突管理；“一带一路”

---

① 出于企业保密的要求，在本案例中对有关名称、数据等做了必要的掩饰性处理；本案例只供课堂讨论之用，并无意暗示或说明某种管理行为是否有效。

0 引言

2020年3月14日凌晨，一列满载着1848吨优质面粉的中欧国际货运班列抵达西安港铁路集装箱中心站。这批来自哈萨克斯坦的面粉，是新冠肺炎疫情暴发以来，爱菊为保障西安粮油市场稳定供应，从海外采购的四批优质粮油产品中的第一批。接下来，这些面粉即将走进西安市40多万户家庭。身处哈萨克斯坦的爱菊特爱公司总经理方龙飞，接到国内同事打来的收货确认电话，心中充满喜悦和感慨。回首过去的4年，他从一位普通的外派员工成长为独当一面的在哈业务总负责人，在哈萨克斯坦这片陌生的土地上，他与同事们面对重重困难，逐渐探索出一条管理跨文化冲突的道路，使爱菊成功在哈萨克斯坦建立农产品加工园区并投产运营，实现了种植、收购、仓储、加工、贸易全面发展。如今，这一路走来的苦辣酸甜，在方龙飞眼前一幕幕浮现……

1 基本背景

1.1 爱菊集团的发展背景

爱菊粮油工业集团前身系西安市群众面粉厂，始建于1934年，是西北地区最早的粮食加工企业。新中国成立后其改为公私合营，1993年更名爱菊后，1998年，为响应国家粮食经营由“计划经济”转向“市场经济”的改革政策，爱菊成为陕西省粮食行业第一个实行股份制改革的企业，全体员工成了公司的股东。随后，爱菊不断进行产品种类的拓展和延伸，企业经营管理开始逐步走上正轨，并于2008年正式建立了爱菊粮油工业集团。今天的爱菊，已经从最初的单一面粉加工企业，发展成为集“放心粮油、放心主食、放心豆制品”西安市三大惠民利民工程为一体，进行米、面、油、小杂粮、熟食、豆制品加工和销售，以及粮油储备、连锁网络综合经营的国内领先的综合性粮油集团，荣膺国家级农业产业化龙头企业、全国主食加工业示范企业。

1.2　寻找优质粮源产地，目光投向海外

随着粮油行业生产标准不断提高，以及消费者消费习惯和需求的不断升级，健康、安全、稳定、低价的粮食原料供应成为决定爱菊粮食生产和粮食产品加工质量的核心。为严把原料质量关，爱菊不断寻找优质原料生产基地。先后在河南、黑龙江、湖南、湖北等地建立种植基地，但国内农业资源环境逐渐不堪重负，产品质量隐患日显，加之国内粮食供给缺口较大，原有的国内粮源基地已不能满足爱菊对原料品质和数量的需求，因此，寻找稳定优质的新粮源基地就成了亟待解决的重要问题。

2013 年起，爱菊开始在国内外多方寻找和试验，先后考察过内蒙古、巴西、加拿大、罗马尼亚、俄罗斯新西伯利亚等国内外地区，综合考量了政治法律风险、农业资源环境、开发运输成本等诸多因素后，爱菊对于新的粮源基地选址仍一筹莫展。2015 年 5 月，举棋不定的爱菊迎来了一次良机：受邀参加第十三届哈萨克斯坦—中国商品展览会，董事长贾合义亲自带队前往阿拉木图，对哈萨克斯坦当地的农业资源和营商环境进行了深入调研。调研发现，哈萨克斯坦对于爱菊来说是一个非常好的选择。

首先，哈萨克斯坦拥有丰富的农业自然资源。地处亚欧大陆结合部的哈萨克斯坦，是世界上最大的内陆国，地广人稀，耕地和水资源十分丰富。作为农业大国，哈萨克斯坦粮食年产量在 1800 万吨左右，其中 80% 以上是小麦，当地种植的小麦不仅蛋白质数量和质量很高，而且无公害。但哈萨克斯坦农业现代化水平有限，生产方式比较原始，化肥使用量不大，故粮食单产相对较低。

其次，哈萨克斯坦近年来大力推行农业扶持政策。为实施农业现代化，哈萨克斯坦政府制定了“2050 战略”和“农业经济 2020 方案”，把农业作为主导产业进行培育和发展，哈萨克斯坦总统纳扎尔巴耶夫提出的“光明大道”新经济计划与习近平总书记“一带一路”的合作倡议也有着诸多契合之处。但哈萨克斯坦发展农产品精深加工和绿色农产品出口的现实诉求，与国内投入不足、基础设施滞后、农业机械化水平低、土地改革不畅等诸多因素相矛盾。要想实现农业现代化，哈萨克斯坦需要开展农业国际化合作。

最后，哈萨克斯坦的区位运输优势明显。中哈比邻而居，新疆维吾尔自治区已有四个面向哈萨克斯坦的农产品贸易口岸，两国间有两条铁路通道及配套货运专列，为农产品贸易运输奠定了基础。

2015 年 12 月 13 日，爱菊与哈萨克斯坦在钓鱼台国宾馆签订协议，该项目作为我国唯一的粮油加工型农业项目被国家发展改革委列入“中哈产能与投资 55 个合作项目清单”。爱菊也从此迈出了走出国门的第一步，成为“一带一路”倡议的践行者，将在哈萨克斯坦北哈州建立“中亚粮仓”，开始实施自己“三位一体”的“走出去”战略，未来还将实现粮油原料国外种植、国外初加工、国内精深加工销售的“种植—加工—销售”国际化全产业链模式。

1.3 爱菊在哈萨克斯坦公司的背景

爱菊在哈萨克斯坦共有五家分公司，由在西安的集团总部直属管理，分别为特爱公司、新疆城建哈萨克斯坦公司、美奈食粮库、曙光种植公司和标准小麦出口贸易公司（见图 8.1）。

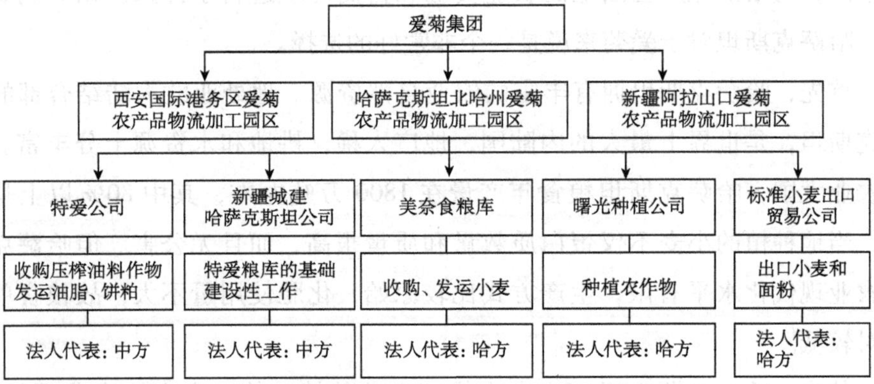

图 8.1 爱菊在哈萨克斯坦五家公司的组织架构

特爱公司负责收购、压榨油料作物和发运油脂、饼粕，法人代表为中方人员；新疆城建哈萨克斯坦公司则主要负责特爱公司、美奈食粮库的基建工程，法人代表为中方人员；美奈食粮库以收购、发运小麦为主，法人代表为哈方人员；曙光种植公司负责农作物的种植与管理，由于近几年哈萨克斯坦土地管理的政策改变，禁止外国人租用土地进行种植，所以法人代表为哈方人员。由于哈萨克斯坦相关法律规定粮库仅有收储功能，不能进行买卖小麦等经营性业务，爱菊在当地建立了标准小麦出口贸易公司，以出口小麦、面粉为主，由哈方人员担任法人代表。这五家企业构成了爱菊在哈萨克斯坦“种植—收购—仓储—加工—贸易”的全产业链运营模式。

2　初抵哈萨克斯坦：内外交困，遭遇“水土不服”

2.1　外部冲突：一波未平，一波又起

2016年5月30日，厚厚的冰雪尚未消融，哈萨克斯坦北哈州园区一期项目特爱公司正式开始建设，董事长贾合义在集团大会上要求12月6日完成全部基建工作。为油脂小麦原料作物采购忙了近3个月的方龙飞，被调入了仅有7人的基建部，负责采购建设所需的各种设备、配件，协调中哈两方施工队交叉施工中存在的问题，以及与当地政府的联络沟通。在他和同事们跟着车队一起冒着严寒把基建设备和物资运往现场的途中，一群当地村民拦住了他们的去路，神情激动地挥舞着手中的农具大声叫嚷。经翻译解释，村民认为他们的运输车队轧坏了村里的石子路面，因此索要巨额赔偿。“他们认为，你们中国人是来抢夺他们的土地和资源的，你们是骗子”，随行的哈萨克斯坦翻译这样对方龙飞说。在寒风中对峙2个多小时未果后，方龙飞只得让翻译联系当地县政府和州政府出面解决。闻讯赶来的政府工作人员与村民沟通后，表示他们也无能为力，因为这条道路所有者是全体村民，如果不赔偿损失就只能改道。方龙飞满心无奈，但为了分秒必争的工期，只得让车队掉转车头，选择另一条绕过整个村庄的远路通过。

好不容易解决了基建设备和物资的运输问题，爱菊租赁当地农场主土地自种小麦的计划又出现了新状况。原来，哈萨克斯坦早些年允许外国人买卖农业用地种植，但近几年政策有变，已全面禁止外国人买卖农业用地。在现行农业用地政策下，爱菊只能收购当地农场主种植的小麦。然而，种植公司的同事花了两个月的时间，带着1000份合同，跑遍了周边12个村庄的900多户人家，最终只签了几份收购合同。他们告诉方龙飞，当地农场主听说“中

国人来哈萨克斯坦是为了与州长联合起来骗哈萨克斯坦政府的补贴，不会在哈萨克斯坦长驻”。如此一来，租地自种搁浅，订单采购受阻，爱菊的原料供应难以得到保障。

除了原料供应以外，原料存储也面临问题。为存储原料，爱菊决定收购当地一家粮库，但在收购过程中却发现，当地有意收购这家粮库的竞争者为了阻碍爱菊的收购进程，大肆散布关于中国人和爱菊的谣言，拟形成对爱菊不利的舆论环境，之前农场主们对于爱菊的不信任也源于此。无奈的方龙飞只得往返于当地各级政府之间，与相关部门反复沟通，但由于当地政府管理外企舆情的经验不足，加上爱菊自身缺乏与国外政府的沟通经验，粮库的收购进程一再推后，严重影响了原料存储。

2.2　内部矛盾：文化碰撞，困难重重

在特爱公司建设初期，由于语言不通，方龙飞和同事们与哈萨克斯坦员工和外包施工负责人之间的沟通只能依靠翻译，信息传达的准确与否全赖翻译自身的业务能力。对于一些重要的细节，只得与翻译反复沟通确认，这样严重影响了信息传达的时效性和准确性。在建设初期的两个月里，方龙飞与哈萨克斯坦的员工几乎零沟通，见面也只能报以微笑和点头，哈萨克斯坦寒冷的气候和难以适应的饮食也让方龙飞和同事们苦不堪言，唯有靠着国内带去的方便面聊解乡愁。

建设初期，包括方龙飞在内的中方管理团队仅有 7 人，人手严重不足造成了内部基础管理的混乱，存放在仓库中的基建材料、零件和工具经常“不翼而飞”。然而哈萨克斯坦的重工业相对国内欠发达，物资比较匮乏，很多零配件无法及时购买，漫长的订购期也拖慢了施工进度，几次报警都因证据不足无疾而终。内部基础管理的混乱给前期基建造成了很大困难。

在员工薪酬的发放上，爱菊沿袭了国内每月月初发放月薪的做法，却遭到了哈萨克斯坦员工的强烈反对。因为以农业为主的北哈州鲜有管理规范的大型企业，哈萨克斯坦员工来爱菊之前多以短期工为主，经常被拖欠工资，他们更习惯周薪这种有安全感的发放形式。由于爱菊仍坚持发放月薪，几位哈萨克斯坦员工甚至在月初拿到月薪后就无故长期旷工。另外，哈萨克斯坦国人

没有存钱的习惯，这些员工花光工资后又回到厂区，找到方龙飞要求继续上班。在方龙飞坚定地拒绝并开除这几个旷工员工后，反对月薪的声音仍不绝于耳。

1800 多万人口的哈萨克斯坦有 150 多个民族，多民族带来的多元文化增加了爱菊员工管理的复杂性。一个夏日的午后，方龙飞与同事们站在建设现场，专注的眼神随着空中的塔吊缓缓移动，今天的装卸工作还差最后一车就顺利完成了。突然，新来的塔吊司机拔出钥匙，停下了手头的工作，在众人诧异的目光中缓缓走到休息室取出了小毯子和经书，对着日落的方向开始默诵经文。翻译对面面相觑的中方员工解释说："这位塔吊司机是土耳其人，现在到了昏礼拜的时间，虔诚的穆斯林不会被任何事情影响自己的祷告。"好不容易耐心等到祷告结束，塔吊司机告诉翻译，已经过了下班的时间，剩下的工作他明天再完成。这在国内经常自愿加班的爱菊人看来简直匪夷所思，差几分钟就能完成的工作，为何要留到明天再做？但塔吊司机还是下班了。令方龙飞头痛的不只是塔吊司机，由于当地员工技术水平与国内工人还存在差距，经常出现工作失误导致返工。为了追赶工期，方龙飞与哈方员工沟通要求他们加班，却遭到了一致拒绝，生活悠闲自在的哈萨克斯坦人并不愿意牺牲自己的休息时间加班。身处北哈州农业区的他们缺少职业化训练，拒绝加班在他们看来是理所当然的。

在经历了一系列与哈方员工的冲突后，负责监控施工进度的总工程师在又一次哈萨克斯坦员工工作失误后大发雷霆，通过翻译严厉训斥了这名员工。这在哈方员工中引起了很大不满，因为这名员工在他们看来一直兢兢业业，并非工作不认真。很多员工都认为中方的管理人员太苛刻了，部分员工因此辞职，爱菊只得继续四处招工，以保证施工的顺利进行。

一边是分秒必争的工期节点，一边是管理哈萨克斯坦员工的种种困难，方龙飞在经历了几个彻夜的辗转难眠后，向西安的集团总部一一汇报了遇到的困难。原来爱菊在国内的一系列管理策略到了哈萨克斯坦已然显得有些"水土不服"，自己该如何解决当前内外交困的局面呢？

3　基建攻坚：以退为进，避免正面冲突

3.1　外派中方员工，力保基建工期

特爱公司的基建项目是爱菊北哈州农产品物流加工园区的一期项目，作为“中哈产能与投资55个合作项目清单”之一，也受到了中哈两国政府相关部门的高度关注。这个项目能否顺利完工投产，关系到爱菊的“走出去”战略能否顺利落地，因此必须保证在12月6日前完工。但鉴于当前阻碍建设进度的诸多问题无法在一夕之间得到解决，爱菊决定抽调国内员工100多人前往哈萨克斯坦，全力保障基建工作的顺利完成。此外，国内员工在与哈萨克斯坦员工合作的过程中，也能通过“师带徒”方式提升哈方员工的技术水平，重点培养有潜力的哈方员工，更能以爱菊人一直以来吃苦耐劳、艰苦奋斗的精神潜移默化地影响哈方员工，提高他们的职业素养。

2016年12月6日，当地气温已低至-30℃。在哈萨克斯坦总统纳扎尔巴耶夫远程视频见证下，爱菊在北哈州的农产品物流加工园区一期项目特爱公司建成投产。一座现代化的油脂加工厂仅用时半年就拔地而起，令当地政府和民众惊叹不已。哈萨克斯坦人这才明白，原来爱菊当初的目标和承诺都是真的，中国人来哈萨克斯坦建厂并非掠夺土地的骗局。

3.2　调整管理制度，灵活发放薪酬

为解决管理哈萨克斯坦员工的难题，方龙飞和同事们适时调整了相关的管理思路，针对哈萨克斯坦员工的特点和诉求制定了相应的管理制度。

一是丰富员工结构。在原有员工规模的基础上，以高出当地同行业30%～50%的薪资标准，大力招聘在哈萨克斯坦的中国移民，并在新疆招聘哈萨克族人赴哈萨克斯坦工作，希望他们能成为两国员工文化鸿沟之间的桥梁。同时，有意在中层岗位上培养一些移民到中国的哈萨克斯坦人和中国的哈萨克族人，因为他们能充分理解中方管理层传达的信息和意图，也能和哈萨克斯坦员工顺畅沟通，很容易达成一致。

二是加强基础管理。为解决物资失窃的难题，在厂区内加装监控设备，

并在显眼位置用中哈双语警示偷窃的后果。通过召开员工大会多次强调纪律，并雷厉风行地开除了几位存在盗窃行为的哈萨克斯坦员工，成功地解决了物资失窃问题；为改变哈萨克斯坦员工经常迟到的习惯，在出台考勤制度后，严格实施，开除了几位多次旷工违反纪律的员工，有效整顿了考勤管理纪律。

三是灵活发放薪酬。针对哈萨克斯坦员工对于薪酬发放方式的反对意见，方龙飞采取了灵活的薪酬发放形式。确有困难的哈萨克斯坦员工，可提出申请预支工资，也可由公司给予适当借款应急。更重要的是，每月定时发放工资，绝不拖期，消除了哈萨克斯坦员工对于薪酬发放的不安和疑虑。

3.3　试点订单农业，展现合作诚意

鉴于前期沟通过程中，当地农场主表现出对中国公司极大的不信任，爱菊通过当地州政府和哈萨克斯坦股东的斡旋，成功与当地几位比较有影响力的大农场主签订合约并预付定金。由爱菊提供种子、租赁设备，并在合约中明确收购意向，表达爱菊的合作诚意，开始进行订单农业的试点，旨在打消当地农场主对爱菊的疑虑，促使合作逐渐向更广的范围铺开。

2017 年，方龙飞被正式任命为特爱公司总经理，全面负责爱菊在哈萨克斯坦业务的统筹管理。尽管以退为进的方式暂时缓解了内外部的冲突，但不同价值观和文化引起的冲突与矛盾仍然存在。等待方龙飞的是运营管理爱菊在哈萨克斯坦的五家公司，并在此进程中及时应对随时发生的全新难题。

4　投产运营：主动出击，促进双方融合

4.1　加强沟通扭转舆论，全面推行订单农业

4.1.1　加强媒体宣传报道，扭转不利舆论

当地人对爱菊的不信任和误解源于不了解，因此方龙飞通过哈萨克斯坦股东撒肯联系了当地多家媒体，对纳扎尔巴耶夫总统远程视频见证特爱公司投产仪式的新闻进行了多角度深入报道。通过多渠道宣传特爱公司，弱化中国公司特征，着重强调特爱公司为当地带来的产业升级、就业机遇和经济发

展的益处，收到了非常好的宣传效果。连哈萨克斯坦籍的司机都对方龙飞说："我们全家人都在电视上看到了爱菊的报道，我为是一名爱菊的员工感到非常自豪！"

4.1.2 加强与各级政府沟通，参与基础建设

在纳扎尔巴耶夫总统视频见证特爱公司油脂加工厂建成投产仪式后，爱菊与哈萨克斯坦各级政府开展了深入的沟通与合作。了解到北哈州政府正在推行的移民搬迁项目，爱菊主动出资捐建了几幢移民搬迁别墅。对于园区所在地的村政府，爱菊也提出参与援建村民住房，改善贫困村民的住房条件，参与当地的基础设施建设工作。在特爱公司油脂厂建成投产后的2017年4月，爱菊又一次外派员工100多人，除了完成园区绿化、道路建设等后续工作外，还帮助当地村政府修建了道路等基础设施。

4.1.3 开展社区福利活动，深入当地社区

2017年担任总经理后，方龙飞开始带领管理层走访北哈州工业园区周边的孤寡老人、学校和当地的困难户，赠送牛羊肉、修补房舍、给学校增添设施、捐赠物品，受到了当地社区居民的认可。爱菊工业园区的存在，也带动了村里的经济发展，小卖部从原来的1家变成了3家，村里很多人也在爱菊园区找到了工作。2018年，由于政府反对派的煽动，不明真相的当地人砸毁了一家由中国企业建设的水泥厂。当这些反对派到爱菊所在的社区煽动村民时，当地村民毫不犹豫地将这些人驱赶了出去。因为爱菊不仅带动了村里的经济发展，也为村民提供了就业机会，很多村民都已成为爱菊的员工，砸了爱菊的工厂就等于砸了他们自己的饭碗。这群当初拦路索财的村民俨然已经与爱菊成为利益共同体。

4.1.4 全面推行订单农业，保障出口通路

经过近三年不断地试点探索，爱菊从2018年开始全面推行订单农业模式，并从法律、技术、组织、资金和交通多方面保障订单农业的顺利实施。

在法律方面，与20多个农场主签订了约150万亩的原料种植"订单"合作协议，并计划未来将订单规模扩大到500万亩。

在技术方面，为保障订单农业的顺利实施，爱菊从 2018 年底开始引入高校科研力量，与西北农林科技大学开展技术合作，邀请西北农林科技大学校长与陕西省农业厅工作人员深入北哈州产地进行实地考察，对选种育种、田间管理提出科学的改进建议，提升了订单农业种植户的生产技术。从 2020 年开始，在西北农林科技大学和哈萨克斯坦国立大学合作研究下，开始推广滴灌种植技术，收到了很好的效果。

在组织方面，2019 年底至 2020 年初，由爱菊牵头组建了由爱菊集团、西北农林科技大学、哈萨克斯坦国立大学、哈萨克斯坦赛福林农业技术大学、当地农场主、哈粮集团共同成立的新型订单农业合作社，为订单农业的全面推行提供了组织保障。通过合作社，实现选种、育种、种植、管理、收割、收购、存储等一条龙运营，推广种植优质油菜籽、小麦等，指导当地农户“种什么、种多少”。这样不仅解决了他们“卖粮难”的问题，同时也保障了爱菊原材料的供应。

在资金方面，在成立农业合作社的同时，爱菊与当地政府和农发行合作，实行“企业 + 农场主 + 银行”的新型农业生产经营模式（见图 8.2）。由爱菊和银行、农场主签订三方协议，由爱菊下“订单”并保证收购。银行收到爱菊的保证金后，将给农场主的贷款发放给爱菊，由爱菊发放给签订“订单”合作协议的农场主。农场主拿着贷款购买种子、租赁设备、实施田间管理，待到原料作物成熟后，由爱菊统一收购指定数量和质量的产品，将货款减去还贷额度后发给农场主，再将贷款统一还给银行。哈萨克斯坦政府也针对农业出台了鼓励和刺激计划，在给予银行 50% 利息补贴的同时，对农场主给予每亩 40 元左右种植补贴，还对爱菊实施了农业扶持奖励和运输补贴。订单农业这种合作模式对哈萨克斯坦政府而言，不仅在解决农产品销路问题的同时升级了哈萨克斯坦农业产业链，还能解决当地就业问题，增加当地居民的收入。因此，这种新型的农业生产经营模式达成了政府、企业、农民和银行的共赢。有了政府和银行的参与，这种模式不仅降低了爱菊与当地农场主合作的经营风险，也盘活了爱菊的现金流，使爱菊可以利用富余资金扩大订单农业规模，将原计划的 500 亩订单增加到了 1500 亩。

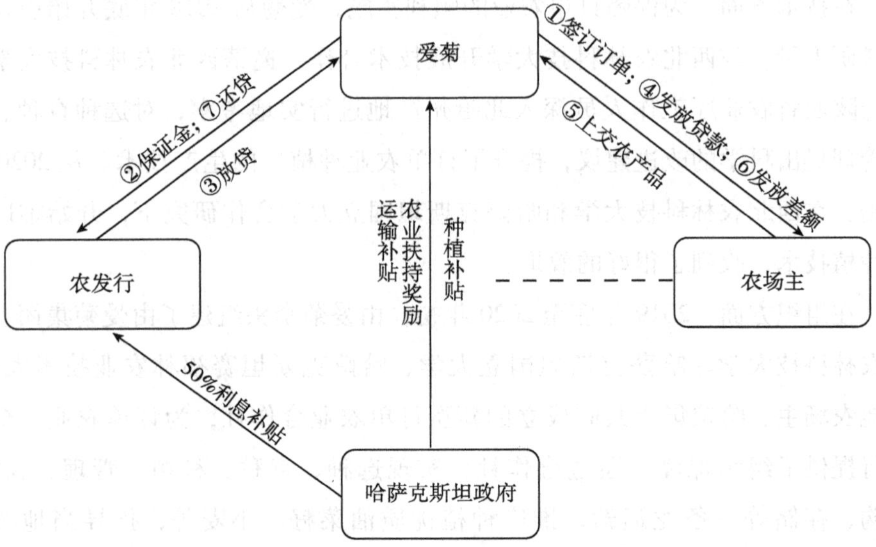

图 8.2 “企业＋农场主＋银行”的新型农业生产经营模式

在交通方面，除了构建以北哈州为“境外前沿产地枢纽”的原料供应基地外，为了保障出口通路，爱菊还以阿拉山口作为境内中转枢纽，建设了物流中转分拨基地。2017 年底一期投产，依托阿拉山口的区位优势和政策优势，实现“跨国生产、跨区加工、内陆营销”的新格局，以西安国际港务区作为境内集散枢纽的物流集散基地，打通了中亚及周边国家粮食进出口的陆路通道。

4.2 尊重哈萨克斯坦文化习惯，积极传播中国文化

4.2.1 深入了解哈萨克斯坦文化，“哈人治哈”渐见成效

自爱菊在哈萨克斯坦的园区一期项目投产以来，越来越多的爱菊人开始主动了解哈萨克斯坦文化。一批年轻员工开始自学哈萨克语，其中就有一位青年骨干在自学哈萨克语后，每年往返中哈两国好几次，更是在爱菊哈萨克斯坦的新年晚会和重大活动中用中哈双语主持，受到了哈萨克斯坦员工的欢迎。受到他的鼓舞，很多中方员工开始主动与哈萨克斯坦员工交流，学习日常问候用语。双方员工从最初的见面只能微笑点头，变成了今天可以用简单的哈萨克语问候，用握手和拥抱表达情感，有效拉近了两国

员工之间的距离。

经过基建期的磨合，方龙飞发现中方管理层根深蒂固的“中国思维”在管理哈萨克斯坦员工时会导致很多冲突和问题，让哈萨克斯坦员工难以接受。因此爱菊有意培养了一批哈萨克斯坦骨干走上中层管理岗位，先与他们沟通传递爱菊的经营理念和价值取向，由中方管理层主抓哈萨克斯坦主管，下放管理权力，只考核哈萨克斯坦籍管理者，把业务管理和员工管理都交给他们。每周由中方管理层提供生产及发运计划，用定额管理的方式计量工作，分配具体的工作任务，引入各种管理规则，制定了员工的工作时间、工作规则和岗位职责，对员工提出明确要求，形成了“哈人治哈”的局面，减少了很多矛盾。同时，也针对哈萨克斯坦员工设立灵活的晋升机制，通过国内骨干员工的“师带徒”制度培养哈萨克斯坦潜力员工，提升他们的职业技能水平，哈萨克斯坦员工的工作态度也因此有了很大改变。

在哈萨克斯坦员工关心的薪酬问题上，进入运营期后，爱菊提高了哈方员工的薪酬待遇。目前普通员工的月薪是原来的2倍多，技术骨干或班组长总体月收入达到4000～5000元人民币。在灵活的月薪发放方式基础上，设立诸如全勤奖、交通补贴、电话补贴、午餐补贴等多种补贴奖励，明确加班费用标准，并在当天发放加班工资。优厚的薪酬待遇结合灵活多样的激励措施，使得哈萨克斯坦员工占比由最初基建期的20%上升到了80%，甚至有远在阿拉木图州、南哈州的应聘者前来寻求工作岗位。哈萨克斯坦节日很多，每年的节日有近100天。从2019年开始，原来拒绝加班的员工开始主动要求加班，特爱公司的哈萨克斯坦员工更是要求由原来的每天三班倒改为两班倒，将原来8小时的工作时长延长至12小时以增加收入，这在哈萨克斯坦是很不常见的。

在内部文化氛围上，主动向哈萨克斯坦员工展示爱菊是一个尊重哈萨克斯坦文化、具有哈萨克斯坦特征、愿意为哈萨克斯坦贡献价值的企业。方龙飞带领中方管理层主动学习了解当地的宗教和民族文化，尊重哈萨克斯坦员工的宗教习俗，杜绝违背伊斯兰教义的食品和语言出现在公司，职工食堂所有食品都是清真饮食，供所有员工免费食用，并为一些自己带饭的员工提供餐补和热饭电器。在哈萨克斯坦的重要节日会举办团建聚餐活动并发放职工福利，中方管理层也会走出园区主动参加哈萨克斯坦员工的生日和婚礼活动，与当地居民交流感情，全面深入地与他们进行文化沟通。随着双方员工接触增多，哈方员工逐渐开始理解中方的想法和做法。

4.2.2 积极传播中国文化，做中哈文化的桥梁

为促进双方文化的不断融合，在学习并尊重哈萨克斯坦文化的同时，爱菊也开始尝试向哈萨克斯坦员工传播中国文化，潜移默化地传播爱菊的价值观，使其深入哈方员工内心。

每逢国庆、中秋、端午等中国传统节日，爱菊都会在厂区内布置装扮，营造中国节日氛围，与哈萨克斯坦员工一起举行节日聚餐或野外烧烤活动。每年元旦与哈萨克斯坦员工共同举办联欢晚会，让哈萨克斯坦员工也能感受到中国文化的氛围。此外，集团董事长贾合义每次到园区都会亲自下厨，为哈萨克斯坦员工烹饪中国美食，羊肉泡馍、炸酱面、红烧羊肉、番茄牛腩，一道道美味的中国菜让哈萨克斯坦员工在享受美食的同时，也能更直观地了解中国文化。

2019 年起，为传达爱菊的发展愿景和经营理念，集团董事长贾合义每次到哈萨克斯坦都会抽空进行员工培训，向哈萨克斯坦员工介绍中国文化，阐述爱菊在哈萨克斯坦的发展目标和愿景，细数爱菊在中国 80 多年的发展历史、经营理念和价值取向，同时也会真诚听取会上哈萨克斯坦员工提出的建议和问题，在会后及时研究给出解决方案。这一切在哈萨克斯坦员工中引起了很大反响，中方管理层对他们的尊重是实实在在能感受到的，他们看到了在爱菊工作的希望，也进一步理解了中方在管理时的做法，一些员工开始在厂区周边购买房产长住。

2019 年 7 月，方龙飞在哈萨克斯坦选派了 5 名哈萨克斯坦骨干员工到爱菊西安总部参观。当他们看到西安总部全自动的生产线、现代化管理的园区和员工们各司其职的忙碌身影时，感到非常震撼。见到董事长贾合义，一位女员工热情地拥抱他，对他说：“我们要把哈萨克斯坦的爱菊也建成西安爱菊这样!”贾合义微笑着回答：“相信通过我们的共同努力，这些都能成为现

实。”回到哈萨克斯坦后，这5位员工跟同事们分享了自己在中国的见闻，进一步增强了哈方员工的自豪感和归属感。

5　结语

在哈萨克斯坦顺利发展的大好局面下，未来爱菊将在哈萨克斯坦进一步拓展业务范围和市场，打造战略园区并与农产品物流园区串联起来；与中粮集团合作开拓新的面粉采购市场；在首都努尔苏丹建立线下零售餐饮综合体，传播中国饮食文化，并在此基础上加大研发投入，开展本土化产品的研发，进一步开拓国际化市场。

但2020年突如其来的新冠肺炎疫情却阻挡了爱菊快速前进的脚步。特爱公司建成了全新的油脂浸出车间，配套的全自动生产线亟待调试投产，但当前中哈两国还未通航，国内员工无法返回哈萨克斯坦，浸出车间只得全面停工。2020年2月2日，方龙飞与办公室主任赶在停航前返回了努尔苏丹，只能通过远程视频与国内技术专家沟通，临时调整生产工艺和流程，对设备进行局部改造，一边尽力完成油脂生产任务，一边与中哈两国政府相关部门协调通航包机事宜。摆在爱菊和方龙飞面前的问题，除了尽快解决国内员工的签证和行程问题外，更要思考如何建立突发性全球重大风险事件的预警机制，保障企业的正常经营。可以说，爱菊践行“一带一路”倡议的国际化之旅，前方仍有无尽的试炼……

案例教学说明
AnLiJiaoXueShuoMing

一、教学目的与用途

1. 适用课程

跨文化管理、国际商务、管理沟通课程。

2. 适用对象

本案例主要为EMBA、MBA开发，适合具有一定工作经验的学员和管理者学习。本案例教学对象以具有一定文化冲突和跨文化管理知识基础的同学为宜。实践经验较少的学生应加强课前对相关基础资料和管理理论知识的准备。

3. 教学目的

随着我国企业实力的不断增强和国内市场逐渐饱和，借助“一带一路”倡议的重大契机，越来越多中国企业开始走出国门，探索跨地域、跨文化的国际化发展道路。但初次跨出国门的国内企业，尤其是传统行业，缺乏跨文化冲突管理的相关经验，在管理实践中遭遇了诸多困难。本案例以爱菊集团在哈萨克斯坦的跨文化冲突管理为主线，通过对该公司遇到的文化冲突现状的描述，深入分析和探讨跨文化冲突管理的模式及策略选择，试图使学生理解、掌握、探讨和思考以下内容：

（1）理解文化差异和文化冲突的基本内涵和关系。

（2）识别跨国公司在海外遇到的文化差异问题。

（3）探讨跨文化冲突管理的模式选择。

（4）思考国际化进程中对跨文化冲突管理可行的文化整合策略。

二、启发思考题

设置启发思考题的目的在于帮助学生提前做好案例学习的准备工作。通过完成课前作业中的启发思考题，学生可以有较为充足的时间预习案例的内容及相关素材，在问题的引导下熟悉案例的故事情节，初步了解案例的背景及要点，主动思考并获取相关的理论与实践知识，以提高课堂学习案例的效率。本案例可以用于启发思考题的内容如下：

（1）爱菊在国际化进程中遇到了哪些跨文化冲突？这些冲突产生的原因是什么？

（2）在基建时期，爱菊尝试过哪些跨文化冲突管理模式？最终选择了哪种模式？为什么？

（3）爱菊在主动融合的过程中采取了哪些措施？解决了哪些问题？

（4）中国企业在“一带一路”沿线国家的跨文化冲突管理中可以采取哪

些策略？这些策略各有什么特点？

三、分析思路

教师可以根据自己的教学目标灵活使用本案例，这里提出教师引导本案例课堂讨论的思路（见图 8.3），仅供参考。

首先，从文化冲突和文化差异的基本内涵与关系入手，带领学生了解爱菊在哈萨克斯坦遭遇的文化冲突，识别冲突背后的文化差异。其次，针对爱菊在哈萨克斯坦三个不同发展阶段的跨文化冲突管理模式和策略选择，基于案例说明其选择依据和存在的问题，并讨论爱菊尝试解决跨文化冲突管理的措施和方法。最后，基于上述分析，对跨文化冲突管理的模式和策略选择进行总结。对爱菊在哈萨克斯坦的跨文化冲突管理的分析，能够为中国本土企业在“一带一路”沿线国家的跨文化冲突管理提供重要的借鉴与启示。

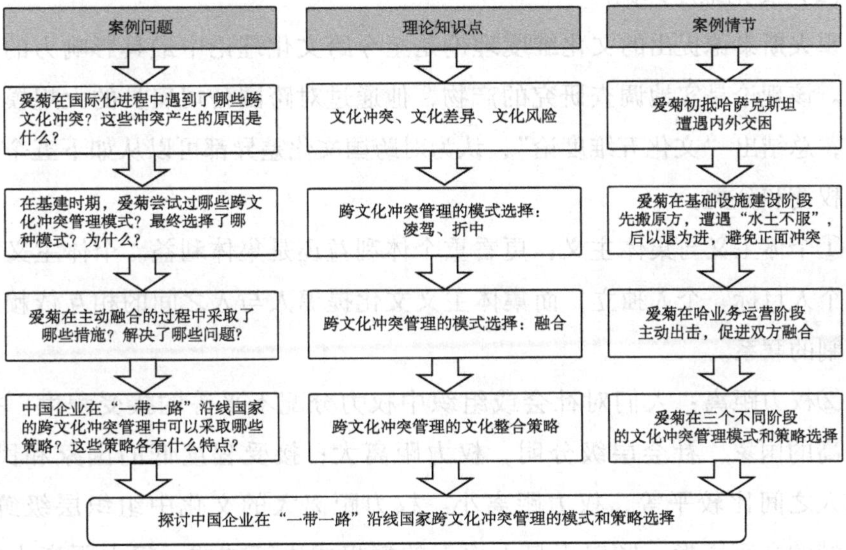

图 8.3　案例分析思路与步骤

四、理论依据与分析

（一）爱菊在国际化进程中遇到了哪些跨文化冲突？这些冲突产生的原因是什么？

1. 理论依据

（1）文化差异。

按照荷兰管理学家霍夫斯泰德（Hofstede）的定义：文化不是一种个体特征，而是具有相同教育和生活经验的许多人所共有的心理程序。由于各个国家、民族的语言、传统、生活方式不尽相同，所以每个国家、民族都有着与其地理环境、物质生活方式和社会组织形式等相适应的物质文化、社会文化和精神文化，而跨文化管理的核心是对文化差异的管理。跨国公司跨文化差异管理的成效是影响跨国公司经营成败的关键因素之一。

（2）文化维度理论。

霍夫斯泰德提出的文化维度理论是至今跨文化理论中最具影响力的一个理论。该理论是实地调查研究的产物，他通过对跨国公司雇员的大规模问卷调查，总结出“文化五维度论”，认为对跨国文化差异都可以从如下五个维度加以权衡和分类：

①个体主义与集体主义：更看重个体利益还是集体利益。个体主义文化强调个人目标、个人独立，而集体主义文化提倡人与人之间的相互依赖和不可分割的联系。

②权力距离：人们对社会或组织中权力分配不平等的接受程度。接受程度高的国家，社会层级分明，权力距离大；接受程度低的国家和民族，人和人之间比较平等，权力距离小。权力距离大的文化中组织层级鲜明，呈陡峭的金字塔形，倾向于自上而下的集权式决策方式；权力距离小的文化中组织结构一般比较扁平，倾向于自下而上的决策方式，善于吸纳底层的意见。

③不确定性规避：对事物不确定性的容忍程度。低不确定性规避文化

中的人敢于冒险，对未来充满信心；而高不确定性规避文化中的人则相反。

④事业成功与生活质量：追求物质竞争还是强调人际和谐。事业成功导向的人们强调自信、竞争、物质主义；生活质量导向的人们强调人际关系和他人利益。

⑤长期导向与短期导向：着眼于现在还是放眼未来。东方企业管理强调企业的社会责任，表现为雇用长期失业者、控制污染、服务社会等；而西方企业的经营目标是追求短期收益的最大化效用，把投资利润作为决策的最高目标。

（3）文化风险。

不同文化环境中的人们具有不同的价值观念、伦理道德、风俗习惯、思维方式和行为方式，这些都将增加管理的复杂性，带来种种文化风险。这些文化风险包括：

①种族优越感风险，即凌驾于异族文化之上，不能客观地评价异族文化，带有自己民族文化环境中形成的“偏见”和“先见”。

②管理风险，即管理人员的管理思想、管理习惯、管理方法等不能有效适应新的文化环境的风险。

③沟通风险，即对语言或非语言信息采取错误的诠释方式而产生的文化误读，从而导致沟通失败的风险。

④商务惯例风险，即原有的商务运作惯例、业务洽谈习惯等不能适应新的文化环境而导致的交易失败的风险。

⑤感性认识风险，不同文化环境下的人们具有不同的价值观念和道德标准，从而会对事情产生不同的感性认识，而这种由于基本价值观念不同而形成的不同感性认识往往较难改变。

（4）文化冲突。

文化风险如果得不到妥善解决，就会产生文化冲突。文化冲突是指不同形态的文化或文化因素之间相互对立、相互排斥的过程。它既包括跨国公司在他国经营时因与东道国的文化观念不同而产生的冲突，又包含在一个企业内部由于员工分属不同文化背景的国家而产生的冲突。

跨国公司的文化冲突，归纳起来可表现为：人际关系紧张、管理失效、沟通中断、交易失败、非理性反应，以及它们威胁公司运作的效率和效果。

文化差异、文化风险和文化冲突以及公司运作失效的关系如图 8.4 所示。

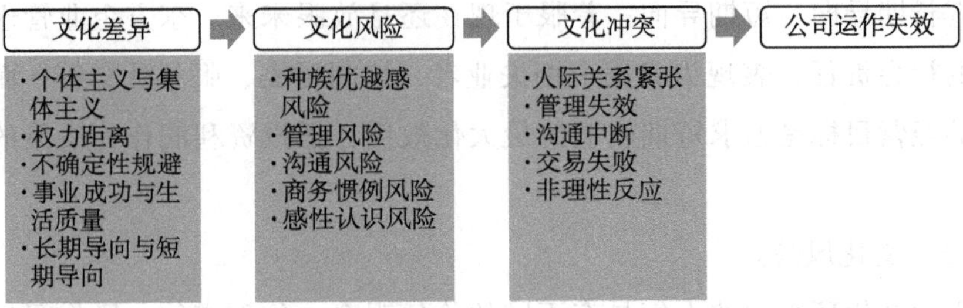

图 8.4　文化差异、文化风险和文化冲突以及公司运作失效的关系

2. 案例分析

初抵哈萨克斯坦的爱菊面临内外交困的局面，文化冲突在公司外部和内部同时出现，具体分析如下：

（1）爱菊遭遇的跨文化冲突。

人际关系紧张。刚到达哈萨克斯坦，语言不通导致中方管理层与当地员工无法有效沟通，在企图沿用国内管理思路和方法时，遭遇了当地员工的强烈反对，训斥工作失误的员工也加剧了中方管理层和当地员工之间的关系紧张。

管理失效。基建初期，管理层人手严重不足造成了基础管理的混乱，物品失窃时有发生；员工薪酬的发放上，沿袭了国内月薪的做法，遭到了当地员工的强烈反对，一些当地员工拿到工资后甚至无故旷工，严重影响了施工进度；由于不同于国内的宗教习俗和生活态度，当地员工会因为祷告等宗教活动暂停工作，少数经过职业化训练的当地人拒绝加班，严重影响建设工期。

沟通中断。双方缺乏跨国沟通的经验，造成爱菊与哈萨克斯坦北哈州各级政府的沟通不畅，粮库收购进程一再推后。

交易失败。爱菊与当地农场主签订原料收购合同时，由于农场主对中国企业的认知偏差，对爱菊的信任不足，爱菊原料采购受阻，原料供应难以得到保障。收购粮库的计划也因为当地对爱菊不利的舆论而受阻。

非理性反应。爱菊运输基建设备遭遇了当地村民的拦路索赔，虽联系政府，但也未能得到妥善解决，双方沟通未果，为保证工期，车队只得绕道通过。

(2) 冲突产生的原因分析。

①文化差异。

分析文化冲突产生的过程，可以得出主要是由于中哈两国间的文化差异引起文化风险，进而引发文化冲突。根据“文化五维度”理论，可以分析出双方的文化差异，见表 8.1。

表 8.1　中国和哈萨克斯坦在五个文化维度上的量化比较

文化维度	中国	哈萨克斯坦（俄罗斯）
个体主义	21	39
权力距离	80	93
不确定性规避	49	95
事业成功	51	36
长期导向	118	38

注：霍夫斯泰德的研究结果中未提及哈萨克斯坦，但哈萨克民族经过俄国、苏联一百多年的统治和管辖，其社会文化在延续哈萨克原始信仰、草原民族文化和伊斯兰文化的基础上，深深地刻上了俄罗斯文化的印记，因此选择俄罗斯的数据与中国做比较。

资料来源：吉尔特·霍夫斯泰德，格特·扬·霍夫斯泰德．文化与组织：心理软件的力量［M］．李原，孙健敏，译．北京：中国人民大学出版社，2010.

个体主义与集体主义。对比中国和哈萨克斯坦两国在这一维度上的表现，中国自古以来由于受到古代文化和社会主义文化的影响，以集体利益为重，呼吁团结自律，为实现国家的共同目标而奋斗；而哈萨克斯坦在独立后深受西方价值观影响，更偏向于个体主义。

哈萨克斯坦在历史上曾被阿黑门尼德王朝、希腊王朝、萨曼王朝等多个王朝统治过，后又被沙俄统治多年，这种中央高度集权的政治体制经过了几百年的强力维护和灌输，顺从专制和崇拜领袖的观念已经深深植入哈萨克人的精神中，因此权力距离相比中国而言更大。

不确定性规避。哈萨克族自古以游牧文明为主，常因逐草而居频繁迁徙，因此对事物不确定性的容忍度较低，他们更倾向于将看得见的利益抓在自己手里。哈萨克斯坦是一个全民信仰宗教的国家，多种宗教在哈萨克斯坦并存，因为宗教可以帮助人们接受自己无法抵御和控制的不确定性。而中国自古以农耕文明为主，生产生活相对规律安稳，自古以来推崇的儒家思想也并未形成统一的国家信仰。全国没有统一的宗教信仰，也是由于中国人对于不确定性的接受度更高。

事业成功与生活质量。游牧民族的传统和生活方式使哈萨克民族更容易倾向并向往简单、悠闲的生活方式；而中国自古以来以农耕文明为主流文化，勤劳勇敢，日出而作、日落而息。中国人对待工作任劳任怨，为了完成自己的工作甘愿占用自己与家人团聚的时间来加班，并认为这样的态度是值得骄傲和赞扬的；而哈萨克斯坦人更喜欢享受悠闲的个人时光，不想工作占用过多精力。

长期导向与短期导向。儒家思想主导的中国社会把目光更多地放在未来，人们更多地追求长远利益和目标；哈萨克斯坦则处在伊斯兰文明和西方文明的交汇处，独立之后更加认同欧美国家的文化理念，奉行活在当下的享乐文化，没有存钱习惯，眼光更多地放在当下。

②文化风险。

双方在上述维度上存在的文化差异，增加了管理的复杂性，带来了文化风险，进而引发了文化冲突，爱菊在初抵哈萨克斯坦时面临的文化风险如下：

种族优越感风险。由于中哈两国人民之间交流甚少，爱菊人在抵达哈萨克斯坦后，对哈萨克斯坦文化的认识不足，会带有“先见”。例如在遭遇当地村民堵路索财的非理性冲突时，爱菊人会理所当然地认为是村民有心刁难，这是游牧民族传统的掠夺、侵占文化在作祟，但细究背后的原因，实际是双方对彼此的认知产生偏差引起的；同样地，哈萨克斯坦人在面对中资企业时会带有先入为主的“偏见”，认为贫穷落后的中国的企业来哈萨克斯坦是为了掠夺资源、侵占土地，而非用企业的发展带动当地经济发展，给当地人带来实在的收益。这其实都是种族优越感引发的文化风险。

管理风险。初抵哈萨克斯坦，缺乏跨文化管理经验的中方管理层沿用了在国内的管理思维和管理方法，照搬了国内的管理制度，例如月薪和加班制度。但这种做法没有考虑到当地员工的特殊性和管理层管理能力的现状，因而产生了管理风险，遭到了当地员工的强烈反对，导致管理效果大大降低，影响了基建工期的进度。

沟通风险。由于语言不通，中方管理层无法直接与当地员工交流，沟通只能经由翻译作为中间人传达，而信息传达的准确与否全赖翻译的准确程度，对于一些重要的细节，只得与翻译反复沟通确认，严重影响了信息传达的时效性和准确性，给爱菊带来了巨大的沟通成本和沟通风险。

商务惯例风险。在与当地农场主谈判原料收购合同时，由于农场主对中国企业的不信任，使用原来在国内洽谈业务的方法已无法顺利完成订单的签订。收购粮库的进程也因为当地负面的舆情而受阻，原有的商务惯例已经给爱菊带来了风险。未能因地制宜做出调整的结果是爱菊的原料供应无法得到保障，粮库收购进程一再推后。

（二）在基建时期，爱菊尝试过哪些跨文化冲突管理模式？最终选择了哪种模式？为什么？

1. 理论依据：跨文化冲突的管理模式

加拿大著名的跨文化组织学者南希·爱德勒（Nancy J. Adler）认为，对于跨国公司、跨文化企业来说，要通过其在国际市场竞争中的优势，处理好不同文化背景下的文化冲突。解决文化冲突有三种模式可供选择：

①凌驾：组织内一种文化凌驾于其他文化之上而扮演着统治者的角色，组织内的决策及行为均受这种文化支配，而其他文化则被压制。该方式的好处是能够在短期内形成一种“统一”的组织文化，但其缺点是不利于博采众长，而且其他文化遭到压抑极易使其成员产生强烈的反感，最终加剧冲突。

②折中：不同文化间采取妥协与退让的方式，有意忽略、回避文化差异，从而做到求同存异，以实现组织内的和谐与稳定。折中不是一方向另一方的

退让，而是不同文化之间的互动。折中要求跨文化企业在经营中不是被动地适应东道国文化，而是在吸收东道国文化特色的同时，积极主动地向东道国市场传递企业的经营观念和价值取向。但这种和谐与稳定的背后往往潜伏着危机，只有当文化之间差异非常小时，才适合采用此法。

③融合：不同文化在承认、重视彼此间差异的基础上，相互尊重、相互补充、相互协调，从而形成一种彼此融合的、全新的组织文化，这种统一的文化不仅具有较强的稳定性，而且极具“杂交”优势。融合是充分认识到组织内不同文化的异同点的结果，不是忽视和压制这些文化差异，而是通过文化间的相互补充、相互协调，形成一种全新的、统一的组织文化。对于大多数跨国公司来讲，通过融合的方式吸收异质文化的精华，形成自身特有的企业文化和管理模式，是适应跨国文化环境、降低文化障碍成本、提高企业经济效益的最佳选择。

2. 案例分析

（1）爱菊尝试过的跨文化冲突管理模式。

①凌驾模式：初抵哈萨克斯坦时，照搬原方，“水土不服”。爱菊基建初期采取国内管理模式和薪资制度，习惯了领取周薪的哈萨克斯坦员工却对月薪制度强烈反对；虽然中国是多民族国家，但爱菊总部地处陕西，有宗教信仰的人不多，哈萨克斯坦员工信仰极度多元化，经常停止工作进行祷告；中方员工对加班习以为常，而中方管理者在要求哈方员工加班时遭到了强烈反对；一些哈方员工的离职宣告了中式管理的“水土不服”。

②折中模式：基建攻坚期，以退为进顺利完工。基建初期中国化管理失败后，爱菊以退为进避免与哈萨克斯坦员工正面冲突。为了保障在工期节点前完成建设顺利投产，爱菊从国内抽调骨干员工完成赶工任务，还调整了薪资制度，允许确有困难的哈方员工预支工资，张贴警示语强调纪律、解决物资失窃问题并与部分农场主签订合约试点订单农业。这一过程中，爱菊人不再以“中国式思维”要求哈方员工，而是以退为进暂缓冲突。

（2）爱菊选择折中模式，回避冲突的原因。

爱菊是带着“走出去”的战略任务抵达哈萨克斯坦的，尽管遭遇重重冲突，内外交困，经历前期“中国式管理”“水土不服”后，为保障爱菊基建顺利完工投产，使爱菊能够在哈萨克斯坦站稳脚跟，爱菊选择了以退为进的方式，避免与哈方正面冲突。具体原因如下：

首先，特爱公司基建项目是爱菊能否在北哈州“落地生根”的关键，也是中哈两国政府相关部门的重点关注对象，这个项目的顺利完工投产更是关系到爱菊“走出去”战略的成败。因此，必须先采取各种办法保证基建项目的按时完工。

其次，爱菊在经历初期“中国式管理”失败后，不得不转变管理思路，因地制宜地改进管理方法和制度。然而爱菊和哈方员工互相不适应、不信任，无法实现自然融合。为保基建工期，爱菊临时抽调中方骨干赴哈，一方面通过“师带徒”提升哈方员工水平，另一方面用中方骨干吃苦耐劳的精神潜移默化地影响哈方员工，逐步改变哈方员工心中爱菊人的形象。

（三）爱菊在主动融合的过程中采取了哪些措施？解决了哪些问题？

1. 理论依据

跨文化冲突管理的模式选择：融合。

融合模式是指不同文化在承认、重视彼此间差异的基础上，相互尊重、相互补充、相互协调，从而形成一种你我合一的、全新的组织文化，这种统一的文化不仅具有较强的稳定性，而且极具“杂交”优势。融合是充分认识到组织内不同文化的异同点的结果，不是忽视和压制这些文化差异，而是通过文化间的相互补充、相互协调，形成一种全新的、统一的组织文化。对于大多数跨国公司来讲，通过融合的方式吸收异质文化的精华，形成自身特有的企业文化和管理模式，是适应跨国文化环境、降低文化障碍成本、提高企业经济效益的最佳选择。

2. 案例分析

在经过了基建初期的种种磨合之后，爱菊逐渐意识到只有主动出击，和哈萨克斯坦员工进行深度的文化融合，才能使企业在哈萨克斯坦“落地生根”，走得更长久。因此，爱菊采取了一系列措施主动融合，具体分析如下：

（1）爱菊在主动融合过程中采取的措施。

①加强沟通宣传，扭转不利舆论。爱菊联系多家哈萨克斯坦媒体对哈萨克斯坦总统视频见证“爱菊投产事件”进行大力宣传；积极主动与哈萨克斯坦政府沟通并助其完成移民搬迁项目；经常深入当地社区开展福利活动并带动社区经济发展，扭转当地居民和政府心中的爱菊形象。

②开展联合技术合作，促进订单农业推行。爱菊与西北农林科技大学、哈萨克斯坦国立大学开展深度技术合作，推广滴灌种植，扩大作物产量；牵头组建新型订单农业合作社，实行从选种到存储的一条龙运营，保障爱菊原料供应和农户粮食通路。

③实行新型农业模式，打造农业产业链条。爱菊与农发行以及农户合作，政府穿针引线，联袂打造“企业+农场主+银行”的新型农业生产经营模式，完美解决人口就业、农产品销路、银行贷款风险等一系列问题，实现利益共赢。

④主动学习哈萨克斯坦文化，中哈双方深入融合。中方员工自学哈萨克语，与哈萨克斯坦员工碰面主动问候、拥抱表达友好；实行“师带徒”制度，培养哈萨克斯坦骨干员工走向管理岗位，中方管理者下放权力，采用“哈人治哈”管理方式；提高哈方员工薪酬待遇，设立诸多激励措施，哈方员工占比逐步扩大；尊重哈萨克斯坦宗教习俗，与哈萨克斯坦员工一同庆祝哈萨克斯坦重大节日。

⑤积极传播中国文化，搭建中哈文化桥梁。爱菊也逐渐开始尝试传播中国文化和企业文化：每逢国内传统节日均在厂区布置装扮与员工共同庆祝；董事长只要到访园区，便亲自下厨烹饪中国传统美食；厂区多次组织员工培训，介绍爱菊愿景和中国文化，引起强烈反响；哈方骨干到西安总部参观，增强归属感。

（2）爱菊在此过程中解决的问题。

①爱菊扭转了其在哈萨克斯坦当地居民和爱菊员工心中的形象。由“土地的掠夺者”变为产业经济的扶持者和建设者，由受到当地居民拦路索赔到居民主动驱赶政府反对派维护爱菊利益，由员工顺手拿走爱菊基建材料零配

件到哈萨克斯坦籍司机为自己是爱菊员工感到自豪。

②爱菊全面推行的订单农业模式和逐步实行的“企业+农场主+银行”的新型农业生产经营模式取得成功。由爱菊牵头组建的新型订单农业合作社，实现了选种、育种、种植、收割、收购、存储等一条龙运营，推广种植优质菜籽和小麦，不仅解决了农户的粮食销售问题，也为爱菊提供了优质原材料。爱菊与银行和农场主签订三方协议并由政府在其中组织调节的新型农业生产经营模式既解决了哈萨克斯坦农产品销售问题，扶持了农业产业链，也为当地居民带来了就业机会，增加了居民收入，实现了各方的共赢。这种模式不仅降低了银行直接贷款给农场主的风险，也使爱菊获得了大量流动资金，从而进一步扩大了生产经营规模，推广订单农业。

③爱菊主动融合带来了中哈双方员工彼此信任和谐相处，促进了企业发展。“哈人治哈”策略取得了重大成效，哈方员工工作态度发生了重大转变，灵活的薪资制度让原本不喜加班的哈方员工主动要求加班，主动融合、相互理解也让哈方员工信任理解了中方管理人员的想法，员工逐步接受爱菊的愿景和价值观并愿意在厂房周围买房长住，爱菊得到了更好的发展。

（四）中国企业在“一带一路”沿线国家的跨文化冲突管理中可以采取哪些策略？这些策略各有什么特点？

1. 理论依据

文化整合的策略。

文化整合是一个动态的历史过程，是两种或两种以上的文化在相互接触的过程中产生的种种反应。文化整合不一定会导致同化，同化只是文化整合的结果之一，在不同的条件下，它有可能产生其他的结果。在文化整合过程中，由于解决冲突的模式不同，采用的文化整合策略也会不同，会导致不同的文化整合结果。

（1）采用凌驾模式：本土化策略、文化移植策略（结果：少数文化的成员单方面迎合主流文化）。

①本土化策略：公司经营时，将每一个地区和国家都视为独立的个体，

公司政策的制定和执行完全参照东道国企业的模式进行，并不把母国公司的人事运行模式强加于各子公司、合资公司或并购公司（统称为关联公司），而是根据各关联公司的相应情况，制定适合东道国实情的人事管理政策。

②文化移植策略：跨国公司在世界各地子公司的重要职位的管理人员都由母国人员担任，母国企业通过派到开发国或东道国的高级主管和管理人员，把母国的文化和习惯全盘移植到开发国或东道国的子公司中，让子公司中当地国的员工逐渐适应并接受这种外来文化，并按这种文化背景下的工作模式运行公司的日常业务。

（2）采用折中模式：文化规避策略、借助第三方文化策略（结果：少数文化的成员与主流文化保持距离）。

①文化规避策略：当母国的文化与东道国的文化之间存在着巨大的不同，母国的文化虽在整个子公司的运作中占了主体，可又无法忽视或冷落东道国文化的时候，由母公司派到子公司的管理人员，就必须特别注意在双方文化的重大不同之处进行规避，不要让这些不同之处造成彼此文化的冲突。

②借助第三方文化策略：跨国公司在其他国家和地区进行跨国经营时，由于母国文化和东道国文化之间存在着巨大的不同，而跨国公司又无法在短时间内完全适应这种巨大的文化差异形成的完全不同于母国的东道国的经营环境，这时跨国公司所采用的人事管理策略通常是借助比较中性的、与母国文化已达成一定程度共识的第三方文化，对设在东道国的子公司进行控制管理。用这种策略可以避免母国文化与东道国文化发生直接的冲突。

（3）采用融合模式：文化嫁植策略、文化相容策略和文化渗透策略（结果：多文化共存）。

①文化嫁植策略：在以母国文化作为子公司主体文化的基础上，把开发国或东道国的文化嫁植到母国文化上，即人力资源政策以母公司制定的大政策框架为基础，海外子公司根据当地情况，制定具体的政策和措施。在人员配置上，母公司的高级管理人才由母国人担任，而子公司的高级管理人员大

部分由母国人担任，少部分由当地人担任。

②文化相容策略：两种文化相容的程度可以细分为以下两个不同层次：

平行相容策略：这是文化相容的最高形式，在习惯上我们称之为“文化互补”。就是在跨国公司的子公司中并不以母国文化或者是开发国的文化作为主体文化。母国文化和东道国文化之间虽然存在着巨大的文化差异，但并不互相排斥，反而互相补充，同时运行于公司中，充分发挥文化优势。

和平相容策略：虽然跨国公司中的母国文化和东道国文化之间存在着巨大的文化差异，而两种文化也很容易在子公司的日常运作中产生文化摩擦，但是管理者在经营活动中却刻意模糊这种文化差异，隐去两者文化中最容易导致冲突的主体文化，保存两者文化中比较平淡和微不足道的部分。由于失去了主体文化那种对不同国籍的人所具有的强烈影响力，不同文化背景的人可以在同一公司中和平相处，即使发生意见分歧，也很容易通过双方的努力得到妥协和调解。

③文化渗透策略：这是个需要长时间观察和培育的过程。跨国公司派往东道国工作的管理人员，基于其母国文化和东道国文化的巨大不同，并不试图在短时间内迫使当地员工服从母国的人力资源管理模式，而是凭借母国强大的经济实力所形成的文化优势，对子公司的东道国员工进行逐步的文化渗透，使母国文化在不知不觉中深入人心，令东道国员工逐渐适应这种母国文化并慢慢成为该文化的执行者和维护者。

2. 案例分析

跨国企业在遭遇跨文化冲突之后，需结合实际情况，针对企业的不同发展境遇，选择不同模式如凌驾、折中、融合模式以解决跨文化冲突，不同模式下对应的管理策略如表 8.2 所示。

表 8.2　不同文化整合模式的对比

模式	策略	适用情景	结果
凌驾模式	本土化策略	在短时期内形成一种“统一”的组织文化	少数文化的成员单方面迎合主流文化
	文化移植策略		

续表

模式	策略	适用情景	结果
折中模式	文化规避策略	文化之间差异非常大或者跨国企业在当地发展尚不成熟，通过回避减少直接冲突	少数文化的成员与主流文化保持距离
	借助第三方文化策略		
融合模式	文化嫁植策略	跨国企业适应当地文化环境，降低文化障碍成本，提高企业经济效益	多文化共存
	文化相容策略		
	文化渗透策略		

以案例中的爱菊为例，其在不同发展阶段采取不同的策略：刚抵达哈萨克斯坦时，企图使用凌驾模式中的文化移植策略，沿用国内的管理思维和管理制度，例如月薪、加班等制度，但遭到了当地员工的强烈反对，引发了更大的冲突。基建时期采取折中模式中的文化规避策略，一方面，爱菊集团抽调国内员工百余人，前往哈萨克斯坦全力保障基建如期完成；另一方面，调整管理制度，消除哈方员工对薪酬的疑虑，并且进行订单农业的试点，打消当地农场主对爱菊的疑虑，扩大合作范围。投产运营阶段采取融合模式，综合使用文化嫁植、文化相容和文化渗透策略，在尊重哈萨克斯坦文化习俗的同时积极传播中国文化，促进两国文化的沟通交流，更好地传播爱菊的价值观，并使其深入哈方员工内心。

五、背景信息

爱菊集团发展大事记（详见附件一）。

六、关键要点

1. 关键点

本案例分析的关键点在于应该如何应对和妥善解决跨文化冲突，帮助公司管理好当地员工，从而使公司能够平稳、健康地运行。将该案例运用于跨文化管理的相关概念以及内容介绍时，关键在于帮助学生理解和认识文化冲突的成因，以及跨文化冲突管理的模式和策略选择，使之能够对跨文化管理有一定的认识和掌握。

2. 关键知识点

文化差异、文化冲突、跨文化冲突管理。

3. 能力点

分析与综合能力、批判性思维能力和解决实际问题的能力。

七、建议课堂计划

本案例可以作为专门的案例讨论课来进行，如下是按照时间进度提供的课堂计划建议，仅供参考。整个案例课程分为两个课时，课堂时间控制在90～100分钟。

1. 课前计划

发放案例正文和相关补充资料，对学生提出启发思考问题，请学生在课前完成阅读和初步思考，并了解文化差异、文化冲突、跨文化冲突管理的相关理论知识。

2. 课中计划

（1）教师开场白：带领学生回顾案例，明确主题（10分钟）。

（2）小组讨论：每4～6人分为1组，小组间围绕启发思考题，交流彼此观点意见，并进行分析讨论与归纳总结，讨论结果由小组代表进行陈述，其他小组可做补充（25～30分钟）。

（3）班级讨论：按照课堂提问环节，组织学生共同开展有关案例的分析与理解的讲解，并通过互动汇总各小组讨论结果（30分钟）。

（4）教师总结：教师可根据课堂讨论形成的板书（见图8.5），进一步对知识点进行梳理与案例总结（15分钟）。

（5）问答：教师回答学生的一些额外问题。（5分钟）

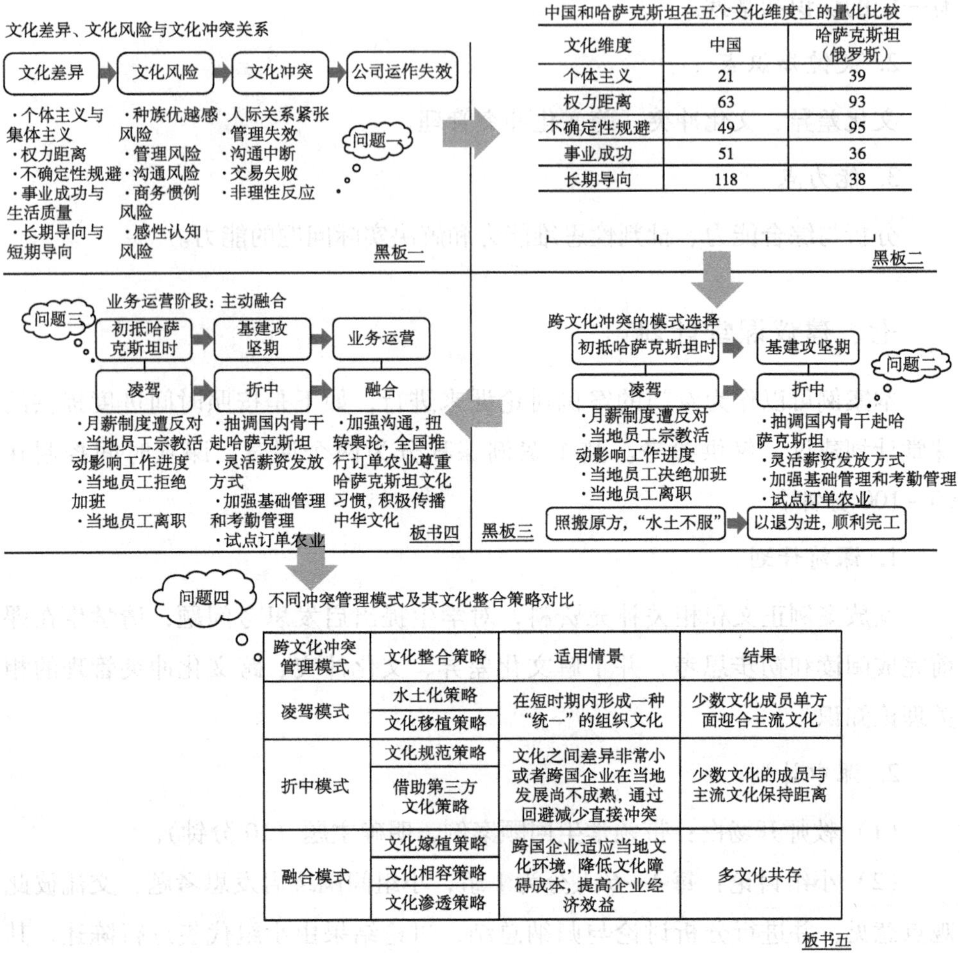

图 8.5　板书参考

八、参考文献

[1]李宁. 2014—2017 年哈萨克斯坦农业产业发展态势研究[J]. 新疆农垦科技,2018,4(19):50-53,38.

[2]张宁. 中国与中亚国家的粮食贸易分析[J]. 欧亚经济,2019(2):8-21,125,127.

[3]朱行. 加拿大与哈萨克斯坦小麦生产状况[J]. 现代面粉工业,2015,

29(3)：41－42.

[4]赵常庆．哈萨克斯坦的2030/2050战略——兼论哈萨克斯坦的跨越发展[J]．新疆师范大学学报(哲学社会科学版),2013(3)：37－42.

[5]李宁．哈萨克斯坦粮食产业发展研究[D]．新疆师范大学硕士学位论文,2011.

[6]于敏,柏娜．新形势下中哈农业合作面临的机遇与挑战[J]．农业展望,2017(7)：103－108.

[7]郭辉．哈萨克斯坦农业产业结构与区域竞争力差异及中国的合作建议[J]．农业展望,2019(10)：118－126.

[8]李珊,王敏．哈萨克斯坦小麦质量浅析[J]．现代食品,2020(4)：19－20.

[9]赵署明．国际企业：人力资源管理[M]．南京：南京大学出版社,1999.

[10]吉尔特·霍夫斯泰德,格特·扬·霍夫斯泰德．文化与组织：心理软件的力量[M]．李原,孙健敏,译．北京：中国人民大学出版社,2010.

[11]陈晓萍．跨文化管理[M]．北京：清华大学出版社,2005.

第九篇　爱菊粮油：在变革中持续学习①

张红芳　常华　董黎莉　王琼　张丹妍

案例正文

AnLiZhengWen

摘要　本案例描述了西安爱菊粮油工业集团有限公司在持续的产业转型和业务拓展过程中，在不同的发展阶段采用了不同形式的组织学习模式，成功推动组织战略变革的实施。从启动主食产业化的探索式学习，到开拓产业多元化的利用式学习，再到积极拓展“一带一路”的平衡式学习，本案例分析了不同类型的变革和不同的变革因素，总结出在面对变革中不同的挑战和威胁时，只有采取不同的组织学习模式，才能通过组织学习提升组织能力，从而实现对战略变革的驱动作用。通过案例分析，有助于学生掌握战略变革与组织学习之间的动态关系，理解组织学习对战略变革的推动作用。

关键词　战略变革；组织学习；学习模式

0　引言

2019 年 11 月 5 日，在第二届中国国际进口博览会陕西省采购与投资说明会上，爱菊集团签订了价值 5.3 亿元人民币的小麦和食用油采购合同，这是

---

① 出于企业保密的要求，在本案例中对有关名称、数据等做了必要的掩饰性处理；本案例只供课堂讨论之用，并无意暗示或说明某种管理行为是否有效。

爱菊集团第二次在“进博会”上签约。在过去的一年中，爱菊集团不仅圆满完成了当年签订的采购量，还在哈萨克斯坦以农业合作社的形式推广了150万亩的订单农业种植，形成了“哈萨克斯坦—新疆阿拉山口—西安国际港务区”三位一体体系，实现了从“种子”到“筷子”，从“田间”到“餐桌”的全产业链运营。对此，爱菊集团董事长贾合义感叹道，爱菊取得今天这样的成绩，从技术研发、业务拓展，到干部队伍素质提升，背后都离不开企业持续学习的信念和行动支撑。

1　背景介绍

1.1　企业背景介绍

爱菊前身是成立于1934年的华峰面粉有限公司，是西北地区最早的机制面粉加工企业和古城“四大民族工业”之一。新中国成立后实行公私合营，于1966年更名为西安市群众面粉厂。1993年，又更名为“爱菊”，自此开创“爱菊”品牌。1997年，爱菊抓住了国家粮食体制进行改革这一时机，成为陕西省粮食行业首家实行股份合作制的企业。

2004年，爱菊完成了对西安市油脂公司等7家企业的改组兼并，正式涉足食用油领域，开始了业务种类拓展和延伸的多元化发展道路。2008年，正式组建西安爱菊粮油工业集团。从2009年起，开始探索主食产业化，并实施西安市“放心馒头”工程。2010年，建立爱菊豆业基地，实施西安市“放心豆制品”工程。2015年，走出国门，把业务拓展到哈萨克斯坦，成为我国首家进入哈萨克斯坦的农业加工企业。2017年，阿拉山口园区正式投产，标志着爱菊集团“三位一体”战略体系初步形成。

经过多年的发展，爱菊已经从最初的单一面粉加工企业发展成为西北地区最大的集西安市“三大放心工程”（放心粮油、放心主食、放心豆制品）为一体，集粮油储备、主食加工、物流配送、资本运作、房地产开发、物业管理等产储销于一体的多领域协调发展的综合性集团公司。

1.2 行业背景介绍

计划经济时期，我国实行粮食统购统销政策。1993 年颁发的《关于加快粮食流通体制改革的通知》，明确提出国有粮食企业按照市场经济主体要求自主开展经营，拉开了我国粮食行业市场化竞争的序幕，直到 1997 年，粮食流通体制在全国范围内全面铺开。随着粮油工业市场的开放和政策的支持，进入粮油行业的制度性壁垒逐步降低，民营、外资企业大量涌入，粮油行业的竞争变得十分激烈。

我国粮油工业市场集中度相对较低，大型国有粮食集团在各地区均占据举足轻重的地位。受技术落后、规模较小的影响，民营企业在市场竞争中处于绝对劣势。2012 年，中国粮油企业停产率为 11.56%，其中民营企业停产率居高不下，占停产企业总数的 87.69%。即使停产率如此之高，每年仍会有大量的民营企业进入粮油行业，这就进一步加剧了市场竞争的激烈程度。

粮食行业作为一个特殊的行业，利润率极低，只有不到 6%，如何生存是摆在所有粮食企业面前的一道难题。面对激烈的市场竞争，一些企业不惜降低品质来降低生产成本，以获得生存的机会。以次充好、添加增白剂、添加剂超标、陈面新卖等食品安全问题屡见不鲜。甚至有一些企业为了在市场上立足，竞相加大降价幅度，使得利润空间被进一步压缩。

爱菊曾经认为，靠着自己多年积累的在老百姓心目中的品质和信誉，无须参与价格战也能维持生存，但事实是残酷的。面对成本与质量的两难选择，爱菊始终坚持从老百姓的健康出发，追求品质第一，彻底取消添加剂，随后又取缔散装油，真正走出了同质化竞争的恶性循环。爱菊这种在生死线上挣扎仍然坚守质量的做法，得到了西安市政府的关注和认可。在政府的支持下，爱菊优先兼并了西安市 11 家破产企业，这些企业的土地资产为爱菊提供了生存空间，也为其后来的发展奠定了基础。

2　主食产业化的变革：以模仿和尝试为基础的学习

2.1　主食产业化的启动

2009 年，对爱菊来说意义重大，这一年，爱菊开始主食产业化探索，并以此为起点，从馒头向花卷、面条、包子、点心等多品类扩展。西安市场上的馒头多为独立的商户自行加工出售，质量参差不齐，令人担忧。于是，由西安市委主导的“放心馒头”工程应运而生。当谈及由谁来负责此项工程的具体实施时，爱菊作为陕西省内最大的面粉加工企业，长期注重产品质量，富有社会责任感，成为承接“放心馒头”工程的不二选择。

“放心馒头”工程虽然是西安市委直接领导和推动的一项民生工程，但在爱菊内部具体执行时，却遭到了巨大的阻力。在此之前，爱菊一直是粮食原料加工企业，属于初级食品行业。面粉和油脂加工所要求的设备比较简单，技术水平不高，对员工的学历水平、知识背景也没有明确的要求。而馒头属于主食中的小食品加工，属于爱菊完全没涉足过的食品加工行业，这对爱菊来说，显然是一个战略挑战。

从调研的结果来看，市场中存在大量的手工作坊，它们大多在社区周边，有固定的顾客群体。而爱菊在 2000 年前后已经尝试过一次做馒头，以失败告终。此次重启馒头加工业务，能解决之前半机械化方式的人力问题吗？能保证规模化、高质量的生产吗？从生产到送达，物流配送效率能跟上吗？又如何在现有市场竞争条件下获得老百姓的认可？最终通过什么样的商业模式运转，才能盈利？这些都是摆在爱菊面前的战略难题。

无经验可循，无案例可考，无人手支援，有限的经费支持，爱菊的主食产业化探索，注定是一条艰辛的路。

2.2　广泛学习，全面尝试

2009 年夏天，董事长贾合义亲自抽调生产、连锁、质检、基建、策划、设备制作等技术管理人员组成了考察团，前往河南郑州进行考察，开始了全面考察学习的第一站。到了郑州以后他们发现，当地的主食产业主要集中在速冻饺子生产，根本没有生产馒头、包子的企业。他们没有气馁，认为虽然此次考察之行最主要的目的是学习馒头制作，但速冻饺子也是主食产品，多学习、多积累，日后扩充主食产品类别时肯定能用得着。这一年，考察团先后 5 次赴郑州、南京、杭州、济南、厦门等地考察馒头、面条等主食生产设备和相关市场经营、网点布局情况。

辗转多地，2010 年初，考察团终于在河南郑州找到了当时国内唯一从事面制主食全产业链科研开发、产业化示范及产业化推广的高科技企业——河南兴泰科技实业有限公司，购置了两条日产量 2 吨的现代化馒头生产线。这一套设备，解决了此前机械化程度不够的问题，大大降低了人力成本，但有一个致命的缺点——无法规模化生产。于是，爱菊一边组织员工研究此套设备的生产原理和技术，一边继续寻找更合适的生产技术。

2011 年 3 月，考察团在参加一次江苏烘焙展时，发现有一套法国面包生产设备的和面技术挺先进。面包生产设备和馒头的生产有异曲同工之妙，都是以面粉为原材料进行发酵，只是配料比例和加热方式不同。这套设备自动化程度高，产能高，但不适合制作馒头。这和此前从河南兴泰购置的那套设备刚好形成了互补，那有没有可能将其与之前兴泰那套设备结合起来呢？考察团当机立断，引进了这条法国面包生产线。

2.3 设备问题

考察团从河南兴泰购置的生产线一到，机修人员就投入了忙碌的试验中。100 余名中层干部和 100 余名员工，近 300 人三班倒进行试验。设备虽然是自动化的，但大部分环节还需要人工操作，从启动、和面搅拌到成型、包装，24 小时只消耗了不到 200 袋面（25kg 装），效率极为低下，整个车间脏、乱、差，设备还经常坏。

已有的设备无法满足生产要求，那就自己动手进行改造。2011 年底，主食产业化攻坚战进入了白热化时期。贾合义带着主要研发人员，每天加班到凌晨一两点，一个环节一个环节地往前推进。下班以后，从厂区南门进入离生产车间比较近的北门，成了他们的日常。

法国面包生产线到了以后，研发人员发现这条生产线的和面技术好，那就搞清楚它的和面装置到底是怎么操作的；桶大，装的面粉太多，设备带不动，那就反复试验多大的桶合适；搅拌的次数不够，面不够筋道，那就调整设备多搅拌几次；面还没和好就开始搅拌了，那就改造设备控制系统，让和面环节往前提，让搅拌环节往后挪……就这样，反复试验，不断探索，终于弄明白该用多大的桶、倒多少面、搅拌多少下，才能进入下一个环节。

历时8个月，经过280多名员工的连续奋战，爱菊的馒头生产线终于改造完毕，成功制作出了第一批“放心馒头”。

2.4　工艺问题

在对设备进行热火朝天的改造实验时，对馒头制作工艺的探索也没有停下。以前的馒头大多是手工作坊式生产，机械和面、人工成型、发酵、蒸熟，劳动强度大，但产出率低、卫生条件差。使用了新的生产线以后，原有的馒头生产工艺就完全用不上了。手工生产时，生产辅料水、酵母、碱面、食盐等由人工控制，一点点加入，而新工艺则要求辅料和面粉原料一次性或者分两次加入，这就对工艺参数的控制提出了很高的要求。

爱菊每年都会组织员工外出旅游，无论是谁外出旅游，无论是去哪个国家、哪个城市旅游，员工们做的第一件事都是去当地的粮油市场转转，买回来馒头、包子、饼干、花卷等主食产品。不仅买回来，还会将当地的主食产业化做法讲给主食产业化团队负责人听，总结经验，提出建议。

经过反复的调整试验，面粉的选择、辅料的配比、水量和水温的控制、和面时间的把握、成型过程中的计量称重以及蒸的时间和压力控制终于达到了理想的状态，馒头出品率高达99%，大大提高了生产效率，且馒头口感极好。馒头一经投入市场，就受到了老百姓的交口称赞。“放心馒头”正式投入市场，标志着爱菊的主食产业化探索走出了坚实的第一步。这种基于模仿的探索式学习模式，又被爱菊用到了豆制品、面条、包子、饺子等主食生产中，爱菊自此开始从粮油加工企业向食品工业企业转型。

3　产业多元化转型：以人才培养为基础的学习

3.1　向产业多元化转型

“放心馒头”工程获得成功，使得爱菊迈出了主食产业化探索坚实的第一步，不仅收获了市场上的极高赞誉，而且在公司内部员工们也是信心满满。更为重要的是，在这一过程中，爱菊积累了丰富的宝贵经验，一方面对“放心馒头”生产制作的设备要求、工艺流程、技术性能等积累了专业技术经验，另一方面也使新业务开展的流程管理能力有了新的提高。贾合义董事长深思，既然我们已经积累了主食产业化的实践经验，那我们能不能尝试着再往前走一步，让更多健康的食品走上市民的餐桌呢？

陕西人爱吃面食，贾合义董事长这一代人基本上都会自己和面、扯面、蒸馒头、做包子，但到了80后、90后，会做面食的寥寥无几。一是不会做，二是没时间做，大家要么下馆子，要么购买一些速冻食品将就将就。是80后、90后不关注饮食健康、不愿意在家吃饭吗？其实不然。随着生活水平的提高，老百姓正从吃得饱、吃得好向吃得健康转变，年轻人更是注重有机健康食品，但这一代人确实因为工作太忙，没有时间“下厨房”。因此，满足这一代人对食品“健康、便利、美味”的需求，对爱菊来说是一个极好机会。

面对这一机会，贾合义董事长决定，爱菊将从单一的“放心馒头”向多个不同的主食领域进军。当贾合义董事长把这一想法告诉其他管理层时，大家都表示认同，可以尝试着从生产一个产品到两个产品再到多个主食产品。贾合义董事长也与公司一线的员工交流了这一想法，大家都很有信心，让更多健康的食品走上餐桌。从此，爱菊逐步走上了主食产业多元化的道路。

2011年，爱菊集团全面实施放心豆制品工程，新建180亩的爱菊豆业基地，引进了全国先进的豆制品生产线和豆芽生产设备，自行研发出真正“无任何添加剂”的全国首例放心豆芽，填补了我国规模化无添加剂豆芽生产技术的空白，保障了千万个家庭的绿色无公害豆制品的供应。

2012年，爱菊在豆制品基地延伸产品线供应豆浆，同时公司也推出了包子系列。采用全老酵发面、用豆浆和面的生产思路，配以新鲜肉类、时令蔬菜，皮薄馅大，馅含量高达50%。包子产品分为生制和熟制两种，生包子有生鲜蔬菜包、粉条大肉包、鲜肉包三种，经过熟化过程的包子有白糖豆沙包、蔬菜包、粉条大肉包、鲜肉包和地软包子，其中地软包子是陕西的特色包子，每个包子独立包装，既健康又美味，投入市场后广受好评。

2013年，爱菊开始研发扯面。贾董事长亲自带头尝试，一遍遍地和面，一遍遍地拉面。爱菊的扯面秉承传统手工工艺，融入现代工业技术，使扯面变得更加营养、方便，甚至七八岁的孩子都能扯出“陕西八大怪之一”的裤带面，让更多的80后、90后家庭走进厨房，享受面食的乐趣。再后来，又推出了速冻蒸饺、豆腐脑、年夜饭等各类主食，目前爱菊已经能够生产馒头、烤饼、糕点、面条、包子、馄饨和速冻产品等近50个小类。

经过几年的发展，爱菊在产业多元化的道路上越走越宽，形成了具有爱菊特色的系列主食产品。

3.2　产业多元化带来的挑战

尽管爱菊产业多元化发展已初具规模，各业务发展态势良好，但这一片欣欣向荣的背后还存在着让贾董事长担心的问题，即组织能力能否支撑产业多元化发展？爱菊或将面临更加严峻的挑战。

一方面，产业多元化发展对爱菊的管理模式提出了巨大挑战。多业务、多领域发展是摆在每个人面前的新课题，如何对各业务进行战略层面、财务层面、运营层面的管控，如何合理利用、分配企业资源，如何规范各项业务的管理运作，如何变革管理模式以适应组织新的发展变化，都需要爱菊的管理者进行深入思考和实践。

另一方面，产业多元化发展对爱菊各层级管理者的管理能力提出了更高的要求。爱菊的管理层大都是非管理专业出身，没有专业性、系统性的管理知识储备，即使具有极强的业务能力和丰富的管理经验，仍面临着管理知识老化、陈旧，缺乏科学的管理方法和管理工具的问题。当公司组织会议讨论爱菊战略发展问题时，大家对爱菊的发展规划感到迷茫，无法理解，更谈不上认同，归根结底还是认知水平参差不齐所致。因此，爱菊管理层的企业管理能力亟须提高。贾合义董事长也明显地感觉到，设备、技术的问题好解决，人的问题，特别是涉及转变人的管理理念、更新管理知识体系的时候，就很难解决了。虽然近些年爱菊也聘用了很多大学生，有一定的管理理论与知识，但他们没有管理实践经验，同样无法满足组织的要求。

面对这种情况，贾合义董事长召集党委、工会组织讨论会，探讨在爱菊产业多元化发展的现阶段如何提高企业组织能力建设，因为这是保障爱菊产业多元化坚实前行的重要基石。贾合义董事长与企业各位管理层人员，从硬件装备情况、专业技术水平、企业管理能力到企业人才储备，全面分析了爱菊现状，大家不约而同地发现，爱菊组织能力提升非常关键的一环就是人才培养，而这也正是爱菊目前所欠缺的。

进行组织能力建设归根结底还是要培养人才，人才是组织能力建设的核心与载体。而爱菊是一个老厂，从管理层到基层90%的员工都是厂里的子弟，学历水平都不高。全厂近700人只有60多个本科生，虽然他们在多年的工作中积累了丰富的经验，但如何拓展、更新知识体系，让他们的经验能够继续为组织的发展发光发热，是摆在爱菊面前的难题。

3.3 实施系统化培训工程

爱菊决定实施全员学习规划，搭建学习体系，明确学习内容，设计学习方式，通过全员学习的方式一步步提高人员知识体系与管理能力，进而达到提升组织能力的目的。

爱菊强调系统化的培养方式，通过实施三大工程（见图9.1），有针对性、有目的地优化人员知识体系。其一，学习对象涵盖从基层管理骨干到中高层管理人员各个层级。如果只解决中高层管理人员学习问题，基层无法理解公司各项决策的意义，那么将来就会存在执行难、不易落地的问题；如果只解决基层学习的问题，中高层缺乏管理视野与先进理念，那么公司的战略方向肯定会存在问题，所以学习对象覆盖面要广。其二，更强调学习的针对性与整体性。针对不同层级，设立相应学习目标，设置匹配的课程，从理念到知识再到方法全方位提升。

如图9.1所示，爱菊学习体系规划按照三大工程有步骤、有重点地展开。

组织能力提升

不拘一格用人才

项目	企业员工素养提升工程	企业管理能力提升工程	企业卓越管理提升工程
学习对象	基层管理者	中层管理者	高层管理者
学习目标	搭基础	提能力	拓思维
学习内容	角色转变 管理基础 职业素养	管理理念 管理能力 管理团队	战略思维 管理技能 领导能力
全过程管理	培训人员的激励式选拔		
	企业高层的深度参与		
	强调以实践为导向的知识运用		

图 9.1 爱菊学习体系规划

企业员工素养提升工程针对爱菊基层管理人员与骨干员工，以搭基础为目的，设置角色转变、管理基础、职业素养等学习内容，突破基层管理者有经验但往往无法提炼的困境。企业管理能力提升工程针对爱菊中层管理人员，他们面临的问题是，随着企业的发展，他们曾经的管理经验不足以支撑他们继续胜任各自的管理岗位。该项目旨在帮助他们在原有管理知识经验的基础上，进一步更新管理理念，梳理并构建现代企业管理知识体系，提升管理能力。企业卓越管理提升工程以提升爱菊高层管理者以及各领域带头人管理能力为核心，以他们丰富的管理经验为基础，进一步强调向外看，提升战略思维能力，辨析组织发展态势和方向，从而不断地革新管理方法。

在整个学习过程中，爱菊实行全过程管理，一方面参与学习的人员都经过个人申请、部门审查、领导审核层层筛选，都非常重视学习机会；另一方面企业领导层特别是贾合义董事长也非常关注学习进展，经常与学员们一起在课堂上听课。

3.4 组织实践导向的讨论会

除了系统地学习之外，爱菊还不定期地组织各类讨论会，对爱菊在发展过程中遇到的专业问题、技术问题、管理问题等进行讨论学习。一方面，爱菊内部经常组织各类讨论会，形成了大家互相学习、互相讨论的氛围。员工在工作中遇到实际问题，就找来相关负责人员，大家坐在一起集思广益，开展头脑风暴，做到有问题就讨论解决，真正把大家自身的知识与经验运用到了解决企业实际问题中。在解决问题的过程中，形成了相关的思路、方法，并把这些沉淀下来。另一方面，爱菊采用“请进来”的方式，定期邀请行业专家、学校教授、企业管理者到企业中参加讨论会。这些专家、教授就是爱菊的外部大脑，就是爱菊的智库，帮助爱菊解决发展中的困惑。为解决关于豆芽挑选培育的一些问题，爱菊邀请西安农林科技大学的教授、专家来到企业，与员工们一起探讨豆芽培育中要关注的各类事项。当遇到企业管理制度建设等问题时，爱菊就与西北大学经济管理学院的教授、专家们一起座谈探讨。

3.5 不拘一格用人才

在爱菊产业多元化发展的过程中，各领域都亟须有知识、有能力的人带领大家前行。参与公司学习项目的员工、管理者都得到了公司的重用与提拔，这些人既具有丰富的经验，也具备系统化的知识体系，他们走上管理岗位后，在工作中发挥能效、传递能量，以崭新的姿态带动业务发展。

熊国平是2008年欧亚学院新闻采编专业毕业的，进入爱菊后就在办公室工作。2011年他参加了“企业员工素养提升工程”，因工作表现优异，同年11月被提拔为副科。后来到贾合义董事长身边做秘书，2012年参加“企业管理能力提升工程”，又于同年年底被提拔为正科，成为爱菊最年轻的正科干部。

李恒，2008年入职爱菊财务部门，之前也是在一个粮食企业工作，刚到财务部工作不久，由于工作业绩突出，被选派参加了同期的“企业管理能力提升工程”培训班。用李恒的话说：“参加学习，让我学到了太多专业以外的管理知识，特别是团队管理，对我的帮助很大。”2009 年从培训班结业后，李恒很快被提拔为财务部部长，这对李恒来说既是一份荣耀也是一种激励，鞭策着他努力做好这份工作。

爱菊大胆起用了一批像熊国平、李恒这样的年轻人，让他们走上更加重要的管理岗位，让他们担负更加重要的责任。一方面，他们把宝贵的工作经验、学到的知识体系运用到工作中，使工作能力得到了极大的提升；另一方面，他们也把这些经验知识通过交流、工作沟通，传递给了更多的人。

多年来，爱菊一直坚持组织学习，通过三大学习工程的培养，使大家系统地认知企业管理，对企业管理中的问题建立起了统一的对话平台，对爱菊集团的发展战略与公司的各项经营决策有了充分的理解。通过不懈的努力，爱菊培养了一批批管理人员，为爱菊的未来发展打下了坚实的基础。

4　向“一带一路”国家积极拓展：以合作为载体的学习

4.1　响应“一带一路”倡议，走出国门

一直以来，爱菊都坚信主食产业化是粮食行业未来发展的趋势，从粮食的初加工到主食产业化再到产业多元化，最终产品的质量一定是取决于最初的粮油原料，而粮油原料的质量与原料种植条件（土壤、气候、种子等）息息相关。从外部环境来看，“需求方”目标明确：国家对粮食使用标准有明确规定，消费者的消费习惯及消费要求促使消费水平不断升级。“供给方”条件不足：土地集约化使用带来的耕地污染，土地碎片化、田间管理水平不一、实施轮作休耕战略造成原料种植土地稀缺，难以产出保证质量和产量的粮食原料。“竞争方”力求生机：行业竞争的规范化带来了新一轮的同质化竞争，只有差异化的高品质原料，才能既保障老百姓利益，又形成差异化优势。基于各方的要求与压力，从2010 年开始，爱菊就踏上了寻找能产出高质量原料并且符合大规模地块条件土地的道路。

爱菊先后前往国内外多个国家和地区寻找优质粮油基地，从内蒙古呼伦贝尔地区、海拉尔地区，到巴西、哈萨克斯坦、加拿大、罗马尼亚、俄罗斯

的新西伯利亚等国家和地区，经过反复调研和综合考虑，最终将哈萨克斯坦确定为新的粮油基地。哈萨克斯坦土地面积广阔，人口稀少，黑土地深达1.5米，小麦亩产80~100公斤，未检测出化肥、农药、重金属等有害物，能够满足对原料绿色、无污染、非转基因的要求，是人类农产品最后的净土之一。同时，我国“一带一路”倡议与哈萨克斯坦提出的“光明大道”计划有高度契合点。

无论是哈萨克斯坦土壤自身的条件，还是“一带一路”倡议创造的机遇，从土壤品质到外部环境，哈萨克斯坦都符合爱菊一直探寻的极佳粮油原料基地标准。从2015年爱菊进入哈萨克斯坦建立优质粮油原料基地开始，“走出去”战略让爱菊和贾合义董事长收获了无限关注与荣耀，并且获得了中哈两国多项政策及资金支持。爱菊在哈萨克斯坦共有五家分公司，由在西安的集团总部直属管理，五家公司分别为特爱公司、美奈食粮库、曙光种植公司、标准小麦出口贸易公司、新疆城建哈萨克斯坦公司。除了新疆城建哈萨克斯坦公司，其他四家企业构成了爱菊在哈萨克斯坦“种植—收购—仓储—加工—贸易”的全产业链运营模式。但最初在哈萨克斯坦农产品加工物流园区项目真正落地的时候，爱菊集团曾面临许多亟待解决的挑战。第一，哈萨克斯坦地广人稀，农产品需求量低，土地完全是天然无污染的原生态生长状态，导致土壤亩产低，而且种子未经改良，无论是产量还是口味都达不到爱菊的要求；第二，哈萨克斯坦实行耕一年休三年的农耕政策，没有足够的激励政策鼓励农民学习育种管理和田间管理，农业科学管理水平低，存在大量剩余劳动力；第三，中哈两国文化差异导致的员工管理问题对生产造成了很大影响。为了解决上述问题，爱菊相关管理人员不断在探索中寻求合作、在合作中寻求创新。

4.2 探索“产学研”合作

在爱菊进入哈萨克斯坦之前，哈萨克斯坦的农业种植完全是原生态状态，亩产低、需求小、耕一年休三年、农业科学管理水平低。为了使哈萨克斯坦的农业现状快速适应爱菊的生产需求，爱菊积极采用“产学研”形式。特爱公司从2018年底开始引入高校科研力量，与西北农林科技大学开展技术合作，邀请西北农林科技大学校长与陕西省农业厅工作人员深入北哈州产地实地考察，对选种育种、田间管理提出科学的改进建议，提升了农业种植户的农业生产技术。

同时，爱菊积极与西北农林科技大学和哈萨克斯坦国立大学合作，联合成立育种实验室。根据哈萨克斯坦土壤和气候特性，研发培育适合生长且口味达标的粮食种子，以及研究适合不同土壤类型的科学的田间管理方法，进一步提升原料产品质量。从2020年开始，在西北农林科技大学和哈萨克斯坦国立大学合作研究下，开始推广滴灌种植技术，目前收到了很好的效果。

4.3 创新“农业合作社”

爱菊原计划购买土地种植，后得知当地政策已全面禁止买卖农用土地，依照规定，爱菊只能收购当地农场主种植的小麦。种植公司的同事花了两个月的时间，带着1000份合同，跑遍了周边12个村庄的900多户人家，最终只签了几份收购合同。租地自种搁浅，订单采购受阻，使得爱菊的原料供应难以得到保障。

为了解决原料供应问题，通过当地州政府和哈萨克斯坦股东的斡旋，爱菊创新采用了“农业合作社”形式，与哈萨克斯坦20多个农场主的共计150万亩土地签订“订单农业”合作协议并预付定金，既解决了当地农产品的销路问题，又解除了农民对土地所有权的顾虑，现已成为哈萨克斯坦政府土地改革的示范案例。即由爱菊负责协议收购价，当地农场主负责种植，西北农林科技大学和哈萨克斯坦国立大学负责技术支持，由高校专家以技术指导的形式对农民进行辅导培训，教会农民根据自己的土壤酸碱度进行选种、根据天气情况选择合适的播种时间、对粮食作物的生长过程进行科学的干预，极大地提升了农民种地和实行田间管理的积极性和科学性。现在农民的农业生产水平得到了提升，小麦产量翻番，最终实现了“种子研发、种植、管理、收割、收购、存储”全产业链运营。

2019年底至2020年初，由特爱公司牵头组建了由爱菊集团、西北农林科技大学、哈萨克斯坦国立大学、哈萨克斯坦赛福林农业技术大学、当地农场主、哈粮集团共同成立的新型订单农业合作社，为订单农业的全面推行提供了组织保障。该举措不仅解决了当地农户“卖粮难”问题，同时也保障了爱菊原材料的供应。

4.4 尝试跨文化沟通与合作

2015年以来，爱菊集团走出国门，创造了中国农业“走出去”的纪录。该项目能够快速成功落地，并取得实际效果，不仅得益于高效的运作管理模式，更得益于企业秉承的合作共赢、融合发展的治企理念。在最初时期，爱菊在哈萨克斯坦园区的招聘工作并不顺利，当地很多人员对工作没有正确的认知，既没有制度观念，也缺乏工作责任感，往往在必须完成工作任务的时候，导致工作安排不下去。随着双方的相互了解以及中方人员对哈萨克斯坦文化的体悟，在管理上爱菊始终给予当地员工最大的尊重、信任和最广阔的发展平台。现在爱菊在哈萨克斯坦共有5家分公司，120多名员工，中方人员占比约10%。

在工作上，爱菊派出骨干员工，采用“师带徒”形式，现场手把手教会每一个哈萨克斯坦员工具体的操作流程，定向传授经验，帮助员工快速成长；在生活上，中方管理人员与他们同吃同住同劳动，从来没有领导和员工之分；在晋升途径上，爱菊也没有将外派人员和当地职工区别对待，相反，在更多的关键岗位上“放权”，让越来越多的当地员工走上了管理岗位，车间主任、化验员、会计师都是哈萨克斯坦人，共同治理企业更能够加速形成文化认同。“哈人治哈”模式是爱菊在“一带一路”道路上探索出的自我成长路径。

2019年，爱菊邀请五名哈萨克斯坦园区基层员工来到西安，并热情地接待了他们。这五名员工在体验中国文化、感受西安魅力的同时，更是通过在爱菊集团总部的学习培训，亲眼见证了自己经手收购的小麦和油脂是如何运抵中国，又是怎样加工成产品并最终走上百姓餐桌的。此行加深了哈萨克斯坦员工对爱菊的了解，也使他们对于自身工作的意义有了重新认知，相信经过此事，爱菊文化会更加融入哈萨克斯坦员工内心。

5 结语

企业在成长，外部环境也在不断变化，爱菊牢牢抓住了每一次商业机会，持续进行战略变革。作为企业的掌舵人，贾合义非常清楚，爱菊之所以能够把握住每一次机遇，不断地战胜挑战，其中最根本的原动力还是来源于组织学习。也许，爱菊未来还会面临更大的挑战与机遇，但只要爱菊一如既往地进行组织学习，就一定能战胜一切困难。对这一点，贾合义充满信心。

案例教学说明
AnLiJiaoXueShuoMing

一、教学目的与用途

1. 适用课程

本案例主要适用于组织行为学中的“组织学习”章节教学，也可以用于人力资源管理中“培训”章节的教学。

2. 适应对象

本案例主要为EMBA、MBA学生开发，适合具有一定管理经验的学生深入学习思考。

3. 教学目的

通过对爱菊变革与学习模式案例的分析和探讨，使学生掌握战略变革与组织学习的基本概念、模式及其特点；掌握战略变革与组织学习二者之间的动态关系，理解组织学习对于战略变革的推动作用。具体而言，教学目标涉及以下知识点：

（1）战略变革。

（2）激进式变革、渐进式变革与混合式变革。

（3）组织学习。

（4）探索式学习、利用式学习与平衡式学习。

（5）战略变革与组织学习的关系。

二、启发思考题

（1）爱菊在从面粉加工企业向主食产业化转型过程中，采取了哪种学习模式？这种学习模式是如何推动主食产业化转型的？

（2）爱菊在产业多元化转型过程中，采取了哪种学习模式？这种学习模式如何推动产业多元化的实施？

（3）爱菊在“一带一路”国家哈萨克斯坦拓展业务的过程中，采取了哪种学习模式？这种学习模式如何推动爱菊在哈萨克斯坦业务的拓展？

（4）爱菊在产业转型和业务拓展过程中，应如何认识组织学习与战略变革的关系？

三、分析思路

本案例可以从爱菊粮油董事长及公司高管的角度组织学生分析讨论，通过分组讨论和课堂集体讨论，沿着环境—变革措施及方式—组织学习策略这一实践明线以及战略变革三种模式—组织学习三种模式—战略变革与组织学习的动态关系等相关知识点这一暗线，对爱菊粮油变革与学习实践进行分析。具体看来，本案例的分析主要包括四个核心问题，可依次按照如下逻辑进行分析：

（1）依次对爱菊从面粉加工企业向主食产业化转型、产业多元化转型、在“一带一路”国家哈萨克斯坦拓展业务等三个发展阶段进行分析。

①通过引导学生分析爱菊在每个阶段所面对的外部宏观环境和竞争环境，分析战略变革的必要性。

②分析变革的目标、要素、范围、层次等，据此判断变革的类型和性质。

③分析变革中遇到的困境及其对组织能力提出的挑战和需求。

④引出组织学习的概念及其不同的模式和策略。

⑤通过讨论让学生熟悉战略变革和组织学习的概念、模式、特点，以及通过组织学习提升组织能力从而对战略变革产生的驱动作用。

（2）结合上述三个阶段对战略变革和组织学习的认识，分析爱菊在产业转型和业务拓展过程中，对组织学习与战略变革关系的认识。通过这一分析，引导学生理解战略变革与组织学习的复杂性，让学生认识到需要采用权变的观点来认识战略变革与组织学习的关系。对于不同类型的变革、不同的变革因素、变革中面对的不同挑战和威胁，需要采取不同的学习模式，对知识获取、共享和应用的机制做出相应改变，才能实现对变革的推动。

案例分析思路框架如图 9.2 所示。

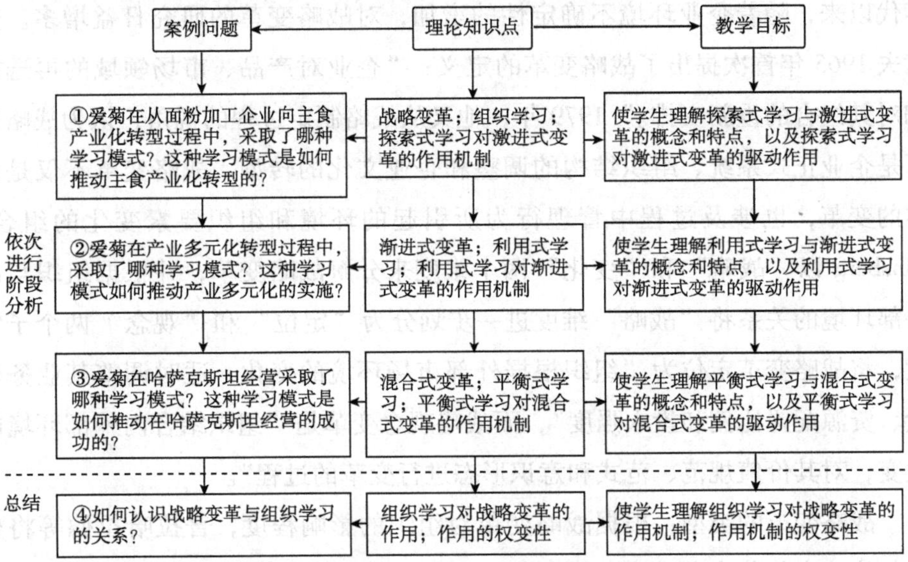

图 9.2　案例分析思路框架

四、理论基础及分析

（一）问题一：爱菊在从面粉加工企业向主食产业化转型过程中，采取了哪种学习模式？这种学习模式是如何推动主食产业化转型的？

1. 理论基础

（1）战略变革。

战略变革的定义：战略变革理论是组织变革理论的重要分支。20 世纪 80 年代以来，随着企业环境不确定性的增加，对战略变革的研究日益增多。安索夫 1965 年首次提出了战略变革的定义："企业对产品、市场领域的再选择和对其组合的重新安排。"1979 年，他又从战略制定过程的视角，认为战略变革是企业正式系统、组织结构的调整和企业文化的转型。战略变革不仅是内容的变革，也涉及过程中管理行为所引起的环境和组织要素变化的组合。Ginsberg 以"战略"和"变化"两个维度来分解战略变革，并根据组织与内外部环境的关系将"战略"维度进一步划分为"定位"和"观念"两个子维度，将战略变革定位为"组织根据外部市场环境的变化，适时调整其业务数量、资源配置比例和投入强度"，而战略观念变革是"组织结合内外部环境的改变，对其价值规范、范式和意识形态进行变革的过程"。

战略变革的类型：根据战略变革对组织的影响程度，普拉哈拉德等将企业的战略变革分为激进式变革和渐进式变革两种，Henderson 又提出了介于二者之间的混合式变革。其中，渐进式变革是逐步对企业战略进行修正和改进的变革方式，力求通过小幅度的局部调整而使企业保持持续稳定状态。激进式变革又称革命式变革，是一种彻底的战略调整方式，是从企业内部挖掘变革动因，并迅速在企业范围内进行全面调整的变革方式，会促进企业整体发生重大变化。混合式变革指企业在战略变革的不同阶段和不同部门，根据实际情况，灵活采用变革方式解决企业存在的问题。

（2）激进式变革。

激进式变革是一种能够以较快的速度达到目标状态的变革方式。这种变革对组织进行的调整是大幅度的、全面的，并且变革过程非常快，有助于企业对于市场等外部环境的变化迅速做出反应，并有可能使企业在经济上发生很大的转变。变革的全面强势推行有利于阻力的迅速克服，有可能使企业很快适应新的形势需要。但是，也很容易造成企业的地震式动荡，带来较大的恐慌和混乱。

激进式变革的特点：①激进式变革的影响层面具有全面性。②激进式变革的目的在于增加组织面对环境的生存与发展机会，根源在于寻找经验间差异的创造性思维。③激进式变革会使组织的平稳性变差，严重的时候会导致组织崩溃。④激进式变革的关键是建立新的吸引点，如新的经营目标、新的市场定位、新的激励约束机制等。⑤成功的激进式变革有几个重要特点：鼓励创新、自下而上；领导支持、无处不在；深入沟通、持续交流；提高技能、改变行为；订立标准、评估进展。

激进式变革的方法：激进式变革以 E 理论为指导，即以经济价值的创造、实现股东价值为目的，其关注点在于正式的组织结构和体系，它的实施主要受高层经理的推动，这些经理可以从咨询顾问那里获得广泛帮助以及物质方面的激励。变革的目的在于实现经济价值的最大化，很多时候，市场是商业领导进行权衡的最佳仲裁者；领导通常以自上而下的方式管理变革，不会与员工讨论并得出一致的目标和方法；关注组织战略、结构和系统的变革，就是关注组织的硬件，即通过自上而下的形式立即改变这些要素而迅速获得财务收益，变革的推行需要有合理谨慎安排顺序的变革计划以促进内部沟通，并增强外界对公司的信心，依赖经济激励和知识驱动来激发变革的推行。

（3）组织学习及其两种学习模式。

组织学习是指一个组织通过学习行为适应环境的变化。当企业面临内部和外部环境变化时，可以通过观察、评估环境刺激带来的变化，通过学习、获取、创造和分享来重组企业的知识并在成员之间进行知识分配、修正企业的策略与方法。组织学习对于企业成长的重要性不言而喻。企业可以通过持续的组织学习提高效力和效率。组织学习是企业可持续竞争力的主要来源，也是企业绩效的重要驱动因素之一。

March 通过分析组织对环境的适应关系，提出组织学习存在探索式学习和利用式学习两种模式。探索式学习旨在探索和试验新的技术或创业机会。这种非常规化的学习方式能够改变公司的常规运行方案和尝试运行新的替代方案。利用式学习旨在改进和扩展现有的技术或能力。它的特点是程序化学习，在不改变企业活动性质的前提下，增加企业现有的知识和能力。两种学习方式相比，探索式学习具有更多的试验性、长期性和高度不确定性的特点。通常情况下，两种学习方式在应用情境中应保持平衡。

(4) 探索式学习及其对战略变革的作用机制。

探索式学习是指组织积极主动地创造新知识、寻找新规则和发现新策略，包括搜索、试验或创新。探索式学习具有搜索、发现、试验、创新和承担风险等特征，本质上是对不同于企业现有知识基础的新颖知识的追求与获取。探索式学习往往涉及对新技术和新商业机会的搜寻以及对新方案的试验，通过向现有知识库加入新颖的异质性知识和提高整合搜索能力，可以正向影响企业的新产品开发，而且可能孕育出一些对行业具有重大影响的创新。这些创新旨在帮助企业推出全新产品、创造全新市场或重塑现有市场以及满足尚未知晓的顾客需求。

March 认为，当组织进入新的市场环境或所处的行业发生重大技术变革，组织已有的知识和技术日益陈旧时，就需要采用探索式学习帮助自身识别环境变化中的机会和威胁，增强组织的灵活性和创新性。探索式学习通过搜索多渠道信息，比如积极主动与供应商以及顾客交流，了解目标市场需求的改变，关注竞争者的产品信息，重新调整和整合组织知识和管理者心智模式以及组织观念，尝试各种行动方案。通过新知识的吸收，对既有的解决方案、产品或服务以及工作流程进行变革。

2. 案例分析

(1) 爱菊粮油向主食产业化转型的战略变革性质。

首先，爱菊向主食产业化的转型，属于战略变革。按照安索夫关于战略变革的定义，爱菊从粮油加工向主食产业化的发展，是“对产品、市场领域的再选择和对其组合的重新安排”；在这一转型过程中，企业的技术系统、组织结构和文化都逐步发生了调整。

其次，爱菊向主食产业化的转型，属于激进式的战略变革。①向主食产业化的转型，是爱菊面对政府所提出的"放心馒头"工程以及主食餐饮市场上产品质量的良莠不齐这一外部环境所做出的反应和调整；②这一反应和调整的决策是迅速的，且由高层直接领导和推动，是一场自上而下的变革；③这一变革，涉及企业的产品、技术、市场、人员等组织内部各种要素的全方位调整和整合，对企业的影响是全面的、彻底的；④变革过程中强调创新、尝试，承受了失败和风险；⑤有一系列明确的变革计划，从模仿学习到技术创新、组织调整再到市场创新，有明确的变革路径和程序。

（2）战略变革中的组织学习模式。

在这一战略转型变革过程中，爱菊采取了探索式学习模式。

首先，爱菊向主食产业化的转型，是进入到一个全新的产品、产业、市场领域，企业内部并不具备主食生产和营销的任何经验和知识。因此，这一阶段，爱菊粮油对知识的获取和创造本质上是对不同于企业现有知识基础的新颖知识的追求与获取。

其次，爱菊的学习过程，涉及两个方面：

①涉及对新商业机会的搜寻和尝试。有规模的企业进行主食生产，尤其是馒头生产，尽管不是新产品，但却是一个新的商业模式。这种模式，对于爱菊来说，不仅技术上有压力，在市场上还要面对手工作坊的竞争压力，也要面对人们传统生活方式的压力。因此，爱菊通过对国内外主食生产的调查、研究，将馒头生产工业化，以工业化手段来实现手工化的味道，并将其作为新的产品和市场定位，这对于爱菊自身来说是一种创新，对于大量以手工方式生产馒头的行业来说也是一种创新。

②涉及对新技术的搜寻和尝试。馒头生产是一个非常传统的行业，以手工生产为主，而工业化生产方式在技术和设备上都是空白。爱菊通过引进面包生产设备，经过多次尝试，才最终将面包生产线改装成馒头生产线，从而实现了馒头生产的技术创新。

最后，爱菊学习模式包括搜索、变化、风险承担、试验、灵活性、开发或创新等行为过程，其特点是具有高度的试验性和不确定性。

(3) 爱菊探索式学习对主食产业化转型的作用机制。

一方面是新知识获取：爱菊采用探索式学习，主动通过与政府、顾客、行业的多渠道沟通，获得关于主食产业化的相关商业知识和认知，从而准确判断外部环境中蕴含的机会和威胁，为实施主食产业化这一激进式变革提供决策基础。

另一方面是新知识创造：爱菊采用探索式学习，通过主动引进和吸收外部知识，并在此基础上探索和尝试各种行动方案，创造了主食产业化在技术、市场等各方面的知识，为企业向主食产业化转型提供了知识、解决方案以及相应工作流程。

(二) 问题二：爱菊在产业多元化转型过程中，采取了哪种学习模式？这种学习模式如何推动产业多元化的实施？

1. 理论基础

(1) 渐进式变革。

渐进式变革的定义：以奎因为代表的渐进式变革学派认为，战略变革是由企业主动发起的缓慢的变革过程，是企业进行战略变革的基本方式。这种变革会在一定时间内对企业内部的部分构成要素进行调整，这种调整是一系列持续而柔和的改进，变革的速度和节奏缓慢，并且各种改进不会破坏企业已有的平衡局面，但容易产生路径依赖，有可能导致企业组织在一定时间内依旧不能摆脱旧机制的束缚。通过渐进式变革，企业的部分组织要素会在某段时间里，以一种渐进和分离的方式解决某个问题或实现某些目标，并通过较长时间的持续努力实现预期的变革目标。

渐进式变革的方式：渐进式变革往往与 O 理论联系在一起。O 理论认为，变革的目的是培养组织能力，特别是培养员工的能力。目标在于建立一个工作体系，使员工能在感情上全心地投入到提高公司业绩的过程中。变革的特征是员工的高度参与和合作。参与是建立公司员工合作、信任、承诺的核心。变革的关注点是企业文化、价值体系和员工行为。O 理论的变革方式是通过文化变革长期构建的信仰体系和价值观赋予组织结构及其体系存在的合理性。O理论指导下的变革没有明确的变革计划，是一种自发的、自下而上的变革过程和程序，通过局部的尝试调整而不断进行变革。管理层的动员是员工参与公司问题解决的根本激励，金钱激励仅是辅助的手段。

（2）利用式学习。

利用式学习是指对已知事物的运用和发展，与效率提高、改进、逐步发展现有知识和技能以及专注于当前日常任务等活动相关。利用式学习包含了提炼、选择、生产、效率、持续改进、实施和执行等活动，本质上是企业对已有知识的开发与利用。利用式学习往往涉及对现有技术、惯例和能力的投资，以及当前产品、渠道和顾客相关能力的优化和利用。利用式学习包括知识的提炼、选择、执行以及对知识库中存储的知识进行再利用等行为，即将原有的方法运用到管理实践中，并力图在实践中对现有的知识进行改进，提高方案的实施效率并最终实现组织的短期绩效的提升。这种学习模式的特点是“利用和开发已拥有的知识”。

利用式学习对战略变革的作用机制：利用式学习通过对组织已有知识进行“提炼、选择和执行”，强调对组织已有知识的再利用。组织通过利用式学习，可以更好地挖掘目标市场的需要，对组织已有的知识技能和产品设计进行提炼和实施，以此为基础，调整组织内部资源配置和组织观念，改进既有的产品和服务，并对市场进行再定位。尽管有学者认为这种利用式学习作为一种有目标的搜索方式，具有注重聚焦、避免变化的特征，可能会得出利用式学习阻碍战略变革的结论，但从实践角度来看，采用利用式学习的组织往往通过选择被证明有效的经验和方案，在实践中持续改进和完善既有的知识，实现了组织学习曲线的稳步提升，并在这个过程中，有效促进了组织的渐进式战略变革。

2. 案例分析

（1）爱菊粮油产业多元化发展的战略变革性质。

首先，爱菊向产业多元化发展，属于战略变革。按照安索夫关于战略变革的定义，爱菊从主食产业化向产业多元化发展，产品从面类主食逐渐拓展到豆类、谷物类主食，产品系列增加，产品类型拓宽，是“对产品、市场领域的再选择和对其组合的重新安排”；在这一转型过程中，企业的技术系统、组织结构和文化都逐步发生了调整。

其次，爱菊向产业多元化的发展转型，属于渐进式的战略变革。①从主食产业化向产业多元化的转型，是爱菊面对政府所提出的“放心豆制品”工程以及消费者群体不断改变的生活方式这些外部环境所做出的反应和调整，但是这种反应和调整是一种相机决策；②这一反应和调整是一系列连续的逐步的调整过程，是业务发展在主食产业化基础上的优化和拓展，是一场由员工普遍参与的自下而上的变革；③这一变革过程，主要以各级管理层管理能力的提升和企业价值观调整为核心，然后逐步带动企业产品、市场和业务范围的拓展和优化；④变革过程强调对过去主食产业化及其经验和成果的巩固，强调这一成果在新的业务层面的能力复制和利用；⑤由于这一变革决策的相机决策性，变革过程会有一定的随机性，没有明确的路径。

（2）战略变革中的组织学习模式。

这一战略转型变革过程中，爱菊采取了利用式学习模式。

首先，爱菊从主食产业化向产业多元化的转型，并非进入到一个全新的产品、产业、市场领域，而是进入到多个不同的主食产业领域，各多元产业都属于主食产业相关领域，是对爱菊已获取、创造和积累的特有知识与经验在相关业务领域的重复利用或者开发式利用。因此，这一阶段，爱菊学习的本质是“利用和开发已拥有的知识”，是一种利用式学习。

其次，这一阶段，爱菊的组织学习，主要涵盖现有人员能力的投资，尤其是管理层能力的培养开发。这一能力投资过程涉及对已有知识的提炼、选择和实施：

①通过系统化的知识学习，将管理层已有知识和经验系统化，有助于对已有的经验和知识进行萃取和提炼。管理层在主食产业化战略转型过程中，积累了一定的技术、市场和管理知识与经验，这些知识与经验是在实践中摸索出来的，体现在个人和组织中是隐性的、非系统的、碎片化的。在系统化的框架式学习过程中，爱菊通过提升管理层认知能力和知识范围，有助于将

组织中隐性的知识显性化、非系统的知识系统化、碎片化的知识体系化。

②通过有组织的讨论会，将系统化的知识学习与爱菊实践相结合，是对已有经验和知识的选择。理论与实践相结合，有助于从理性的角度认识实践问题，在爱菊已形成的知识储备库中寻找更有效率的解决方案，提升业务的实施效率。

③业务扩张中对人才的培养和提拔使用，是爱菊对已有知识和经验的“实施和执行”。爱菊以主食产业化为基础，实施产业多元化的扩张。人才的培养和提拔使用，作为组织知识的载体和传递渠道，将使主食产业化的知识和经验能够被有效地用于新开拓的相关产业中。

最后，爱菊的利用式学习模式包括了提炼、选择、生产、持续改进、实施和执行等活动过程，其目标在于对主食产业化过程中所积累的知识的再利用和再开发，特点是通过人才的能力培养来提升组织能力。

（3）爱菊利用式学习对产业多元化转型的作用机制。

第一，知识的再开发机制。爱菊通过利用式学习的知识再开发机制，对主食产业化阶段已有的知识技能和产品设计进行提炼和萃取，在实践中持续改进和完善既有知识，并形成了爱菊知识库，为组织能力的形成提供了知识储备。

第二，知识的再利用机制。爱菊通过利用式学习的知识再利用机制，将爱菊知识库中的知识充分有效地用于新的产业和竞争场景下，持续调整组织内部资源配置和组织观念，持续改进和提高既有的产品和服务，持续对市场进行再定位，以适应外部环境的变化，使组织能力在知识应用中得以形成和发挥，为产业多元化的实施提供了有效的组织能力基础。

第三，人才培养的知识传递机制。爱菊通过利用式学习，以人才培养为载体，充分利用人才培养过程中的知识传递机制，以人员能力提升为基础，以人才使用为通道，实现了从爱菊经验到爱菊知识的提炼，爱菊知识在新场景下的补充、完善和再开发以及爱菊知识在新场景下的再利用，从而为产业多元化的推行和实施提供了人才基础和更为广泛的价值观基础。

（三）问题三：爱菊在“一带一路”国家哈萨克斯坦拓展业务的过程中，采取了哪种学习模式？这种学习模式如何推动爱菊在哈萨克斯坦业务的拓展？

1. 理论基础

（1）混合式变革。

混合式变革的定义：就是在战略变革的不同阶段和不同部门，根据实际情况，灵活地采用或渐进或激进的变革方式。它是企业在进行变革时根据变革阶段、企业环境状态、组织结构的不同，因时因地灵活解决企业存在的问题的方法，是一种权变的战略变革实施方法。

混合式变革的实施方式：需要结合 O 理论和 E 理论，是一种既能迅速提高经济价值，又能培养组织能力的好方法，需要足够的毅力、技能和智慧。一种方式是可以依次实施 E 变革和 O 变革，先实施以经济价值为导向的 E 变革，然后通过实施 O 变革来缓解剧烈变革所带来的痛苦，重建公司和员工之间的信任和承诺。另一种方式是整合 E 理论和 O 理论。变革的目标在于同时关注经济价值的实现和组织能力的培养；变革的方式是强调自上而下，但也鼓励参与；关注组织结构和组织文化的共同变革。变革过程强调计划和程序，但也鼓励自发式的变革；对于变革的激励，金钱是一种辅助型的手段。

（2）平衡式学习：探索式学习与利用式学习的平衡。

平衡式学习是指组织中的利用式与探索式学习处于某种均衡、协调、匹配状态下的学习模式，本质上是两种学习之间的平衡模式。关于利用式与探索式学习的平衡问题，学术界主要有两种观点：①对立平衡观。该观点认为利用式与探索式学习是一个连续体的对立两端，其原因有三：一是这两种学习会相互竞争企业内部的稀缺资源；二是这两种学习均具有自增强和路径依赖特性；三是这两种学习都需要不同的组织规则与机制，这使得它们具有难以调和的矛盾。支持该观点的研究隐含着一个前提，即其分析对象局限于单独的领域（个体或子系统）以及其资源是稀缺的，此时“间断平衡”是平衡利用式与探索式学习的有效机制。②互补匹配观。该观点认为利用式与探索式学习具有正交效应，隐含的前提是其分析对象包括不同的或多个松散的耦合单元，此时组织“双元性”是平衡这两类学习的有效机制。综合来看，组织可以通过外部资源获取、双元组织建设、空间分离（不同部门）、时间分离（不同阶段）、业务分离（不同业务领域）等途径，来获得利用式与探索式学习的平衡。在开放式创新背景下，企业除了利用自身内部资源外，还可从外部获取相应有价值的资源来支撑创新和发展。资源稀缺对这两种学习平衡的制约因素正在逐步减弱。此外，在组织层面上，组织可以较容易地实现双元性平衡与间断性平衡。换言之，在组织中会同时存在对立平衡和互补匹配。

（3）平衡式学习对战略变革的作用机制。

March 曾经提出，探索式学习和利用式学习的适度平衡是组织生存和繁荣的关键。从企业内部来看，组织通过探索式学习获得新知识和新信息，需要利用式学习加以消化吸收，实现资料的提炼和能力的改善；同时，组织通过利用式学习获得的知识和能力基础又来源于探索式学习的不断注入和丰富，二者通过互动以激发各自的效用。从企业所处的动态变化环境来看，企业要想持续稳定地发展，一方面需要不断探索新知识以适应环境变化，另一方面又要充分利用已有知识以确保当前的效益。也就是说，组织要开展不确定性较少的利用式学习，以确保组织目前的生存，但是这种渐进式改进现有产品和满足当前顾客需求的战略变革，不足以抵御激烈的竞争压力。为了获得长期利益，组织还需要开展探索式学习，在捕捉新市场或顾客新需求方面持续变革。由此看来，组织只有做到两种学习模式的平衡协调，才能实现组织持久的生存和发展。

然而，两种学习模式会争夺竞争组织内部的有限资源，形成一种矛盾或张力。而且，实践中的企业极少能够兼顾探索式学习和利用式学习，两者之间的关系难以协调。尽管学者们对于探索式学习和利用式学习能否实现平衡存在争论，但是对于两者的平衡有助于促进战略变革，大体上得出了一致的结论。探索式学习和利用式学习对于战略变革来说都是十分重要的，因为这两种学习模式可以从不同的方面促进组织战略变革。战略变革的实现不仅需要组织利用已有的知识，提升组织核心能力，而且需要组织不断探索新知识，以识别环境和市场的变化。所以，组织需要从整体上对二者的关系进行协调，才能够促进战略变革的实施。

2. 案例分析

（1）爱菊粮油在哈萨克斯坦拓展业务的战略变革性质。

首先，爱菊在哈萨克斯坦拓展业务，属于战略变革。按照安索夫关于战略变革的定义，爱菊在哈萨克斯坦拓展业务的过程中，其原材料区域、产品种类、市场定位、企业经营模式各方面都发生了或多或少的变化，因此是“对产品、市场领域的再选择和对其组合的重新安排”；在这一转型过程中，企业的技术系统、组织结构和文化也陆续发生了调整。

其次，爱菊在哈萨克斯坦的转型，属于混合式的战略变革。向哈萨克斯坦拓展业务，是爱菊对粮食行业优质粮油原材料的竞争和需求，以及国家“一带一路”倡议等外部环境所做出的反应和调整。

这一战略变革是结合了激进与渐进特征的混合式变革。从业务区域拓展和组织结构调整的角度来看，这一变革是激进式的变革；从业务的性质和文化的调整来看，这一变革是渐进式的变革。

一方面，从业务区域拓展和组织结构调整角度来看，爱菊从省内经营突然拓展到国外，进行粮食种植、贸易和加工，收购粮站，并在新疆和哈萨克斯坦成立了一系列子公司，独立经营哈萨克斯坦业务。这一反应和调整的决策是迅速的，且由高层直接领导和推动，是一场自上而下的变革，涉及企业的产品、技术、市场、人员等组织内部各种要素的全方位调整和整合，有明确的变革计划和路径，对企业的影响是全面的、彻底的，是一次全新的海外经营尝试，有一定的海外经营风险，带有明显的激进式改革特征。

另一方面，从业务性质和文化调整角度来看，爱菊在哈萨克斯坦开展粮食种植、贮存、贸易、加工等业务，与国内所开展的业务性质是一样的，但是所面对的政策环境、社区、文化、人员等制度和社会环境却完全不同。因此，适应所处国家的制度和社会文化环境，并在适应过程中调整和优化爱菊的组织文化，成为变革的关键点。这一文化优化过程是逐步熟悉、适应和调整的过程，是高层、管理者和企业员工共同参与的过程，是一场自下而上的变革，涉及的核心要素是哈萨克斯坦子公司的员工以及爱菊外派管理人员，是局部要素的调整和整合；变革过程中没有明确的计划和路径，是一个边摸索边尝试边调整的过程，带有明显的渐进式改革特征。

这一变革，结合了O理论和E理论的权变的变革方式。在寻找和利用业务机会上，为了快速获得外部机会所提供的最大经济利益，在业务推进、产品优化和组织结构调整上采取了激进式变革，强调的是速度和经济利益；在适应新的外部制度和文化社会环境的过程中，则以培养爱菊长期的海外经营和跨文化管理能力为目标，因此在价值观整合、文化调整、人员培养等方面采取了渐进式变革，强调的是组织能力的培育。正是这种权变的因势利导、因时所需的变革方式，才促成了这一变革的成功推行。

（2）战略变革中的组织学习模式。

在这一战略转型变革过程中，爱菊采取了结合探索式学习和利用式学习特点的平衡式学习模式。

首先，爱菊具有采取探索式学习和利用式学习的双重动机。一方面，爱菊进入一个全新的区域，面对的是全新的制度和社会文化环境要求以及全新的业务需求。海外制度和文化适应，贸易与报关等知识的学习，对爱菊来说，都没有任何积累和经验。爱菊具有强烈的快速从外部获取相关新知识和经验的探索式学习动机。另一方面，爱菊在新的区域所开展的业务与国内业务性质相同。因此，降低海外经营风险的一个途径，就是能够快速地将原来积累的行业知识和经验用在新的经营区域，即爱菊具有快速高效利用原有知识和经验的利用式学习动机。

其次，爱菊的平衡式学习，主要采取合作的学习途径。

①技术合作机制。与当地的大学和技术机构进行合作。一方面，获得关于当地土壤、耕种和农作物技术标准等方面的相关新知识，这是一种探索式学习；另一方面，是对爱菊在耕种技术方面所具有知识的再开发和再利用。爱菊具有耕种技术的长期积累和储备，但这些知识在新的土壤条件下只有经过再开发才能得到有效使用。因此，这种技术合作模式，也是一种利用式学习。

②社区合作机制。涉及与农民和农场主的合作以及与所在社区的友好关系构建。在合作中，一方面，通过探索式学习，获得本土相关的制度、文化和价值观知识；另一方面，通过利用式学习，将爱菊特有的农作物耕种技术传授给当地的农场主和农民，提高其土地利用和耕作水平。

③员工合作机制。在员工聘用方面采取了本土化策略。一方面，积极利用本土员工的本地化知识，来面对在海外经营中出现的政府关系、贸易报关、政策法务处理、跨文化管理等新的难题，这是一种探索式学习；另一方面，随着经营和员工队伍的逐步稳定，利用爱菊已有的技能、知识和价值观，强化对本地员工的技能培训、管理和工作价值观输出，提升员工的工作效率，强化文化和队伍的融合，这是一种利用式学习。

最后，爱菊对探索式学习和利用式学习进行了有机融合，其重点是二者间的平衡。一方面，两种学习模式统一在“合作”这一学习载体和机制中；另一方面，两种学习模式在不同的合作机制中实现了互补。

（3）平衡式学习对爱菊跨国经营战略的作用机制。

一方面，平衡式学习的两种学习模式，分别是通过新知识获取机制和旧知识利用机制，增加知识储备，提升组织能力。一是通过新知识获取和创造，提高了爱菊对新的制度与社会文化环境的适应和管理能力，化解了跨国经营中的各种冲突；二是通过知识利用，强化了爱菊组织能力在哈萨克斯坦业务板块的复制，降低了跨国经营的风险。

另一方面，平衡式学习的两种学习模式可以相互补充，促进组织能力的扩张。一是爱菊通过探索式学习，补充和丰富了爱菊知识储备和知识库，强化了爱菊的知识利用能力，有助于化解在知识利用过程中遇到的冲突和矛盾；二是爱菊通过利用式学习，使其特有的知识和经验快速向跨国子公司复制，强化其知识和能力基础，从而提升其知识吸收和消化能力，有助于理解和吸收知识探索过程中所获取的新知识，从而更有效地为跨国经营中所遇到的新问题提供解决方案。

（四）问题四：爱菊在产业转型和业务拓展过程中，应如何认识组织学习与战略变革的关系？

通过对爱菊三个阶段战略变革类型和组织学习过程的深入分析，我们发现：

第一，组织学习对战略变革具有不可忽视的推动作用。随着环境动态性和复杂性的升级，企业组织需要不断进行战略变革才能在竞争中取胜，因此通过组织学习来改进变革效果成为推进战略变革的一个重要途径。在战略变革过程中，通过组织学习，不断演化，对组织惯例、组织结构、管理者心智模式和企业文化产生影响，并使组织的知识积累与共享能力得到提高，改变战略定位和观念的幅度和模式，最终对战略变革产生影响。

第二，根据变革的类型不同，组织所采取的学习模式也是不同的。在激进式变革中，组织学习主要体现为在企业家个体层次上的探索式学习，并通过新知识的获取和创造来实现组织能力的提升，推进变革；在渐进式变革中，组织学习主要体现为管理层与员工群体层次上的利用式学习，并通过知识的再开发和再利用，以管理层和员工为载体，实现知识的传递和复制，从而实现组织能力提升，推进变革；在混合式变革中，组织学习表现为企业内部各个层面交互和影响的组织整体学习，通过探索式学习和利用式学习相互平衡以及相互补充实现组织能力的扩张和提升，推进变革。战略变革与组织学习的关系如表 9.1 所示。

表 9.1　战略变革与组织学习的关系

变革类型	学习模式	学习层次	组织学习的作用机制
激进式变革	探索式学习	企业家个体学习	新知识获取机制 新知识创造机制
渐进式变革	利用式学习	管理层与员工的群体学习	知识再开发机制 知识再利用机制 知识传递机制
混合式变革	平衡式学习	企业内部交互的组织学习	知识平衡互补机制

第三，需要采用权变的观点来认识战略变革与组织学习的关系。对于不

同类型的变革、不同的变革因素以及变革中面对的不同挑战和威胁，需要采取不同的学习模式，知识获取、共享和应用的机制也要相应变化，这样才能实现对变革的推动。

五、背景信息

爱菊集团发展大事记（详见附件一）。

六、关键要点

（1）在案例分析中，关键是要识别战略变革的不同模式划分，理解激进式变革与渐进式变革在变革特点以及实施方式上的差异和区别；理解混合式变革模式的权变特征。

（2）在案例分析中，要深入理解组织学习的不同模式和类型，理解探索式学习和利用式学习的差异，尤其是二者在知识获取和应用过程中的差异；理解由探索式学习和利用式学习互补形成的平衡式学习的独特性和复杂性。

（3）通过案例分析，深入理解组织学习对战略变革的推动作用，联系二者的中介机制是组织能力的提升；理解组织学习的方式和策略需要随着战略变革类型的变化而变化。

七、建议课堂计划

本案例可以作为专门的案例讨论课来进行，如下是按照时间进度提供的课堂计划建议。整个案例可分为两个课时，共 90 ~ 100 分钟。

1. 课前计划

提前发放案例，提出启发思考问题，学生据此熟悉案例内容并进行初步思考。

2. 课中计划

课中计划包括教师开场白、案例分组讨论、教师提问与学生回答以及教师点评等环节。

（1）教师开场白：5~10分钟，带领学生回顾案例，明确主题。

（2）小组讨论：15~20分钟，组织学生分组讨论启发思考题，特别要引出组织学习和战略变革的不同模式及其相互关系，理解案例内容和基本知识点。

（3）集体讨论：50~60分钟，由教师按照案例分析思路，结合板书设计，逐步引导学生在回答问题的过程中，完成案例分析和相关知识点引入。

（4）教师总结：5分钟，对知识点进行梳理与案例总结。

（5）问答：5分钟，回答学生的一些额外问题。

附件一　爱菊集团发展大事记

1934 年，河南投资人投资河南信丰银号破产，成立兴记信昌银号，计划资金转投西北发展机制面粉业。

1934 年，投资 30 万银圆，成立西安华丰面粉有限公司。

1936 年 2 月，因西安华丰面粉公司与上海兴记华丰面粉公司重名，故改名为西安华峰面粉有限公司。

1936—1938 年，华峰面粉公司积极支持抗战事业，每月生产军粮 20 天，民粉 10 天，面粉产量比投产时提高 78%。

1937—1938 年，企业先后成立“华峰抗日工会”“华峰抗日救国会”等爱国组织，积极声援抗战。

1949 年 5 月 20 日，西安解放，胡宗南军队临逃时进厂破坏生产，企业护厂队积极护救，确保了主体设施未受较大破坏。

1949 年 12 月，在党和政府的关心下，华峰面粉公司恢复生产。

1950 年，华峰面粉公司走上正轨，年获纯利 4.2 万元。

1950 年，公司推广“前路出粉法”，试制成功“八八粉”，普通粉小时产量增加到 174 袋。

1955 年，华峰面粉公司正式由私营变为公私合营，归地方工业局领导。

1956 年，华峰面粉公司划归粮食局管理，并改企业性质为国营。

1966 年，经西安市粮食局批准，华峰面粉公司正式更名为西安市群众面粉厂。

1998 年 10 月，企业在陕西省、西安市粮食系统首家改制为股份制企业。

2008 年，企业在西安市工商管理局注册成立西安爱菊粮油工业集团。

2015 年，爱菊集团开始进入哈萨克斯坦建立优质粮油原料基地，响应国家“一带一路”倡议。

2016 年，爱菊在哈萨克斯坦北哈州建立农产品物流加工园区。

2016 年 3 月，首批 2000 吨进口油脂，搭乘“长安号”国际货运班列首单回国抵达西安港。

2016 年 7 月，首趟爱菊哈萨克斯坦进口面粉专列抵达西安。

2017 年，爱菊在新疆阿拉山口建设农产品物流加工园区。

2019 年，爱菊集团与哈萨克斯坦曙光公司签订《“订单农业”合作协议》，实现了种子研发、种植、管理、收割、收购、存储全产业链运营。

附件二　爱菊股权改革大事记

1934 年，河南投资人投资河南信丰银号破产，成立兴记信昌银号，计划资金转投西北发展机制面粉业。

1935 年，投资 30 万银圆，成立西安华丰面粉有限公司。

1955 年，华峰面粉公司正式由私营变为公私合营，归地方工业局领导。

1956 年，华峰面粉公司划归粮食局管理，并改企业性质为国营。

1998 年 10 月，企业在陕西省、西安市粮食系统首家改制为股份制企业，召开首次股东大会，通过股份合作制企业章程。以无记名投票方式选举产生了 91 名股东代表，7 名董事会成员，5 名监事会成员。成立了第一届董事会、监事会，选举了董事长、监事会主席。董事会聘任了厂长、副厂长和三总师，聘任了中层管理人员。

2001 年，实施换届选举工作，召开全体股东大会，选举产生了第二届股东代表 78 人，选举董事、监事，成立了第二届董事会、监事会，讨论审议了修改《企业章程》的报告。对董事、监事、厂业务骨干及有关人员进行了一定数额的扩股。

2005 年，召开全厂股东大会和二届九次股东代表大会，认真总结 12 年来（1993—2005 年）企业改革发展历程，确定新的改革思路，统一思想、坚定发展信心。

2006 年，召开第三届股东大会，按照《企业章程》进行了换届选举工作，选出新一届股东代表 114 人，成立换届改选领导小组及候选人资格审查委员会。选举产生了新一届董事会、监事会、管理层。

2008 年，召开爱菊粮油集团成立及股东代表大会，选举产生 18 名出资人代表，代表全体股东利益。当选的出资人代表为集团的董事会、监事会成员候选人，并通过选举产生了新一届董事会、监事会。

附件三　员工持股计划的几种典型模式

（一）经理层融资收购：四通模式

四通集团是目前最大的民营高科技企业之一，也是中国最早的民营高科技企业之一，一直被产权问题困扰。1984 年 5 月 6 日，中国科学院 7 名科技人员向北京市海淀区四季青乡借款万元，并挂靠四季青乡下海创办了“四通新技术开发有限公司”。虽然注册为“集体所有制”，但四通创业者一直恪守“自筹资金，自由组合，自主经营，自负盈亏”的原则，对内对外都不厌其烦地强调自己是“民办企业”，无上级主管，以区别于“官办集体企业”。对挂靠单位四季青乡，四通也非常谨慎。万元借款，3 个月以后四季青乡要求归还，四通就归还了。为了回报其“其他方面的支持”，四通还每年分给它 5 万元利润，分了很多年。也正因为这一点，四季青乡后来也要求过股权，但因法律上站不住脚，“摘帽子”对四通来说易如反掌。随着公司经营业务的不断扩展，四通集团的资产规模已达 4 亿元，拥有 58 家公司，但由于公司经营人员包括当初创业人员的变化，公司产权却越来越模糊。产权主体虚置，不仅使公司海外融资困难，更重要的是公司缺乏有效的监督机制，造成投资项目广种薄收、人才流失严重等一系列问题。为了解决这一问题，四通最终决定引进 MBO 方式，即经理层利用借债所融资本杠杆收购自己所服务公司的部分股份，使管理层能够以所有者和经营者合一的身份主导重组公司。

具体做法是，先由公司管理层和内部职工成立职工持股会，然后分别由原四通集团和职工持股会以及外部股权投资人出资成立“北京四通投资有限公司”，其中原四通集团和职工持股会分别出资 4900 万元和 500 万元。通过北京四通投资有限公司购买在香港上市的香港四通以及原四通集团系统集成、信息家电、软件开发等资产，达到以清晰的增量调动模糊的存量的目的。

总之，四通改制模式就是在我国现行的政策法律框架下，引进 MBO 方式，同时进行四通的产权重组、业务重组和机制重组，通过产权清晰的新四通收购原四通的资产，调动模式的存量，不仅解决了产权混乱的问题，同时还结合员工的持股，调动了员工的积极性，增强了企业的凝聚力。四通的改制成功，为我国众多被产权所困的民营企业通过员工持股解决产权问题探索出了一条路子。通过设立职工持股会，推行职工持股，建立新的产权主体，明晰了企业产权，并通过业务重组为公司未来发展搭建了新的组织平台。四通模式的顺利实施，需要有一个完善的企业家市场，通过企业家市场定位确定给谁股份，给多少股份。还需要金融法规的配套支持，企业家很难一下子拿出那么多钱认购规定的股份，因而企业推行 MBO 离不开金融机构的支持。同时还应借鉴国外的经验，对推行员工持股的企业在融资方面给予一定的税收优惠。

（二）受让第一大股东非流通股东：大众模式

浦东大众的职工持股会是以上海大众企业管理有限公司（以下简称“管理公司”）作为名义法人建立起来的。管理公司通过与上海大众出租汽车有限公司（以下简称“总公司”）对浦东大众股份的协议转让，取得了对浦东大众20.08%的控股权，公司职工持股会是由经持股会统一办理持有公司股份的员工自愿参股组成的。持股会会员是持股会的股东，但会员个人不直接享有公司股权。持股会以工会社团法人名义独立承担民事责任，并代表持股会全体会员行使股东权利。持股会会员以其出资额为限对持股会承担责任，持股会以其投入公司的全部出资额为限对公司债务承担责任。持股会初始投资额为2700万元，每一元为一股，初始持股总数为2700万股。职工持股会资金来源为职工出资和持股会投资收益。持股会初始的持股及以后增加的对公司股份持有比例，通过以下途径获得股份来源：公司其他股东转让的股份；公司增资扩股时认购公司发行的新股（配股）；公司其他股东放弃配股的余额。持股会会员大会是持股会的最高权力机构，负责选举和更换理事会成员，审议批准理事会的报告，审议批准持股会增资方案、投资方案和收益分配方案等事项。理事会由持股会会员大会选举产生，为持股会的常务办事机构，对会员大会负责，主持持股会日常工作，如办理会员入会、退会手续，收缴会员认购资金，办理会员转让股份等。会员转让股份，均由持股会办理转让手续。会员转让股份的价格，统一按上年末公布的每股净资产值确定，并通过持股会办理现金转让手续。持股会理事及公司董事、监事、总经理任职期间，不得转让所持股份。成立职工持股会以来的两年中，管理公司的资产规模与股东权益都取得了较大的增长。

管理公司的资产主要分布在三个方面，即对浦东大众控股的长期投资、以出租汽车为主的固定资产投资和资本市场的短期投资。对浦东大众的控股在1997年5月为600万股，经过1997年至1998年浦东大众的送股和配股，目前已达10306万股。出租汽车数量也有较大增长。经过不到两年的努力，管理公司的股东权益从1997年4月的7000万元增长到1998年的10853万元，增幅达55%。两年来，管理公司虽然没有向股东分配过现金红利，但投资者可以通过股权内部转让的方式得到同样的现金分红。管理公司是以职工持股会为内涵的公司，所以管理公司实质上是一家民营企业，目前管理公司控有浦东大众0.08%以上的股份，这样就形成了浦东大众是由一家企业控股的上市公司的市场定位。由于管理公司的投资者都是大众集团的职工，而管理公司经营效益大部分来自浦东大众，因此职工与企业更具有利益相关性，尤其是经营者持股较多，更具有激励性。通过转让非流通股的方式，只要尊重企业发展历史，合法取得股权，合理确定股权转让价格，就不存在国有资产流失的问题。相反，通过内部职工持股能有效增强企业凝聚力，使国有资产退出竞争性领域，有利于进行经营结构的调整。

（三）股份制改制：深圳泰然模式

泰然公司原名为深圳市工业区开发公司，成立于1985年6月，1998年更名为“深圳市泰然实业发展总公司”，为深圳市直属的一级国有企业。从1995年8月开始，泰然公司成为股份制试点企业，在投资管理公司、体制改革委员会办公室（以下简称“体改办”）和国有资产监督管理办公室（以下简称“国资办”）的指导下开始了现代企业制度改革，由单一的国有投资主体改组为多元投资主体。改革时企业有正式员工80人，根据持股比例，占有股本价值600万元左右。在持股额的分配上，企业采取了“效率优先，兼顾公平”的原则，公司的经营决策者和高级管理人员持股额可为普通员工的3～4倍，同时根据岗位、责任大小来决定员工所持的股份份额。

为了达到留住人才、激发工作积极性的目的，公司同时规定，企业内部部门经理以上的管理人员必须全额认购所配股额。在效率优先的基础上，企业也尽量做到了兼顾公平，具体措施包括适当考虑员工在本企业的工龄，以及退休员工可享受平均配股额的60%，并可保留5年的分红，5年后由公司按当时的股价予以回购。采取由工会作为社团法人托管运作的方式，工会中的股东代表依照法定程序进入公司的董事会，代表持股员工的利益，参与企业决策。同时在进行分红时，由工会按员工持股总额统一接受公司利润分配，再按员工持股数额进行二次分配。在员工持股的认购资金中，40%由员工自己出资，30%由企业通过工会贷款给员工，另外30%则由企业自留的公益金中划转。

实行员工持股两年多来，泰然公司基本上实现了当初改革时所设想的目的，即留住人才；提高员工对企业的关切度；激发员工的积极性和主动性。泰然模式，在股份制改革过程中推行员工持股制度，由工会代行职工持股会的功能，比较合理又精简了机构。同时，通过员工出资、企业公益金、企业贷款三方面结合提供了员工持股所需资金。

（四）强制高级管理层持股：绍兴百大模式

为了将经营者的利益和公司的利益紧密结合起来，建立有效的激励和约束机制，绍兴百大公司董事会要求公司高级管理人员必须持有一定数量的公司社会公众股。为此，公司高级管理人员1999年8月陆续购入社会公众股。按照有关规定，上述人员只有在离职6个月后才可将持有公司社会公众股抛出。这种规定的目的是要更有效地激励和约束高级管理人员，但也存在一些问题。二级市场收购价格一般比较高，高级管理人员持股成本较高，且因为管理人员所持股份不能流动，造成高级管理人员大量资金被冻结，这对于管理人员来说，也有失公平。

我国股市尚不完善，股价受外在因素影响波动幅度较大，股票价格有时并不能反映企业经营者的业绩。针对这些问题，实行股票期权是一种更加有效的办法。所谓股票期权，就是给予经营者在一定期限内以预先确定的价格购买公司一定数量股票的权利。通过合理设计股票期权，授予经营者购股权，经营者无偿获得这一权利，只有在行权时才需支付一定金额购买股票，且行权以后可随时根据股票走势决定是否持有此股票，该办法相对于股票激励更加有效合理。